Gott, der Mensch
und die Wissenschaft

Dürr, Meyer-Abich, Mutschler,
Pannenberg, Wuketits

Gott, der Mensch und die Wissenschaft

Pattloch

Die Deutsche Bibliothek – CIP-Einheitsaufnahme

Gott, der Mensch und die Wissenschaft / Dürr ... – Augsburg :
Pattloch, 1997
  ISBN 3-629-00813-5
NE: Dürr, Hans-Peter

Pattloch Verlag, Augsburg
© Weltbild Verlag GmbH, 1997
Umschlagphoto: Bavaria / STOCK IMAGERY
Einbandgestaltung: Adolf Bachmann
Satz: 11/14 P. Caslon von Cicero Lasersatz, Dinkelscherben
Druck und Bindung: Wiener Verlag, Himberg
Printed in Austria

ISBN 3-629-00813-5

Inhalt

Vorwort   7

Kosmos   11

Urknalltheorie und Steady-State-Theorie / Urknalltheorie und
Schöpfungsglaube / Warum gibt es überhaupt etwas? / Das
menschliche Bedürfnis nach Transzendenz / Brauchen Physiker Gott? – Braucht die Theologie die Physik? / Ist Gott
naturwissenschaftlich beweisbar? / Die religiöse Basis der
Physik / Das Verhältnis von Naturwissenschaft und Theologie / Erkenntnisgrenzen der Naturwissenschaft / Exkurs:
Castel Gandolfo

Leben   61

Was ist Leben für den Biologen? / Was ist Leben für den
Theologen?/ Warum konnte Leben entstehen? / Ist der
Mensch die Krone der Schöpfung? / Die drei Kränkungen der
Menschheit / Exkurs: Teilhard de Chardin

Geist   111

Was ist Geist? / Was ist Bewußtsein? / Ist der Geist ein Produkt
der Evolution? / Was ist die Seele? / Das Leib-Seele-Problem /
Die Revolution der Quantenphysik / Der Einfluß der Quan-
tenphysik auf die Biologie / Wie erkennen wir die Welt? / Der
Einfluß der Quantenphysik auf Theologie und Philosophie /
Exkurs: Resümee der Gäste.

Inhalt

Weltauffassungen 157

    1. Hans-Peter Dürr zum Verhältnis von Physik und Transzen-
       denz 158

    2. Klaus Michael Meyer-Abich über eine »Praktische Natur-
       philosophie« des menschlichen Handelns im Ganzen der
       Natur 169

    3. Hans-Dieter Mutschler über den Gegensatz von Physik und
       Religion 179

    4. Wolfhart Pannenberg über die Theologie der Schöpfung
       und die Naturwissenschaft 189

    5. Franz M. Wuketits zu den evolutionären Ursprüngen der
       Metaphysik 201

Nachwort 213

Vorwort

Lange Zeit galten religiöses Wissen und naturwissenschaftliche Erkenntnisse als konkurrierende Wahrheiten. Die Kirche sah ihre Dogmen bedroht, und die Erfolge der modernen Naturwissenschaften förderten den Irrglauben an die Allmacht der Wissenschaft. Viele Forscher hatten die Vorstellung, Religion könne langfristig durch exaktes Wissen ersetzt werden. Nach unserer heutigen Auffassung ist dieses Ziel prinzipiell unerreichbar. Denn religiöse Einsichten basieren auf ganzheitlicher, nicht objektivierbarer Wahrnehmung und naturwissenschaftliche Erkenntnisse auf der Analyse kleiner Ausschnitte der Gesamtwirklichkeit.

Wissenschaft treiben wir, indem wir Theorien, also »Ansichten« über die Welt entwerfen und mit den Ergebnissen von Experimenten und Messungen vergleichen. Wir entdecken dann allgemeine Gesetze, die oft eine sehr einfache Form haben und uns in Erstaunen versetzen. Nicht selten wurden sie als Walten einer göttlichen Vernunft interpretiert. So können wir zwar Einsichten über Wirkungszusammenhänge in der Natur bekommen, aber es wird niemals möglich sein, religiöses Wissen durch im heutigen Sinne wissenschaftliches Wissen zu ersetzen. Dem Menschen offenbart sich die göttliche Vernunft in religiösen Erfahrungen ganz unmittelbar. Die Religionen sind Ausdruck dieses unmittelbaren Zugangs. Was wir als Gott umschreiben, ist nicht Ergebnis des Denkens, sondern eine dem Denken vorangehende unmittelbare intuitive Einsicht.

7

Gerade die Quantenphysiker wurden durch die revolutionären Erkenntnisse in ihrem Bereich stark irritiert und gemahnt, die berechenbare, träge Materie nicht für das Fundament der Welt zu halten. Denn die Welt des Mikrokosmos ist kein Abbild der sichtbaren und greifbaren Welt. Atome sind nicht winzige Materieteilchen und folgen auch nicht den klassischen Regeln der Materie. Sie haben einen ganz anderen Charakter. Diese Erkenntnis hat den Physikern im 20. Jahrhundert einen großen Schock versetzt, wodurch das Gespräch mit den Theologen wieder gesucht und begrüßt wurde. Umgekehrt nahmen naturwissenschaftlich gebildete Theologen die neuen Erkenntnisse auf und deuteten sie als Bestätigung ihrer eigenen religiösen Anschauung.

Diese Versuche belegen das gegenseitige Interesse und die Öffnung von Fach- und Kompetenzbereichen, deren Grenzen lange Zeit um des intellektuellen Friedens willen als unüberschreitbar galten. Die Toskana-Gespräche führen den inzwischen offeneren Dialog zwischen Naturwissenschaft und Religion fort und zeigen, wie sich diese beiden Zugänge zur Wirklichkeit gegenseitig befruchten können, aber sie unterliegen auch einer prinzipiellen Grenze, einer Art Sprachbarriere, die besonders dann eine Hürde darstellt, wenn man über so abstrakte oder allgemeine Themen wie »Gott und die Wissenschaft« sprechen will. Denn unsere Sprache hat sich im Laufe der Evolution entwickelt, damit wir uns in unserem Lebensraum zurechtzufinden. Anfangs mußten wir das, was für unser Überleben wichtig war, mit Händen greifen, begreifen, und daraus entwickelte sich unser Vermögen, eine gedankliche Welt aufzubauen, in der wir Dinge in Sprache fassen. Unsere Sprache reicht deshalb prinzipiell nur so weit, wie wir das Materielle sozusagen mit Händen greifen können. Sie beschreibt die größere Wirklichkeit nur symbolhaft, ohne zwangsläufig das zu erfassen, was letztlich dahintersteht.

Deswegen sind Gespräche der Art, wie wir sie in der Toskana geführt haben, aber keineswegs sinnlos, sondern eher noch bedeutungsvoller. Denn die Einsicht in unsere Begrenztheit führt zu einem angemessenen Maß an Bescheidenheit, auf dem sich ein differenziertes Weltbild aufbauen kann. Wir müssen die Fähigkeit entwickeln, jedes Phänomen als Bestandteil einer großen Ganzheit zu begreifen. Und diese Ganzheit ist nicht durch die zerlegende Methode der Naturwissenschaft, sondern durch subjektive Innenansicht, durch religiöse Schau erfahrbar. Die naturwissenschaftliche Betrachtungsweise und der rasante technische Fortschritt verstellen uns heute nicht selten den Blick für diese Ganzheit. Gleichzeitig wird immer mehr Menschen der damit verbundene Mangel deutlich, so daß Religion – nicht nur als Glaube an einen christlichen Gott verstanden – wieder einen höheren Stellenwert erlangt.

Hans-Peter Dürr

München, September 1996

Kosmos

Eine milde und klare Sommernacht in der Toskana. Der Blick streift vorbei an Zypressen und Olivensträuchern und taucht ein in die vom Mondlicht silbern beschienene Hügellandschaft. Gefühl und Geist weiten sich. Ruhe ist eingekehrt, und majestätisch wölbt sich der Sternenhimmel über unsere Erde, über uns Menschen. Lange Zeit bewohnt von Göttern, wird er auch nach deren »Vertreibung« aus den himmlischen Gefilden seine tiefsten Geheimnisse wohl niemals preisgeben. Immer wird sein Anblick an Göttliches erinnern und uns herausfordern zu den großen Fragen, die in unserem Alltag keinen Platz haben und häufig erst in solchen Momenten wieder in unserem Bewußtsein auftauchen.

Unsere menschliche Suche nach Antworten geht weit über das Lebensnotwendige und Beantwortbare hinaus. Das Unbegreifbare lockt und kann auch beunruhigen – Erkenntnis und Einsicht erfreuen und geben Orientierung. Aber werden wir jemals eine Antwort finden auf die große Frage nach dem Grund der Existenz unseres Universums? Wohl kaum. Dennoch suchen wir weiter, und diese Suche führt uns unweigerlich zu der Frage nach Gott.

Woher kommt das ganze Universum und mit ihm unsere Welt? Gibt es einen Grund dafür, daß es überhaupt etwas gibt? Es wäre ja auch denkbar, daß es einfach gar nichts gibt! Und warum konnte Ordnung und Struktur aus dem blanken Chaos entstehen? Theologen geben hierauf erwartungsgemäß andere Antworten als Naturwissenschaftler.

Lassen wir vor unserem geistigen Auge noch einmal den toskanischen Sternenhimmel erscheinen und uns in unserer Neugier ein wenig Hilfestellung und Anregung geben von der Diskussion unserer fünf prominenten Gäste, die sich in ihrer naturwissenschaftlichen und theologischen Forschungsarbeit an die Grenzen unserer menschlichen Vorstellungskraft herangewagt haben, um Licht in das Dunkel der großen Geheimnisse dieser Welt zu bringen.

Begleiten wir sie ein Stück auf dem Weg ihrer Erkenntnisse und Einsichten – beteiligen wir uns an der Suche nach Antworten ...

> *»Die Hypothese Gott habe ich nicht nötig ...«*
> *Pierre Laplace*

■ Die Diskussion

Urknalltheorie und Steady-State-Theorie / Urknalltheorie und Schöpfungsglaube / Warum gibt es überhaupt etwas? / Das menschliche Bedürfnis nach Transzendenz / Brauchen Physiker Gott? – Braucht die Theologie die Physik? / Ist Gott naturwissenschaftlich beweisbar? / Die religiöse Basis der Physik / Das Verhältnis von Naturwissenschaft und Theologie / Erkenntnisgrenzen der Naturwissenschaft / Exkurs: Castel Gandolfo

Die Frage nach der Entstehung des Kosmos wird von der Naturwissenschaft überwiegend mit der sogenannten Urknalltheorie beantwortet. In jüngster Zeit wird sie zwar von manchen Wissenschaftlern angezweifelt, da man aus Beobachtungen des Hubble-Teleskops schließen kann, daß das Universum möglicherweise jünger ist als bisher angenommen, nämlich erst 8–10 Milliarden Jahre. Da es aber Sterne gibt, die älter sind als 10 Milliarden Jahre, ergeben sich ganz neue Fragen. Dennoch ist die Theorie vom Urknall die bislang am stärksten vertretene und akzeptierte Theorie zur Entstehung des Universums. Aus ihr ergibt sich die Konsequenz, daß das Weltall vor circa 15 Milliar-

den Jahren seinen Anfang nahm. Das Gegenmodell, die sogenannte »Steady-State-Theorie«, behauptet statt dessen, das Universum habe schon immer bestanden, es sei nicht zwingend,
daß es einen Anfang und ein Ende gebe. Viele Theologen sehen
im Urknallmodell die christliche Überlieferung bestätigt. Denn
sie geht davon aus, daß das gesamte Universum aus einem un-
endlich kleinen, ausdehnungslosen Punkt, einer sogenannten
»Singularität« geboren wurde. Aus ihr soll in einer Art giganti-
schen Explosion das gesamte Universum entstanden sein. Das
Modell vom Urknall kommt der christlichen Auffassung entgegen, Gott habe das kosmische Material aus dem Nichts geschaffen.

▶ *Die Urknalltheorie ist das bekannteste naturwissenschaftliche
Modell über die Entstehung des Universums. Ist sie heute überhaupt noch aktuell?*

Hans-Peter Dürr: Ja. Sie ist immer noch sehr aktuell. Die Theorie
vom Urknall geht auf die Beobachtung zurück, daß das Weltall
sich stetig ausdehnt, das heißt Galaxien, die sehr weit entfernt
sind, entfernen sich immer weiter von uns. Man gewinnt den
Eindruck, daß das Weltall eine vergleichbare Dynamik hat wie
ein explodierender Feuerball. Und wenn es ein explodierender
Feuerball ist, der sich immer weiter ausdehnt, dann muß das
Weltall logischerweise einmal ganz klein gewesen sein. Das führt
dann zur Urknalltheorie, die besagt, daß vor ungefähr 15 Milliarden Jahren das Weltall praktisch in einem Punkt konzentriert
war. Aber nicht etwa so, als hätte es einen Raum gegeben und in
diesem Raum einen Punkt, sondern das Weltall mit seinem
ganzen Raum und der Zeit waren selbst in diesem Punkt enthalten[1]. Das Unheimliche daran ist, daß man gar nicht weiß, ob
da wirklich etwas explodiert ist oder was eigentlich geschehen
ist. Die größte Unsicherheit besteht bezüglich der allerersten
Sekunde. Im Prinzip muß alles, was sich dann daraus im Laufe
der Jahrmilliarden entwickelt hat, in diesem Anfang bereits
angelegt gewesen sein. Was nach einigen weiteren Sekunden

abgelaufen ist, ist dagegen relativ abgesichert. Durch die Versuche mit den großen Teilchenbeschleunigern konnte man rekonstruieren, daß die Verhältnisse etwa so gewesen sein müssen, wie sie die Physik heute im Allerkleinsten, also im Bereich der Elementarteilchen, beobachtet. Es müssen ungeheure Temperaturen geherrscht haben. Aber je weiter man in die Nähe des Ursprungs zurückgeht, desto unklarer ist, was da eigentlich vorging.

► *Der Glaube, daß Gott das kosmische Material aus dem Nichts geschaffen hat, gehört zur christlichen Grundauffassung. Passen Urknalltheorie und Schöpfungsgeschichte in diesem Sinn nicht sogar gut zusammen?*

Wolfhart Pannenberg: Sie passen in der Tat zusammen. Und das ist angenehm für die Theologie, obwohl man die Urknalltheorie nicht einfach mit der Schöpfungstheorie identifizieren darf. Es wäre zuviel verlangt, von der naturwissenschaftlichen Kosmologie geradezu einen Gottesbeweis zu erwarten. Papst Pius XII. entwickelte zwar im ersten Enthusiasmus über das heutige Standardmodell des expandierenden Universums diese Hoffnung. Die katholische Kirche hat sich aber inzwischen sehr vorsichtig ausgedrückt. Der jetzige Papst hat gesagt, man müsse sich hüten, aus der naturwissenschaftlichen Kosmologie voreilige Schlußfolgerungen zu ziehen. Und dennoch passen diese Vorstellungen zusammen. Die Lehre von der »creatio ex nihilo«, also wörtlich »Schöpfung aus Nichts«, besagt ja, daß es die Welt nicht immer, sondern erst seit begrenzter Zeit gibt, und zwar so, daß sie nicht aus etwas anderem entstanden ist. Diese Auffassung ist im Kreise der Religionen einzigartig. Die jüdische Religion hat dies als erste so aufgefaßt. Das antike Denken, also das griechische Denken, hat dagegen an die Ewigkeit der Welt geglaubt. Die mythischen Religionen haben an einen gleichzeitigen Prozeß der Entstehung der Welt und der Götter geglaubt. Der christliche Gedanke der »Schöpfung aus Nichts« bedeutet dagegen Schöpfung der Welt als ein Akt göttlicher Freiheit, der auf nichts anderes zurückführbar ist. Und dies läßt sich mit der Urknalltheorie vereinen.

Hans-Peter Dürr: Wenn man hier Gott ins Spiel bringt, dann kann er ja nach seiner Schöpfung praktisch abdanken und hat sozusagen nichts mehr zu tun, denn alles übrige läuft einfach so ab. Das ist der Punkt, wo sich die Urknalltheorie sehr im Rahmen der klassischen Physik bewegt. Dagegen sagt die Quantenphysik, daß die Schöpfung nicht nur am Anfang stattfindet, sondern die ganze Entwicklung in der Welt eigentlich aus fortwährenden Schöpfungsakten besteht. Ein Quantenphysiker sieht den Schöpfungsakt deshalb als etwas an, was dauernd stattfindet. Ich brauche dafür nicht zum Urknall zurückzugehen. Andauernd entsteht und vergeht etwas, es gibt Erzeugungs- und Vernichtungsprozesse am laufenden Band. Warum sollte man also Schöpfung nur am Anfang annehmen? Elektronen beispielsweise entstehen unberechenbar und spontan. Aber sie entstehen nicht aus Nichts, sondern aus Etwas. Dieses Etwas drückt aber nichts Materielles aus. Potentialität, also Mögliches, verwandelt sich dann in Realität. Aber Potentialität kann man nicht wahrnehmen, und somit sieht es nur so aus, als ob es aus »Nichts« entsteht.

Die Quantenphysik kennt das Phänomen, daß plötzlich Teilchen ohne erkennbaren Grund wie aus dem Nichts heraus entstehen. Außerdem ist das Verhalten der Elementarteilchen prinzipiell nicht vorhersagbar. Es herrscht nur eine statistische Wahrscheinlichkeit dafür, wie sich beispielsweise ein Elektron verhalten wird. Albert Einstein sah in diesem Phänomen eine schlichte Wissenslücke der Forschung und kommentierte die Auffassung mit dem Satz: »Gott würfelt nicht.« Er glaubte, daß man die Gesetzmäßigkeiten des scheinbar planlosen Verhaltens der Elementarteilchen finden würde. Jedoch konnte später in verschiedenen Versuchen nachgewiesen werden, daß die Ereignisse im subatomaren Bereich tatsächlich unvorhersagbar sind. Einige Physiker wenden diese Erkenntnisse auf die Entstehung des ganzen Universums an und bewegen sich damit im Bereich der Quantenkosmologie. Sie eröffnet die Perspektive einer ursachelosen Entstehung des Universums, mit entsprechenden Folgen für bisherige Gottesvorstellungen.

Hans-Dieter Mutschler: Ich möchte an dieser Stelle darauf hinweisen, daß der christliche Schöpfungsglaube gerade *nicht* unterstellt hat, daß Gott nur am Anfang irgend etwas macht – und dann geht das von alleine weiter. Das war die Vorstellung des Deismus im 18. Jahrhundert[2]. Nach dem Motto: Gott macht eine Uhr, zieht sie auf, läßt sie laufen und geht dann in Pension. Das ist so eben nicht richtig, denn der christliche Schöpfungsglaube hat immer von der »creatio continua« gesprochen, das heißt, daß die Welt immer getragen werden muß von Gott und von seinem Schöpferwirken. Außerdem kann ich nicht verstehen, wie man als Physiker davon sprechen kann, die Welt sei »schöpferisch«. Unter »schöpferisch« verstehe ich die Entstehung des Neuen. Aber was entsteht physikalisch gesehen? Doch nur dasjenige, was ich aus meinen Gleichungen ableiten kann. Und das ist ja gerade nicht das Schöpferische, sondern das Wiederholbare. Ich sehe einen Widerspruch zwischen der These, daß ich Physik treibe und wiederholbare Effekte erzielen kann, und der Behauptung, daß es sich hier um ein schöpferisches Universum handelt. Mir scheint, der christliche Schöpfungsglaube wird hier von physikalischen Theorien vereinnahmt. Dort gehört er aber nicht hin.

Hans-Peter Dürr: Vielleicht habe ich das Wort etwas zu großzügig benutzt. Was ich meine ist, daß ein Teilchen im Laufe der Zeit nicht immer gleich bleibt. Die Quantenmechanik sagt, daß sich beispielsweise ein Elektron nicht etwa in der Zeit durch den Raum bewegt, sondern es kann an einer Stelle zerstört und an einer anderen sozusagen wieder erzeugt werden. Und dazwischen ist nichts. Das heißt, man kann eigentlich nicht mehr davon sprechen, daß sich ein Elementarteilchen durch den Raum bewegt. Vielmehr verschwindet es und wird wieder erzeugt. Das ist vergleichbar mit einem Film, wo ja auch nicht das eine Bild aus dem anderen hervorgeht, sondern jedes Bild neu gemalt ist. In der alten Vorstellung von Entwicklung wird dagegen davon ausgegangen, daß die Evolution so vorangeht, als ob es sich um einen Kartenstoß handelt, dessen Karten nacheinander aufgeblättert werden. Jede Karte ist in diesem alten Modell schon vorgezeichnet, so daß bereits feststeht, was auf ihr zu sehen ist. Die Quantenmechanik besagt dagegen, daß die Karte, die aufgedeckt wird, erst in diesem Augenblick überhaupt gezeichnet wird. Ihre Form steht vorher noch gar nicht fest.

Hans-Dieter Mutschler: Ich finde den Begriff der Schöpfung dennoch zu stark für diesen Prozeß. Er mag als Gleichnis vielleicht gelten, aber das ist nicht das, was man christlich unter »Schöpfung« versteht. Das Wort »Erzeugung« gefällt mir in dem Zusammenhang viel besser, weil es neutraler ist.

Wolfhart Pannenberg: Es ist zweifellos so, daß aus der Sicht des biblischen Weltverständnisses »Schöpfung« immerfort passiert. Wir haben nicht nur den Schöpfungsbericht der Bibel, wo von der Schöpfung am Anfang gesprochen wird und daß die Ordnung der Welt in ihr begründet ist, sondern wir haben auch die Zeugnisse der Propheten, wo wir lesen, daß Gott schöpferisch handelt in der Geschichte, und zwar grundsätzlich in jedem Augenblick.

Klaus Michael Meyer-Abich: Wenn wir wissen wollen, ob die Welt eine Schöpfung ist, dann fragen wir doch eigentlich: Was hat die Welt mit Gott zu tun? Wie erhält Gott diese Welt aufrecht? Was hält diese Welt zusammen? Was da irgendwann einmal vor circa 15 Milliarden Jahren war, kann ich mir überhaupt nicht vorstellen, und wie Gott sich heute zu der Welt verhält, dazu sagt mir eine physikalische Theorie über eine völlig unabsehbare Vergangenheit überhaupt nichts. Was mich interessiert ist, ob es für mein Handeln einen Unterschied macht, daß die Welt eine Schöpfung Gottes ist. Eine physikalsche Theorie, ob Urknall oder nicht, hat keinen Einfluß darauf, wie ich zum Beispiel mit diesen Bäumen hier umgehen darf. Hingegen hat die ursprüngliche Aussage, daß die Welt Schöpfung ist, sehr wohl Konsequenzen für die Art und Weise, wie ich mich den Dingen und den anderen Lebewesen gegenüber verhalten darf. Und in dem Zusammenhang ist mir völlig egal, was vor 15 Milliarden Jahren einmal gewesen ist.

Wolfhart Pannenberg: Damit kann ich mich als Theologe nicht einverstanden erklären. Wenn Sie an die letzten 200 Jahre zurückdenken, dann meinte seit der zweiten Hälfte des 18. Jahrhunderts die gebildete Welt allgemein, daß die Welt anfanglos und endlos sei. Und das ist eine große Herausforderung für den christlichen Glauben gewesen. Dieser Glaube an die Ewigkeit der Welt stand in einem schlichten Gegensatz zur biblischen Weltauffassung, der Schöpfung der Welt. Und diese Situation hat sich heute verändert.

▶ *Was war vor dem Urknall?*

Hans-Peter Dürr: Wenn man die Urknalltheorie voraussetzt, dann stellt sich die Frage gar nicht, was davor war, denn die Zeit ist ja erst mit dem Urknall überhaupt entstanden. Wir gelangen in unseren Forschungen nie an einen Anfangspunkt, wie man sich ihn üblicherweise vorstellt, über den man nicht hinausgehen könnte. Wenn man es versucht, dann rutscht der Nullpunkt immer weiter weg und alles scheint sich zu verlangsamen. Die Frage, ob Gott hinter diesem Anfang steht, ist gar nicht beantwortbar. Denn man fragt immer als Außenstehender nach dem Anfang, so als ob man nicht dazugehört. Dabei fällt die Antwort in den Bereich der Innenansicht des Menschen. Und die ist empirisch nicht nachprüfbar. Zu sagen, die Welt hat irgendwann mal angefangen, ist lediglich eine Sprechweise. Der Zeitaspekt spielt hier überhaupt keine Rolle. Die Zeit ist etwas, was in unserer äußeren Welt eine Rolle spielt. Aber es ist die Innenansicht der Welt, die diese Eigenschaft haben kann, die wir vielleicht mit dem umschreiben, was wir das Göttliche nennen. Für mich kann das Göttliche existieren, ganz unabhängig vom Urknall.

Hans-Dieter Mutschler: Wenn wir fragen, was vor dem Urknall war, dann unterstellen wir eine lineare Kausalität[3] und damit, daß der Urknall eben doch nicht der Anfang war. So, als könne man vor diesen Anfang noch einen anderen Anfang setzen. Auf diese Weise verschieben wir das Problem von einem Anfang zum vermeintlich vorangegangenen. Wenn man also immer entlang der physikalischen Kausalität denkt, dann kommt man nie zu einer Antwort auf die Frage, welches Urprinzip hinter allem steht und welche Bedeutung den Dingen zukommt. Dieses Urprinzip, was die antiken Denker »archae« genannt haben, kann man eher erkennen, wenn die Welt entfaltet ist, aber nicht, indem man fragt, was »davor« war[4].

1976 veröffentlichte der amerikanische Physiker Steven Weinberg ein Buch mit dem Titel »Die ersten drei Minuten«. Er beschrieb darin das Geschehen des Urknalls. Aus superdichter Urmaterie wurde ein rasend expandierendes Universum, das anfangs zu 75% aus Wasserstoff und zu 25% aus Helium bestand. Weinberg konnte aber nur beschreiben, was ab einer hundertstel Sekunde nach der Singularität geschah, aber nicht den eigentlichen »Anfang«. Zwar kommt die Physik inzwischen noch etwas näher an die Singularität heran, aber man vertritt heute die Ansicht, daß es eine unteilbare Grundeinheit der Zeit gibt, die sogenannte »Planck-Zeit«, die erst begann, als das Universum 10^{-43} Sekunden bestand. Die Singularität selbst hinter dieser »Planckschen Mauer« wird nie erforschbar sein. Der Urknall ist somit auch der Beginn der Zeit, ein »Vorher« gab es einfach nicht. Der Kirchenvater Aurelius Augustinus (354–430) hatte einen ganz ähnlichen Gedanken, indem er erklärte: »Die Welt ist mit der Zeit, nicht in der Zeit erschaffen worden.«

▶ *Warum gibt es überhaupt etwas? Es wäre ja auch denkbar, daß es einfach gar nichts gibt!*

Wolfhart Pannenberg: Der christliche Glaube gibt darauf eine ganz einfache Antwort, nämlich daß die Welt ist, weil Gott es so gewollt hat. Nun müssen wir, um das richtig zu verstehen, bedenken, daß es nicht einfach selbstverständlich ist, die Welt überhaupt zu denken. Die Welt als Gesamtheit aller Erfahrungen und aller Erfahrungsgegenstände ist eine Vorstellung, die wir niemals einholen können in der Erfahrung. Darum war Kant der Mei-

19

nung, die Welt als Gesamtheit ist eine Idee, die wir aber niemals erfahren können[5]. Kant hätte sich nicht träumen lassen, daß wir heute eine naturwissenschaftliche Kosmologie haben würden, in der das Universum zum Gegenstand naturwissenschaftlicher Beschreibungen gemacht wird. Das ist völlig neu. Aber selbst in der gegenwärtigen Situation kann man noch bezweifeln, ob dieses unseren Forschungen oder Rückschlüssen jedenfalls zugängliche Universum identisch ist mit der Gesamtheit alles dessen, was ist. Es kann immer noch sein, daß es da verborgene Aspekte gibt, die wir zur Zeit gar nicht abschätzen können. Anders ist es, wenn man anfängt mit dem Gedanken des einen Gottes. Dann haben wir einen Ausgangspunkt, von dem ja auch die Einheit der Welt gedacht wird. In dem Augenblick, wo der Gedanke des einen Gottes aufgegeben ist oder verblaßt, haben wir große Schwierigkeiten, die Einheit der Welt zu konstruieren.

Franz M. Wuketits: Wenn man mich fragt, warum diese Welt überhaupt existiert, dann ist meine Antwort darauf klar: Ich weiß es nicht. Und ich glaube auch nicht, daß sich Naturwissenschaftler mit dem Hinweis zufrieden geben können, daß Gott es so gewollt hat. Ich persönlich bin kein gläubiger Mensch. Ich halte den agnostizistischen[6] Standpunkt für intellektuell redlich. Da ich nicht weiß, ob Gott existiert oder nicht, halte ich es bislang mit dem französischen Philosophen Voltaire, der gesagt hat: »Gott und ich begrüßen uns, aber wir sprechen nicht miteinander.« Naturwissenschaftlich ist die Frage nach der Welt tatsächlich eine sinnlose Frage, weil man sie nie beantworten kann. Wichtig ist, sie existiert für uns, das heißt aus unserer menschlichen Perspektive. Und wir haben die Aufgabe, in dieser Welt verantwortungsvoll zu handeln. Aber dafür ist diese Frage natürlich nicht relevant. Ich darf an Karl Popper[7] erinnern, der etwas gesagt hat, was mich schon während meines Philosophiestudiums geprägt hat: »Es ist der größte Skandal der Philosophie, daß Philosophen immer noch darüber streiten, ob es diese Welt überhaupt gibt, während wir längst dabei sind, sie zu zerstören.«

Klaus Michael Meyer-Abich: Die Aussage, es gibt die Welt, weil Gott sie gewollt hat, ist aus dem einfachsten Glaubensbestand, den wir haben und kennen. Aber es gibt in unserer christlichen Tradition auch andere und etwas differenziertere Antworten. Ich denke da beispielsweise an Eriugena oder Nikolaus von Kues, die den Grundgedanken vertraten, auf den es mir hier ankommt, nämlich daß Gott sich selber schafft, indem die Welt entsteht.[8] Das heißt, daß Gott selber in die Welt eingeht. Und wenn die Entwicklung dieser Welt selber ein Schicksal Gottes ist, dann, finde ich, hat das für unser Handeln eine Bedeutung. Es fällt auf, daß im Alten Testament beschrieben ist, daß Gott nicht zur Welt gehört, Gott sozusagen von oben her, von außen die Welt geschaffen hat. Man sieht das auf vielen Schöpfungsbildern, gerade auch hier in Italien, daß er sozusagen von außen kommt, und dann steht er da wie ein Ingenieur oder Künstler und macht die Welt. Aber er selbst gehört nicht dazu. Ist es ein Zufall, daß in der klassischen Physik die Welt genauso aus der Vogelperspektive beschrieben wird, nämlich von oben her, als gehörten wir nicht dazu?

Wolfhart Pannenberg: Die verbreitetste Vorstellung von Gott ist heute immer noch ein Gott jenseits dieser Welt, ein persönlicher Gott, aber ein persönlicher Gott im Sinne einer höchsten Vernunft, bei dem Intellekt und Wille miteinander verbunden sind und der so der Welt gegenübersteht. Das ist eine Gottesvorstellung, die zwar aus der christlichen Theologie hervorgegangen ist, aber eigentlich in einer Spannung zum christlichen Gottesverständnis steht. Denn wir Christen glauben nicht an einen persönlichen Gott, sondern an einen Gott in drei Personen. Und das erfordert eine ganz andere Denkweise. Das, was das Einigende dieser drei Personen ist, das ist selber nicht personal zu verstehen. Viele Menschen verbinden zwar mit dem Wort »Gott« immer noch unwillkürlich das Bild des alten Mannes mit Bart. Weniger bildhaft gesprochen, ist es die Vorstellung von einer höchsten Vernunft, die der Welt gegenübersteht und verbunden ist mit einem Willen, der die Welt nach der Vorsehung dieser höchsten Vernunft lenkt. Das ist aber nicht der christliche Gottesgedanke. Diese Gottesvorstellung hat zwar in den letzten Jahrhunderten das Reden von Gott sehr stark geprägt, aber sie ist auch Gegenstand der Kritik des Atheismus gewesen. Es wurde kritisiert, daß diese Vorstellung von Gott nur menschengestaltiges Bild ist, das die Menschen in die Wolken des Himmels projiziert haben. In der Bibel gibt es eine ganz andere Vorstellung von Gott. Und es gibt überhaupt nur zwei Worte in der Bibel, die Gott beschreiben. Dazu gehört der Satz aus dem Johannesevangelium »Gott ist Geist«. Daneben gibt es nur noch einen zweiten Satz ähnlicher Art, nämlich »Gott ist Liebe«. »Gott ist Geist« heißt nun aber gerade nicht, daß Gott eine höchste Vernunft ist, die die Welt lenkt, sondern Geist heißt in der Bibel soviel wie »Atem« oder »Wind«. So sagt Jesus im Johannesevangelium zu dem jüdischen Schriftgelehrten, der ihn besuchte: »Der Geist weht, wo er will, du hörst sein Sausen wohl, aber du weißt nicht, woher er kommt oder wohin er geht.« Man hat das immer als bildhafte Beschreibung, als Metapher gesehen, aber das ist keine Metapher, sondern es ist präzise das, was das biblische Wort für »Geist« sagt. Und das bedeutet, wenn es heißt, »Gott ist Geist«, daß Gott vergleichbar ist mit der alles durchdringenden Luft, die manchmal als leiser Atem und manchmal als kräftiger Sturmwind alles durchdringt und auf diese Weise alles beherrscht. Das ist kein Gottesbild, das einfach nur menschliche Vorstellungen widerspiegelt. Denn Person ist der biblische Gott nur in der Gestalt des Vaters, des Sohnes und des Heiligen Geistes, der von dieser allgemeinen Beschreibung Gottes als Geist noch einmal unterschieden werden muß. Der Sturmwind, dieser göttliche Geist, der als gewaltiger Atem die Welt durchdringt, wird Person nur im Gegenüber zu Jesus, dem Sohn. Er erfaßt in dem Geheimnis dieser göttlichen Gegenwart ein Antlitz, das ihm väterlich zugewandt ist. Die Menschen haben das Geheimnis des Göttlichen, das uns Menschen umgibt, in früherer Zeit als etwas erfahren, was uns angeht, als eine Macht, die etwas von uns will. Die Vorstellung vom Göttlichen als einem Willen hängt nicht ursprünglich zusammen mit der Vorstellung von Gott als Intellekt, der auch einen Willen haben muß, sondern die Vorstellung des Willens verbindet sich einfach mit der Macht, die auf uns Menschen eindringt und etwas zu wollen scheint. Und damit ist in den früheren Religionen der Menschheit dann ein Name verbunden, eine Macht mit einem Willen, wie auch immer er benannt wurde. Das sind die frühesten Vorstellungen dieser unbeschreiblichen Macht als einer personalen Größe, eines Gottes. Und es hat dann eine lange Geschichte gegeben mit vielen Göttern, bis wir zu der Gotteserfahrung Jesu gekommen sind, der nun dieses Geheimnis des Geistes, der alles durchdringt und uns von allen Seiten umgibt, als »Vater« anredet. Demgegenüber steht er selbst, der Sohn, der sich diesem Vater unterordnet, der seine Sendung von ihm empfangen hat. Das erst ist der christliche Gott. Nicht nur der Vater für sich, sondern der Vater in der Beziehung zum Sohn – mit ihm verbunden durch den Geist, der vom Vater ausgeht und vom Sohn empfangen und an die Menschen weitergegeben wird. Das ist das christliche Gottesbild. Und wenn wir sagen, Gott hat die Welt erschaffen, dann ist es also dieser Vater, der der Welt gegenübersteht, von ihr unterschieden ist, aber doch untrennbar ist von dem Sohn und dem Geist, der von ihm ausgeht, der die Welt erfüllt und in ihr gegenwärtig ist. Nur so ist der göttliche Atem in der Welt schöpferisch gegenwärtig und bringt alle Dinge hervor.

▶   *Warum stellen wir uns überhaupt die Frage nach dem Beginn der Welt?*

Die Erklärungen des Weltganzen waren in früher Zeit eingebettet in mystische oder religiöse Vorstellungen. Es gab keine Einteilung in Naturwissenschaft, Philosophie und Theologie. Für die damaligen Menschen waren alle Dinge, Lebewesen, Naturphänomene und Ereignisse mit einer tiefen religiösen Bedeutung verbunden. Doch schon vor dem klassischen antiken Denken, bei den sogenannten »Milesischen Naturphilosophen« (sie lebten vor Sokrates und heißen dementsprechend auch »Vorsokratiker«) entstand das Anliegen, rationale Erklärungen für die Welt zu liefern. Sie suchten nach Urstoffen und Grundprinzipien, die dem gesamten Weltgeschehen zugrunde liegen. Für Thales von Milet war das Wasser der Urstoff. Anaximenes hielt die Luft für das oberste Prinzip. Anaximander wiederum sah das abstrakte Prinzip der Unbestimmtheit, das Unbegrenzte und Unendliche, als Grundprinzip an. Er nannte es »apeiron« – aus ihm gehen die Dinge der Welt hervor und in das »apeiron« kehren sie auch wieder zurück. Diese Anfänge des naturphilosophischen Denkens liegen etwa um 500 v. Chr. Bei Platon entsteht die materielle Welt durch einen Weltbildner, den »Demiurgen«, der alles planvoll nach dem Vorbild der Ideenwelt anlegt. Ähnlich entwickelte Aristoteles den Gedanken des göttlichen, ewigen »unbewegten Bewegers«, der der Welt eine geordnete Struktur gibt und so aus dem Chaos den Kosmos, die Ordnung macht. Aristoteles war ein Schüler Platons. Die beiden lebten im 3. Jahrhundert v. Chr.

Franz M. Wuketits: Alle Völker und Kulturen haben Vorstellungen vom Weltanfang, von der Welterschaffung. Uns Menschen scheint das zu beschäftigen. Es ist mir keine Kultur bekannt, die vollkommen gleichgültig gegenüber dem Universum gewesen wäre. Wir sehen eine Welt vor uns, eine Welt der Natur mit Bäumen, Pflanzen, Tieren, uns Menschen etc. und wollen erfahren, woher das alles kommt. Ich glaube, das ist einer der Grundantriebe des Menschen überhaupt beziehungsweise unseres Intellekts. Wir gehen dabei meist von dem aus, was wir wahrnehmen, und übertragen das dann irrtümlich auf eine Welt, für die unser Erkenntnisapparat überhaupt nicht ausreicht. Ich stelle aber dennoch fest, daß wir eben diese Bedürfnisse haben und daß wir verschiedene Modelle zur Erklärung der Welt entwickelt haben, seien es physikalische oder religiöse.

Hans-Peter Dürr: Das Bedürfnis nach Erklärungen haben wir. Aber nicht überall, wo wir Bedürfnisse haben, gibt es auch eine befriedigende Antwort. Wenn ich durstig bin, dann brauche ich nicht davon auszugehen, daß auch die Welt durstig ist. Nicht alles, was mir Bedürfnisse bereitet, muß auch der Welt zukommen. Unsere Erklärungsmodelle müssen der Wirklichkeit keineswegs entsprechen. Modell und Wirklichkeit sind ganz verschiedene Dinge.

Hans-Dieter Mutschler: Wenn Sie durstig sind, beweist das nicht, daß hier hinter dem Baum eine Quelle ist, aber es beweist, daß es Quellen gibt, sonst könnten Sie nicht durstig sein. Durst macht nur Sinn, wenn man auch trinken kann. Und ich bin der Meinung, daß dieser Durst nach Metaphysik durchaus sinnvoll ist. Aber er läßt sich naturwissenschaftlich nicht befriedigen. Es ist für uns rein psychologisch naheliegend, wenn wir uns fragen, was vor dem Urknall war, beziehungsweise was dahinter steht. Das ist eine Art Trieb, den wir haben. Aber eine Antwort läßt sich nur theologisch geben.

▶ *Von Albert Einstein stammt der Satz: »Naturwissenschaft ohne Religion ist lahm, Religion ohne Naturwissenschaft ist blind.« Brauchen Physiker Gott?*

Hans-Peter Dürr: Ja, ich glaube, auch Physiker brauchen Gott, aber sie drücken es anders aus. Die Naturwissenschaften beobachten das, was außerhalb von uns ist, was man empirisch überprüfen kann. Wir haben dafür Instrumente und Meßapparate, wir haben unseren Verstand und unsere logischen Begriffe. In der Naturwissenschaft ist unser beobachtendes Ich-Bewußtsein gefragt. Dagegen ist, was wir spontan erleben, völlig anders geartet. Denn die Welt, die wir direkt empfinden, also ohne Reflexion, ist die subjektive Innenansicht, und die andere Welt, die wir beobachten und über die wir nachdenken, ist die Außenansicht. Solange wir das nicht überbrückt haben, bestehen eigentlich zwei getrennte Welten[9]. Und in diesem Sinne braucht der Physiker diese andere Welt. Viele Leute glauben, daß in dem Maße, wie wir rational und durch Beobachten diese Außenwelt besser verstehen, das, was wir jetzt noch dem Göttlichen zuschreiben, immer kleiner wird, um am Schluß, dann, wenn wir mal ganz supergescheit sind, auf Null zusammenzuschrumpfen. Dabei sind das völlig andere Ebenen. Alles, was bewertend ist, können wir aus der Wissenschaft gar nicht entnehmen. Naturwissenschaft, wie wir sie abstrakt verstehen, stellt Beziehungen her, aber sie fragt nicht nach einer Bewertung der Beziehung. Man kann nicht sagen, das ist gut oder schlecht, sondern die Beziehung ist da oder sie ist nicht da. Immer wenn wir unsere menschlichen Bewertungen mit einbringen, bewegt man sich genaugenommen schon außerhalb der Wissenschaft. Und allein durch unser Interesse an der Materie ist das eigentlich schon gegeben. Aber hier berühren wir noch nicht das Religiöse, obwohl es sich schon auf den Bereich bezieht, in dem wir eigentlich das Religiöse ansiedeln, weil wir nämlich hier Bewertungen vornehmen.

> Die klassische Formulierung der These von der Wertfreiheit der Wissenschaft geht auf Max Weber (1864–1920) zurück: »Eine empirische Wissenschaft vermag niemanden zu lehren, was er **soll**, sondern nur, was er **kann** ...!« Werturteile – und damit auch religiöse Anschauungen – fallen somit nicht in den Kompetenzbereich von Wissenschaft, weil sie nicht intersubjektiv überprüfbar sind. Die teilweise katastrophalen Auswirkungen der technischen Anwendungen wissenschaftlicher Ergebnisse (Atombombe) haben ein Politikum aus dieser Auffassung gemacht und auch die Frage der Verantwortung des Wissenschaftlers für seine Forschungen aufgeworfen. Dennoch gilt im allgemeinen, daß insbesondere die Naturwissenschaften auf diese Trennung angewiesen sind, um für ihren Bereich gültige Aussagen machen zu können.

Wolfhart Pannenberg: Ich habe den Eindruck, daß Einsteins Aussage »Naturwissenschaft ohne Religion ist lahm« anders zu verstehen ist. Einstein war ein Anhänger der Philosophie Spinozas[10], der die Formel geprägt hat: »Deus sive natura«, also die Natur selbst ist Gott, und er hat mehrfach gesagt, er kenne keinen anderen Gott als den Gott des Spinoza. Für ihn war offensichtlich die Beschäftigung mit der Natur eine religiöse Tätigkeit. Ich habe den Eindruck, für Einstein hingen diese Dinge zusammen.

Hans-Peter Dürr: Ich glaube, da haben Sie recht. Deshalb zähle ich Einstein eigentlich auch noch zu den Physikern des 19. Jahrhunderts und nicht zu den ersten des 20. Jahrhunderts. Er orientierte sich noch an der Vorstellung, daß die Welt, die man wahrnimmt, auch die Welt an sich ist. Erst die Quantenphysiker erlebten diesen Bruch, als sie feststellten, daß sie diese Bilder nicht zur Deckung bringen konnten. Sie erkannten, daß die Welt da draußen erst zur Realität wird, wenn sie sie selbst ansehen. Lange Zeit galt die Vorstellung, daß der Beobachter für das, was beobachtet wird, keine Bedeutung hat[11]. Aber das hat er sehr wohl, und dahinter steht etwas Allgemeineres. Einstein ist mit seiner Relativitätstheorie auch etwas außerhalb der gewöhnlichen Anschauung gegangen, aber sie war doch in der Nähe der herkömmlichen Betrachtungsweise. Es war eine Fortsetzung der objektivierbaren Welt, die man begreifen kann, also begreifen im wörtlichen Sinn, daß man es mit den Fingern greifen kann und erst, wenn man es in der Hand hat, sagt: »Das ist wirklich und das andere ist Phantasie.«

Franz M. Wuketits: Wir müssen uns hier auch über die Grundlagen, die Voraussetzungen des naturwissenschaftlichen Denkens unterhalten. Der französische Mathematiker und Physiker Laplace[12] hat gesagt, Gott ist für die Naturwissenschaft eine überflüssige Hypothese. Überflüssig inwiefern? Der Naturwissenschaftler bemüht sich aufgrund seines Selbstverständnisses, Erklärungen für alle ihm zugänglichen Phänomene zu finden – und zwar ohne Hypothesen, die über die das naturwissenschaftliche Denken maßgeblich bestimmenden hinausgehen. Das heißt umgekehrt auch, daß hier gewissermaßen die Faustregel gilt, daß die beste Erklärung die einfachste ist. Ob sie dann die richtige, die letztgültige ist, sei erst einmal dahingestellt. Also wird der Naturwissenschaftler zunächst davon ausgehen, er braucht Gott nicht, er schaut sich einfach die Dinge um sich herum an, die er als gegeben voraussetzt. Er nimmt die Welt als real, er nimmt an, daß diese Welt gewisse Strukturen hat, daß sie bestimmte Eigenschaften hat, die grundsätzlich erforschbar sind. Wissenschaft ist die Kunst der richtigen Fragestellung. Und es wäre nicht sehr erbauend, wenn Wissenschaftler mit den falschen Fragestellungen ringen und von vornherein wissen, sie kommen sowieso nicht weiter. Deshalb können wir, wenn wir die Grundlagen der Naturwissenschaft berücksichtigen, davon ausgehen, daß die Naturwissenschaft durchaus ohne die Hypothese Gott auskommt.

Hans-Dieter Mutschler: Die Aussage, daß Naturwissenschaft ohne Religion lahm ist, finde ich diskriminierend, und zwar für jeden, der kein gläubiger Mensch ist. Also daran möchte ich eigentlich Anstoß nehmen, an diesem Teil des Satzes, weil Religion nicht etwas ist, was man erzwingen kann. Und man kann nicht sagen, daß ein Physiker notwendigerweise religiös sein muß, damit er ein ganzer Mensch ist. Ich finde, das gilt überhaupt nie, und ich nehme auch Anstoß an dem, was Sie gesagt haben: Braucht der Physiker Gott? Ist Gott etwas, was wir brauchen? Also kann ein Gott, den wir brauchen, so genannt werden? Es wäre kein christlicher Gott auf jeden Fall. Ich meine, wenn ich Gott gebrauche, dann ist es nicht der christliche Gott, also dieses Etwas, diese personalisierte Form, die ist für mich nicht »brauchbar«. Ich will hinaus auf das, was man die »Zwecklosigkeit Gottes« nennen könnte. In der antiken Religion, bei den Römern, gab es das Prinzip »do ut des«, also ich gebe dem Gott irgendwelche Opfer, und ich kann dafür verlangen, daß er mich vor Schicksalsschlägen schützt oder irgendwas in dieser Art. Und das Christentum hat damit radikal gebrochen. Der christliche Gott ist ein Gott der Erlösung, der die Erlösung schenkt, und die kann man sich nicht verdienen. Man könnte auch sagen, Gott ist nicht zu »gebrauchen«. Und das ist gerade der Vorteil.

▶ *Um noch einmal an Albert Einstein anzuknüpfen: Ist Religion ohne Naturwissenschaft blind?*

Klaus Michael Meyer-Abich: Ich denke, es ist gerade umgekehrt, daß Religion eigentlich eher mit Naturwissenschaft blind ist. Denn ob die religiösen Voraussetzungen, unter denen wir uns in der herrschenden Naturwissenschaft mit der Natur beschäftigen, ob das eigentlich christliche Voraussetzungen sind, das sollten wir vielleicht erst einmal überlegen. Der Umgang mit der Natur, in dem unsere heutige Naturwissenschaft handlungsleitend ist, und der damit zusammenhängende technisch-industriewirtschaftliche Umgang mit der Natur, den werden wir ja heute wohl nicht ohne weiteres christlich nennen können, bei all der Zerstörung, die wir anrichten.

Wolfhart Pannenberg: Egal, wie wir uns mit der Natur beschäftigen, der Bezug zum christlichen Gott bleibt bestehen. Der Mensch mag sich drehen oder wenden, wie er will, er bleibt Geschöpf Gottes. Und das heißt auch, daß er irgendwie auf Gott bezogen ist. Um den Bezug zu Gott zu verlieren, müßte der Mensch aufhören ein Geschöpf zu sein. Man kann den Bezug zu Gott verkehren, man kann ihn pervertieren, wie das Paulus im ersten Kapitel des Römerbriefs schreibt. Aber man kann ihn nicht verlieren. Noch in der Perversion ist dieser mit der Geschöpflichkeit des Menschen gegebene Bezug da.

► *Wird Gott jemals naturwissenschaftlich beweisbar sein?*

Hans-Peter Dürr: Nein, ganz bestimmt nicht. Naturwissenschaft betreibe ich, indem ich das Äußere, Beobachtbare untersuche. Es ist wesentlich für die moderne Entwicklung gewesen, daß wir davon ausgehen, Dinge auflösen, auseinandernehmen zu können. Wir trennen, machen Unterscheidungen, analysieren und fragen dann, wie das zusammenhängt. Dafür führen wir dann Wechselwirkungen ein. So haben wir die Vorstellung, daß die Wirklichkeit zerlegbar ist, daß wir Komplexes auf Einfaches reduzieren können. Das ist ein gewaltsamer Prozeß, der den Gegenstand isoliert. Diese Anschauung ist der vernetzten Ganzheit nicht angepaßt. Und ich wüßte nicht, wie bei diesem Prozeß je etwas auftauchen sollte, was Gott entspricht. Ich bin wahnsinnig beeindruckt von Naturgesetzen und daß sie sich in eine einfache Formel bringen lassen, aber ich kann das nicht mit dem Göttlichen in Verbindung bringen, außer daß ich sehr bewegt bin über diese Schönheit. Es löst etwas in mir aus, was mich vielleicht an das Göttliche erinnert. Das, was wir wirklich erleben, bringt uns dem Göttlichen viel näher als das, was wir mit

Apparaten messen. Die naturwissenschaftliche Außenansicht ist dafür viel zu banal. In der Wissenschaft finden wir nichts mehr von dem, was eigentlich mit dem Ganzen zu tun hat. Deshalb finden wir auch Gott nicht darin. Das Göttliche erfährt man nur durch die Innenansicht. Deshalb glaube ich auch nicht an den jüdisch-christlichen Gott, also einen Gott, der außerhalb steht. Ich kann das Göttliche nicht von mir abtrennen. Diese Auffassung entspricht auch meinem Weltbild als Quantenphysiker. Für mich gibt es kein totales Getrenntsein, alles hängt mit allem zusammen. Auftrennen, Analysieren, Differenzieren – das tut man, um Dinge zu erkennen. Aber wenn ich Gott schaue, will ich nicht erkennen, sondern ich will ihn einfach erfahren. Diese Innenansicht hat aber den Nachteil, daß sie keinen Beobachter mehr hat. Und da die naturwissenschaftliche Methode auf die Außenansicht, auf den Beobachter angewiesen ist, wird es allein aus diesem Grund schon nicht möglich sein, Gott zu beweisen.

Wolfhart Pannenberg: In bezug auf die Möglichkeit naturwissenschaftlicher Gottesbeweise gibt es aber sehr unterschiedliche Meinungen. Der amerikanische Physiker Frank Tipler wurde beispielsweise durch sein Buch über die »Physik der Unsterblichkeit« bekannt[13]. Darin behauptet er, daß die Physik die Unsterblichkeit und die Existenz Gottes beweisen könne. Ich halte das als Theologe für sehr problematisch. Aber immerhin gibt es solche Stimmen. Ich selbst verhalte mich solchen Auffassungen gegenüber offen. Ich erinnere mich daran, daß es in der christlichen Theologie schließlich jahrhundertelang als eine Selbstverständlichkeit galt, daß Aristoteles in der Physik die Existenz Gottes zu beweisen glaubte. Für mich scheidet es als Möglichkeit nicht prinzipiell aus. Außerdem hat Martin Luther in seinem Großen Katechismus als Antwort auf die Frage: »Warum glaubst du an Gott, den Vater?« gesagt, daß »kein anderer Himmel und Erde schaffen könnte«. Ich finde, das ist ein enorm starkes Statement. Kein anderer *könnte* Himmel und Erde schaffen. Und wie bereits erwähnt, sagte Papst Pius XII. zu Beginn der 50er Jahre, als die Urknalltheorie aufkam, jetzt habe die Physik den Schöpfer bewiesen. Man habe bewiesen, daß die Welt einen

Anfang hat, also geschaffen ist. Und damit sei auch der Schöpfer bewiesen.

Hans-Dieter Mutschler: Ich bin mir sicher, daß ein physikalisch abgeleiteter Gott ein ziemlich jammervolles Objekt wäre. Und das kann man auch bei Herrn Tipler sehen. Ich finde den Tiplerschen Gott in keiner Weise überzeugend. Wenn Gott ein Informationsmaximum ist, eine Art universale Festplatte, dann hätte ich keine Lust, in eine solche Festplatte aufzuerstehen. Ich stimme mit Herrn Pannenberg auch darin nicht überein, daß die aristotelische Physik Gott bewiesen hat und die moderne Physik das deshalb möglicherweise auch tun könnte. Denn die aristotelische Physik hatte eine andere Struktur, sie war teleologisch[14], das heißt sie war durchdrungen von Sinnkategorien. In der aristotelischen Physik war die Welt ein geordneter Sinnzusammenhang, ein Kosmos. Und wenn ich in der Welt Sinnstrukturen wahrnehme, kann ich auf einen höchsten Sinn rückschließen. Das haben die Gottesbeweise gemacht. Aber die moderne Physik ist in dieser Weise nicht von Sinnkategorien durchdrungen. Die modernen physikalischen Gesetze sind rein sachhafte, funktionale Zusammenhänge. Ich kann nicht nach dem Sinn der Maxwellgleichungen fragen. In der aristotelischen Physik war dagegen alles teleologisch gedacht. Das heißt zum Beispiel, ein Stein, der zur Erde fiel, wurde so interpretiert, daß es ihm unten am wohlsten ist, daß dies sein natürlicher Ort ist. Der Stein strebt zu seinem natürlichen Ort, sozusagen zu seiner Heimat, und das ist der Erdmittelpunkt. Da will er hin. Alles in der Natur will etwas, und die Natur ist auf das Gute aus. Das heißt, alle Naturprozesse sind letztlich auf eine Idee aus, auf eine Erfüllung. Und davon abstrahieren moderne Physiker. Solche teleologischen Vorstellungen von Werthaftigkeit in der Natur, in den Objekten, die gibt es in der Physik nicht. Jetzt will ich mal ein ganzes simples Beispiel nehmen, aber vielleicht ist es erhellend. Wenn Sie eine Waschmaschine haben und die Betriebsanleitung studieren, wird der Ingenieur auch nicht vorkommen. Sie wären sehr überrascht, wenn in einer Betriebsanleitung von der Person des Ingenieurs die Rede wäre. Sie wollen dann ja gar nicht wissen, wer das gebaut hat, sondern Sie wollen wissen, wie das Ding funktioniert. Ebenso wie der Physiker, der wissen will, wie die Welt funktioniert. Ob es da einen Ingenieur gibt, ist eine ganz andere Fragestellung. Es tut mir gar nicht weh, daß Gott in der Physik nicht vorkommt. Da braucht er nicht vorzukommen.

Franz M. Wuketits: Ich wäre sehr skeptisch in bezug auf naturwissenschaftliche Gottesbeweise. Es gibt unterschiedliche Formen der Welterfahrung. In der naturwissenschaftlichen Welterfahrung ist Gott, wie der bereits zitierte Laplace sagte, als Hypothese überflüssig. Eine andere Form der Welterfahrung ist die religiöse, man könnte auch die ästhetische noch anfügen. Und das sind drei verschiedene oder mindestens zwei verschiedene Ebenen. Ich kann ja auch sagen, eine Rose ist schön, aber das ist keine wissenschaftliche Aussage. Und wir können darüber streiten, ob Sie die gleiche Rose schön finden oder häßlich. Und wenn ich irgendein Objekt schön finde, kann ich es unter Umständen trotzdem wissenschaftlich sehr gut erklären. Ich kann es zerlegen in die einzelnen molekularen Bestandteile. Ich kann also herausfinden, daß die Farbe, die ich da empfinde, sich aus nichts anderem zusammensetzt als aus bestimmten elektromagnetischen Wellen, die meine Netzhaut so reizen, daß ich daraufhin die Empfindung Rot habe. Sonst überhaupt nichts. Trotzdem kann ich die Rose aber schön finden. Oder nehmen Sie ein Musikstück als Beispiel: Es ist ja denkbar, daß ein Physiker dieses Musikstück sozusagen komplett auflöst in seine phonetischen und akustischen Bestandteile, aber trotzdem kann derselbe Physiker dieses Musikstück schön finden.

▶ *Die Ordnung der Welt, der belebten und der unbelebten Natur ist oft als Argument für die Existenz Gottes genommen worden. Ist das zulässig?*

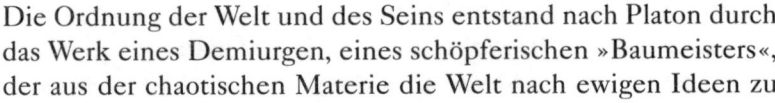

Die Ordnung der Welt und des Seins entstand nach Platon durch das Werk eines Demiurgen, eines schöpferischen »Baumeisters«, der aus der chaotischen Materie die Welt nach ewigen Ideen zu einem geordneten Kosmos formt. Im Mittelalter herrschte der Gedanke vor, die Ordnung sei von Gott geschaffen, der allem Sein eine bestimmte Stellung in der Seinsordnung zugewiesen habe. Mit dem Aufkommen der Wissenschaften im modernen Sinn verliert die Ordnung ihren Bezug auf Gott. Kant verlegt die Ordnung ins Subjekt: »Die Ordnung und Regelmäßigkeit an den Erscheinungen, die wir Natur nennen, bringen wir selbst hinein.« Die abendländische Geistesgeschichte des Mittelalters dreht sich im weitesten Sinne um das Verhältnis von Glauben und Wissen. Christentum und Philosophie sollen verknüpft werden. Die Gelehrten der damaligen Zeit, insbesondere der Hochscholastik im 12.–13. Jahrhundert, beziehen sich auf Platon und Aristoteles und zeichnen sich durch ein methodisches Vorgehen aus, in dem sie ihre Beweisführung auf Rede und Gegenrede, die sogenannten »disputationes«, also Streitgesprächen gründen. Augustinus, Thomas von Aquin und Wilhelm von Ockham sind in der zeitlichen Reihenfolge ihres Wirkens zu erwähnende berühmte Figuren der früh- bis spätmittelalterlichen Phase vom 2. bis zum 14. Jahrhundert. Die scholastische Denk- und Argumentationsweise geriet im Laufe der Jahrhunderte aber wegen ihres spitzfindigen und spekulativen Charakters zunehmend unter Kritik. Die Renaissance mit ihren zahlreichen Erfindungen vom Kompaß bis zum Buchdruck beginnt. Kopernikus begründet das heliozentrische Weltbild, das mit einer der größten Umwälzungen in der Geschichte des menschlichen Denkens einhergeht. Sigmund Freud sollte die kopernikanische Wende dann in unserem Jahrhundert als eine der drei großen Kränkungen der Menschheit bezeichnen. Sozusagen herausgeschleudert aus dem Zentrum der Welt, begann denn auch die lange Geschichte der Rivalität zwischen den aufkommenden Naturwissenschaften und der kirchlichen Auslegung der christlichen Religion.

Hans-Dieter Mutschler: Der Begriff der Ordnung und die Frage, ob man aus der Ordnung der Welt auf Gott schließen kann, hat sich im Mittelalter und in der Antike ganz anders gestellt als in der Neuzeit und in der Moderne. Man hat im Mittelalter vom »ordo«

gesprochen, das war eine sinnvolle Ordnung. Man hat in der Antike vom Kosmos gesprochen, und das war zugleich das Wort für »Schmuck«. Der Kosmos war also etwas, was hergestellt war. Jemand mußte ihn gemacht haben. Und die mittelalterlichen Menschen haben den Kosmos empfunden wie ein Haus. Wenn ich ein Haus ansehe, dann kann ich daraus zwingend schließen, daß es jemand gemacht haben muß. Die Ordnung muß hervorgebracht sein. Aber die Ordnung, von der ein moderner Physiker ausgeht, verweist von sich aus nicht mehr auf Gott. Man kann es sich vielleicht durch ein einfaches Beispiel klarmachen: Wenn ich tausend Kreise vermesse und jeweils das Verhältnis des Umfangs zum Radius untersuche, dann komme ich immer auf dieselbe Verhältniszahl, nämlich Pi 3,1415, aber es käme deshalb niemand auf die Idee zu sagen, weil das so geordnet ist, muß Gott das so gemacht haben. Denn das ist eine rein funktionale Ordnung, die sozusagen keinen transzendenten Verweischarakter hat, die auf einen zwecksetzenden und sinnvoll agierenden Gott verweist. Und das macht in meinen Augen die große Schwierigkeit im Gespräch zwischen Theologie und Naturwissenschaft aus, daß der Naturwissenschaftler tatsächlich die Hypothese Gott gar nicht nötig hat. Er konstruiert eine rein funktionale, syntaktisch bestimmte Ordnung, und die verweist nicht mehr auf Gott. Dennoch ist Gott nicht nur ein Wort, sondern man kann die Ordnung der Welt, auch wie sie ein Physiker erforscht, auf Gott hin deuten. Sie ist offen dafür. Es kann mich niemand daran hindern zu sagen, daß die Tatsache, daß Kreise in ihrem Verhältnis von Umfang zu Radius oder Durchmesser immer gleich gestaltet sind, für mich letztlich die Ordnung Gottes beweist. Das ist nicht falsch, und das ist auch nicht widersprüchlich, aber es liegt auch nicht nahe. Die moderne Naturwissenschaft ist zu neutral in ihrer Weltkonstruktion, als daß sie einen so direkten Übergang zu religiösen Perspektiven ermöglichen würde.

Franz M. Wuketits: Die Ordnung der Welt muß kein Beweis für Gott oder einen Schöpfer sein. In der Geschichte der Wissenschaften und der Theologie hat es zwar im 19. Jahrhundert eine sogenannte natürliche Theologie gegeben, deren Vertreter davon ausgingen, daß die Natur ein Ausdruck des Schöpfers und daher auch ein Beweis für die Existenz Gottes sein muß. Diese Auffassung wird aber heute auch in der Theologie nicht mehr wirklich ernstgenommen.

Klaus Michael Meyer-Abich: Historisch war es ja eigentlich genau umgekehrt. Man hat nicht die Ordnung gefunden und daraus geschlossen, daß ein Gott dahinter stehen könnte, sondern im Gegenteil: Unsere Vorfahren haben gemeint, diese Welt ist von Gott geschaffen und deswegen lohnt es sich zu schauen, ob sie eine gewisse Ordnung hat. Denn wenn sie von unserem Gott geschaffen ist, dann wird sie auch nach einer gewissen Ordnung eingerichtet sein. Das war das ursprüngliche Motiv in der Entstehung der modernen Naturwissenschaft. Das Interesse war, die Gesetze zu erkennen, nach denen Gott diese Welt eingerichtet hat. Und so ist es Jahrhunderte lang geblieben.

▶ *Macht die Arbeit des Naturwissenschaftlers religiös?*

Franz M. Wuketits: Nur dann, wenn man religiös in einem sehr weiten Sinne versteht, als Ehrfurcht vor dem Leben, Staunen, Bewunderung der mitunter wirklich sehr subtilen Strukturen oder der faszinierenden Verhaltensweisen von Lebewesen; ja, dann würde ich diese Frage durchaus bejahen.

Hans-Peter Dürr: Die Naturwissenschaft ist viel zu sehr auf die Substanz hin orientiert, als daß sie mich religiös machen könnte. Meines Erachtens liegt das Wesentliche mehr in der Beziehungsstruktur, aber die ist für uns nur schwer faßbar. Wenn ich aber in Beziehungen denke, dann bin ich als Beobachter sofort miteinbezogen in diese Ganzheit und komme dadurch in eine Betrachtungsweise, die eigentlich dem Naturwissenschaftlichen fremd ist. Die naturwissenschaftliche Betrachtungsweise macht nämlich das, was beobachtet wird, zu etwas Außenstehendem. Wenn dagegen Beziehungsstrukturen wichtig sind, dann bin ich mitten drin und gehöre ab einem gewissen Punkt zum Ganzen. Und dann bin ich eigentlich in der Innenbetrachtung, in dem Bereich, den ich den religiösen nenne.

▶   *Haben die Naturwissenschaften eine religiöse Basis?*

Hans-Dieter Mutschler: In der Physik steckt keine Religion. Aber mir
fällt folgendes auf: Vor zwanzig Jahren habe ich noch geglaubt,
man könne alles materialistisch erklären. Der Materialismus, den
man mir nahegebracht hat, begründete sich aus der Physik und
aus der Wissenschaft. Man glaubte, die Wissenschaft könne alles
erklären, und man nahm an, den lieben Gott brauche man nicht
mehr. Und dann mußte ich zur Kenntnis nehmen, daß die Bio-
graphien großer Physiker eigentlich immer deren Religiosität
belegen. Von Galilei angefangen bis Max Planck und Albert
Einstein. Und das zeigt doch, daß ein Physiker in der konkreten
Lebenswelt und Erfahrung nicht auf sein eigenes Gebiet
beschränkt ist, sondern sozusagen eine Art religiösen Überschuß
mitbringt.

Hans-Peter Dürr: Die meisten Physiker sind religiöse Menschen,
aber das methodische Vorgehen verlangt, daß auch die letzte Spur
von Religiosität getilgt wird, wenn wir Arbeiten aufschreiben,
weil das sonst nicht beweisbar ist und dann als Ideologie gilt.
Aber wenn man auf die Beweisbarkeit pocht, kann man keine
wichtige Aussage mehr machen. Die »Trampelpfade«, die Wissenschaftler im Prozeß ihres Forschens durch Intuitionen und
ganz unwissenschaftliche Vorstellungen begehen, liefern deshalb
wahrscheinlich die viel tieferen Einsichten. Heute, im Zeitalter
des rein wirtschaftlichen Denkens, wird die Wissenschaft nicht
mehr von religiösen Motiven getragen, sondern vielmehr von der
Frage, wie in einem bestimmten Land der Wirtschaftsstandort
am besten gesichert werden kann. Und dann wird es wirklich un-
religiös, weil nicht einmal von der Fragestellung her mehr durch-
scheint, was die wichtigen und grundsätzlichen Menschheits-
fragen sind.

Franz M. Wuketits: In der Biologie als Wissenschaft steckt meines
Erachtens ebensowenig Religion wie in der Physik, aber im
Denken vieler Biologen eine Menge. Gerade Charles Darwin
sprach ja immer wieder auch von Schöpfung, und er wollte letzten Endes, wie er selber sagte, etwas beitragen zu dem grandio-

sen Rätsel der Entstehung der Arten. Und im Schlußteil seines Buches über die Entstehung der Arten schreibt er sinngemäß, es sei etwas Erhabenes an der Vorstellung, daß der Schöpfer die Vielfalt der Organismen durch den Prozeß der natürlichen Auslese geschaffen hat. Dennoch hat Darwin der Religion in der Konsequenz eine tiefe Wunde zugefügt. Oder denken Sie etwa an Konrad Lorenz, der ja auch immer wieder Ausdrücke wie »Schöpfung«, »Schöpfer« usw. gebraucht hat. Obwohl er die Auffassung vertrat, daß Gott und Religion mit der Wissenschaft eigentlich nichts zu tun haben und er als Wissenschaftler dazu auch nichts zu sagen hat, hat er trotzdem immer wieder Ehrfurcht vor der Schöpfung zum Ausdruck gebracht. Vielleicht ist es eine Frage der persönlichen Mentalität des Biologen. In der Wissenschaft Biologie steckt also keine Religion, aber im Denken vieler Biologen ist das sicher eine wichtige Motivation gewesen.

Klaus Michael Meyer-Abich: Meines Erachtens ist die Physik durchaus von religiösen Vorstellungen durchdrungen. Nun ist aber erst einmal die Frage, was Religion hier heißt. Denn wenn ich Religion höre, dann denke ich nicht nur an das Christentum, sondern an eine Weltauffassung, an ein Gesamtbild von der Welt, an ein Menschenbild und an handlungsleitende Auffassungen darüber, wie Menschen in der Welt ihren richtigen Platz finden. Ein solches Ganzheitswissen für unser Leben in der Welt nenne ich Religion. In diesem Sinne sind die Naturwissenschaften voll von Religion. Alle Fragen, die in der Wissenschaft beantwortet werden, sind religiös motiviert. Denn wonach richten sich die Fragen der Naturwissenschaften? Doch danach, ob man im Experiment die erwarteten Phänomene hervorbringen kann! Wenn wir also die Macht errungen haben, das zu produzieren, wovon jeweils die Rede ist, dann haben wir die »richtigen« Fragen gestellt und sie auch richtig beantwortet. Man könnte die Physik deshalb auch eine »Bemächtigungswissenschaft über die Natur« nennen.

Die herrschende Naturwissenschaft ist anthropozentrisch, das heißt, sie stellt den Menschen ins Zentrum, der sich für das Wichtigste in der Welt hält, sie dient der Herrschaft des Menschen, der wissenschaftlich-technisch Herrschaft wahren und seine Bedürfnisse befriedigen möchte. Diesen Bedürfnissen dient die herrschende Naturwissenschaft. Und in diesem Sinne ist sie zutiefst religiös, aber falsch religiös.

Hinter der Naturwissenschaft steckt also immer ein bestimmtes Weltbild, ein bestimmtes Menschenbild, und es besteht damit im weitesten Sinne ein religiöser Bezug. In der Naturwissenschaft wird also auch ein Gottesverständnis vorausgesetzt. Es kommt nicht am Ende heraus, sondern es ist erkenntnisleitend im Gang der Wissenschaft. Die meisten Physiker reden davon heute nicht mehr. Aber faktisch ist es immer noch so, daß ein bestimmtes religiöses Verständnis, ein Gottesbild vorausgesetzt wird, wenn man sich auf Naturwissenschaft einläßt. Deswegen habe ich auch ein Problem damit, wenn Theologen sich unkritisch einlassen auf das, was als herrschende Naturwissenschaft präsentiert wird und in den Lehrbüchern steht. Ich kann das historisch sehr gut verstehen. Die Theologen sind mit dem Streit zu Zeiten Galileis ziemlich auf die Nase gefallen. Aber ich meine, wenn in der wissenschaftlichen Erkenntnistätigkeit eigentlich ein religiöses Vorverständnis vorausgesetzt wird, dann sollte man doch von den Theologen erwarten, daß sie sich zunächst einmal mit diesem Vorverständnis beschäftigen und die Frage stellen, ob das christlich legitim ist, ob es ein christlich vertretbares Naturverständnis ist, was dahinter steht. Es ist fraglich, ob die religiösen Voraussetzungen, bei denen das jetzige zerstörerische Weltverhältnis in Wissenschaft und Technik herauskommt, die christlichen sind.

Daraus ergibt sich auch ein völlig neues Verhältnis von Theologie und Naturwissenschaft. Die Theologen haben im allgemeinen immer noch eher Angst vor den Naturwissenschaftlern. Dabei muß man eigentlich viererlei unterscheiden: Erstens die Naturwissenschaft, zweitens die religiösen Voraussetzungen der Naturwissenschaft, drittens unseren christlichen Glauben und viertens ein Naturverhältnis, das unter den Voraussetzungen unserer jüdisch-christlichen Tradition wirklich ein christliches zu nennen wäre. Ich bezweifle, daß unsere herrschende Physik wirklich christlich ist.

Wolfhart Pannenberg: Darüber sind wir uns doch gewiß alle im großen und ganzen einig: Die Naturwissenschaft schneidet die Sinnfrage doch erst seit einer ganz bestimmten Phase ihrer modernen Entwicklung ab. Sicher hat schon im 17. Jahrhundert die Naturwissenschaft mit Aristoteles gebrochen, in dieser Weise die Natur als zielgerichtet zu verstehen. Aber Newton[15] hat seine mathematischen Prinzipien der Naturwissenschaft auch deshalb geschrieben, weil er gegen Descartes[16] die Rolle Gottes im Naturgeschehen belegen wollte. Newton stellte sich vor, daß so, wie unser Geist die Glieder unseres Körpers bewegt, Gott die Teile des Universums bewegt, und zwar nicht durch mechanische Wirkungen. Später, im 18. Jahrhundert, galt Newton als der Begründer beziehungsweise Vollender der mechanischen Naturbeschreibung. Das stand ganz im Gegensatz zu dem, was er angestrebt hat. Er wollte durchaus die Sinnfrage. Seit dem 18. Jahrhundert gibt es die Ablösung von dieser Fragestellung – und das dauerte bis in die Mitte unseres Jahrhunderts. Doch das Aufregende ist, daß in den letzten Jahrzehnten gerade von Physikern ein Unbehagen an dieser Aufteilung geäußert wird und man nach neuen Modellen der Erklärung auf die Suche gegangen ist.

Hans-Peter Dürr: Die Physik läßt einen Raum offen, der mit etwas anderem gefüllt werden muß als dem, was sich physikalisch erfassen läßt. Viele Leute vertreten die Auffassung, daß nur das existent ist, was physikalisch erklärbar ist. Alles andere gibt es in deren Welt einfach nicht. Und sie glauben, daß sie in dieser kleineren Welt leben können. Ich kann es nicht. Ich habe diesen Raum, und den kann ich nicht mehr mit Physik ausfüllen, und deshalb muß ich mich mit Leuten zusammentun, die solche Instrumente haben, die auch dort noch anwendbar sind, wo die wissenschaftliche Methode nicht mehr greift. Die wissenschaftliche Methode ist analytisch, zerlegend. Wir brauchen aber dringend andere Möglichkeiten neben den rein wissenschaftlichen Methoden. Und ich bin fest davon überzeugt, daß wir die auch entwickeln können. Wenn wir Dialoge führen, können wir auch Gemeinsamkeiten, neue Kriterien und Verbindlichkeiten herstellen, obwohl wir nur einen subjektiven Blickwinkel haben, unter dem wir das sehen können. Aber wenn jeder ein »subjektives Fenster« hat, aber bei gewissen Annahmen eine Analogie besteht zwischen zwei Menschen, dann können wir vielleicht dort aus der Willkür herausfinden, wo die wissenschaftliche Methode nicht greift.

Wolfhart Pannenberg: Ich neige zu der Ansicht, daß die Wissenschaft im engsten Sinne, also in den Gleichungen, die an die Tafel geschrieben werden, und den Ableitungen, die gemacht werden, religiös ist, aber nicht in dem Sinn, daß Religiöses dabei beabsichtigt wird. Aber das Umfeld, die Motivation, ist religiös bestimmt. Man kann die Tafel mit Gleichungen nicht isolieren von dem Umfeld oder den »Trampelfaden«, wie es Herr Dürr nennt, die hinführen zu den Ergebnissen. In diesem Sinne ist auch die Wissenschaft nicht keimfrei, rein von allem Religiösen. Wenn man sich der Trampelpfade, der Einstellungen und Fragestellungen erinnert, mit denen gerade die produktiven Wissenschaftler ihre Ergebnisse entwickelt haben, dann treten Verflechtungen in unser Bewußtsein, die religiös sind, in einem ganz offenen Sinn des Wortes. Wenn das nicht der Fall wäre, dann würde es kaum lohnen, Gespräche zwischen Naturwissenschaftlern, Philosophen und Theologen zu führen, wie sie hier stattfinden.

Ich möchte für dieses Gespräch noch anregen, daß wir den Wissenschaftsbegriff nicht ganz so eng fassen sollten, nämlich nur das Exakte, das mathematisch formulierbare Wissen als Wissen zu bezeichnen. Wenn man den Wissenschaftsbegriff nämlich so eng faßt und dann sagt, wir brauchen aber noch was anderes, dann stellt sich dieses andere eben doch leicht als beliebig dar. Und das soll ja gerade vermieden werden.

Hans-Peter Dürr: Das möchte ich eigentlich unterstreichen. Wenn man darauf besteht, nur präzises Wissen zuzulassen – was im übrigen oft gar nicht erst gewonnen werden kann –, dann kann man nur Unbedeutendes sagen, weil man ja etwas herauslösen muß aus dem zusammenhängenden Ganzen, um diese geforderte Präzision möglich zu machen. Man will damit die Willkürlichkeit vermeiden. Aber dann verliert man selbstverständlich die Beziehungsstruktur. Ich bin sehr dafür, daß man das Präzise aufweicht, um etwas Relevantes zu sagen.

Der Erfolg der Naturwissenschaften ist weitgehend auf ihre Methode zurückzuführen. Sie beruht darauf, den Beobachter strikt vom Objekt der Beobachtung zu trennen und Vorgänge unter klar definierten Voraussetzungen durch Experimente beliebig oft zu wiederholen. Die entsprechenden Gesetzmäßigkeiten lassen sich mathematisch formulieren und erlauben eine nachprüfbare Prognose. So können möglichst einfache Modelle aufgestellt werden.

Man unterscheidet in diesem Zusammenhang die aristotelische Physik von der klassischen Physik, wie sie seit Beginn der Neuzeit mit Galilei und Newton aufkam, und die Quantenphysik, die revolutionäre Ergebnisse zum Zusammenhang von Beobachter und Beobachtungsobjekt ans Licht brachte.

Für Aristoteles hingen die beobachtbaren Abläufe mit dem Wesen des Gegenstandes zusammen, der beobachtet wurde. Ein Stein fiel demnach schneller zu Boden als eine Feder, weil dies seiner wesensmäßigen Bestimmung entsprach. Die Anschauung, daß ein Stein schneller zu Boden fällt als eine Feder, entspricht auch unserer Alltagserfahrung. Galilei stellte dagegen die Behauptung auf, daß alle Körper gleich schnell fallen, und bewies dies durch Experimente im Vakuum, auf die er seine Fallgesetze gründete.

Die Alltagserfahrung wird also durch die experimentelle Beobachtung ersetzt. Von Galilei stammt auch das Motto »Alles, was meßbar ist, messen, und alles, was nicht meßbar ist, meßbar machen!« Die Anwendung der Mathematik, wie sie insbesondere durch Newton berühmt wurde und sich durchsetzte, stärkte den Glauben, alle Naturphänomene rein kausal und mechanisch erklären zu können. Im Überschwang des Erfolges der Naturwissenschaften glaubte man im 18. und 19. Jahrhundert, daß es eine lückenlose Erklärung aller Phänomene geben könne. Man ging davon aus, daß alles Geschehen kausal und nach den Gesetzen der Mechanik erklärbar ist. Aber im atomaren Bereich erweisen sich heute diese Zusammenhänge als lose und ungenau, wie die Quantenphysik zeigte.

Hans-Peter Dürr: Man kann von Wissenschaft auf zwei verschiedene Arten reden. Erstens von der Wissenschaft, wie sie in Lehrbüchern aufgeschrieben ist, und zweitens von der Wissenschaft, wie sie die Forscher praktisch betreiben. Das sind zwei ganz verschiedene Dinge. Das, was Wissenschaftler treiben, hat nämlich nur sehr wenig mit der Wissenschaft, wie sie in den Lehrbüchern steht, zu tun. Denn dort wird die Vorstellung geweckt, Wissenschaft sei vollkommen objektiv, als ob sie keine Spuren tragen würde vom Erkenntnisprozeß des Wissenschaftlers. Heute trauen sich die Wissenschaftler etwas mehr, über ihre Trampelpfade zu sprechen, die sie immer brauchen, um etwas Neues zu finden. Und auf diesen Trampelpfaden passiert nämlich etwas total anderes. Die sind voll geleitet von irgendwelchen Vorstellungen, die mit der eigentlichen Wissenschaft nichts zu tun haben, und sie sind gerade deshalb ungeheuer fruchtbar, weil sie auf einen Weg führen, der gar nicht von empirischen Messungen vorgegeben war, sondern von irgendeiner vagen Vorstellung, der man nachgegangen ist. Stattdessen hält man es für wissenschaftlich, in Büchern zu konstruieren, wie man auf dem geradesten Weg zum Ergebnis gekommen ist. Normalerweise thematisieren wir nicht, wie wir durch hundert Trampelpfade zu diesem Ziel gelangt sind. Dabei wäre das viel einleuchtender, weil jeder die Erlebnisse kennt, die dahin führen. Aber gerade in diesem Subjektiven steckt noch ein gewisser Hall dieses Wissens von den Sinnfragen mit drin, nämlich beispielsweise, warum ich es überhaupt gemacht habe oder warum es für mich ein Anliegen war, dieses Objekt als Forschungsgegenstand herauszunehmen und nicht irgend etwas anderes.

Hans-Dieter Mutschler: Wir müssen dennoch bei dieser Aufteilung bleiben. Wenn wir Wissenschaft treiben, soll das ja nicht in ein Gedicht ausarten. Es soll ja nicht so sein, daß ein Physiker, anstatt über objektive Gesetze zu reden, über seine subjektive Befindlichkeit spricht. Die Stärke der Physik liegt ja genau darin, daß sie Ergebnisse objektivieren und ablösen kann von weltanschaulichen Voraussetzungen. Ein Buddhist kann so dieselbe Physik treiben wie ein Christ oder ein Agnostiker. Und ich bin der Meinung, das ist die Stärke der Physik und jeder anderen Naturwissenschaft.

▶   *Welches Weltverhältnis ergibt sich aus unserer Tradition?*

Klaus Michael Meyer-Abich: Wir haben in unserer jüdisch-christlichen Tradition diesen Schöpfungsmythos des außerweltlichen Schöpfers. Im Christentum sieht das schon etwas anders aus, denn da hat sich dieser Schöpfer mit der Erde verbunden, indem er einen Erdensohn, Christus, schuf. In der griechischen Religion gab es dagegen ursprünglich zwei Götter, nämlich Himmel und Erde, und zwischen ihnen war Eros die verbindende Kraft. Aus dieser Konstellation ist alles hervorgegangen. Die Weltentstehung war ein Teil der Gottesgeschichte, völlig anders, als in unserer Tradition. Es hat einiges für sich, wenn wir wissen, daß ursprünglich Himmel und Erde die Götter waren und daß aus der liebenden Verbindung von Himmel und Erde alles hervorgegangen ist. So entsteht ein anderes Verhältnis zu der Welt, in der wir leben und zu der wir selber gehören. Die Industriegesellschaft benimmt sich wie ein Volk von interplanetarischen Eroberern, das hier irgendwie niedergeschwebt ist und sich hier nun einrichtet, die Herrschaft wahrt, aber sich doch eigentlich so verhält, als gehörte es nicht dazu. Und das hängt mit unserem religiösen Hintergrund zusammen.

Wolfhart Pannenberg: Das ist aber eine Einstellung zur Welt, die sich nicht ohne weiteres auf die jüdisch-christliche Tradition berufen kann, denn der Auftrag zur Herrschaft über die Schöpfung, wie er sich am Anfang der Bibel findet, hat einen ganz anderen Sinn. Es bedeutet nicht, daß der Mensch nach Belieben mit der Natur verfahren kann, sondern daß er in der Natur die Herrschaft des Schöpfers selber repräsentiert. Und dazu gehört, daß er Verantwortung für die geschöpfliche Wirklichkeit trägt. Im übrigen stimme ich Ihrem Vergleich zwischen der jüdisch-christlichen Auffassung des Verhältnisses von Gott und Welt und der Sicht anderer Religionen sehr zu. Allerdings muß man beim biblischen Schöpfungsbericht berücksichtigen, daß die jüdischen Priester, die diesen Bericht geschrieben haben, sich auf die Naturbetrachtung ihrer Zeit stützten und so den Glauben an einen weltjenseitigen Gott als Ursprung dieser Welt formulierten. Und das muß die Theologie, wenn sie Schöpfungslehre betreibt, in jedem Jahrhundert wieder vollziehen. Wir müssen mit den Mitteln unserer heutigen Naturerkenntnis zum Ausdruck bringen, daß der weltjenseitige Gott der Bibel der Schöpfer dieser Welt ist.

Franz M. Wuketits: Wir müssen tatsächlich verantwortungsbewußter der Natur gegenüber handeln, wenn wir eine Schöpfung annehmen. Ich fühle mich auch als strikter Evolutionstheoretiker verantwortlich dafür, wenn ich annehme, daß wir Menschen evolutiv verbunden sind mit den übrigen Lebewesen. Es gibt da ja einige Beispiele aus der Geschichte, die zu dem Ergebnis kommen, daß wir die Lebewesen, die Arten nicht zerstören dürfen. Weil wir Produkte der Evolution sind, sind wir auch gleichzeitig mitverantwortlich für die Schöpfung, also auch für andere Lebewesen.

▶ *Öffnet sich die Theologie der Naturwissenschaft oder die Naturwissenschaft der Theologie? An welchem Punkt des Dialogs stehen wir heute?*

Seit Kopernikus und Galilei kam es mehrmals zu großen Konflikten im Verhältnis zwischen Kirchenlehre und Forschung. Die schlüssigen Erklärungsmodelle der Naturwissenschaften schienen den religiösen Auffassungen den Boden zu entziehen, sei es die Erkenntnis, daß die Erde nicht der Mittelpunkt des Weltalls ist, die kopernikanische Wende, in deren Verlauf Giordano Bruno (1548–1600) auf dem Scheiterhaufen endete und Galilei seine Lehre widerrufen mußte, oder sei es der Streit um Darwins Evolutionstheorie, die dem Menschen seinen Status als »Krone der Schöpfung« streitig machte und statt dessen seine Abstammung vom Affen postulierte. Die Konflikte, die sich mit dem Entstehen der modernen Naturwissenschaften seit Galilei zwischen Kirche und Naturwissenschaft aufgetan haben, wurden zunächst durch klare Abgrenzung des Kompetenzbereichs wieder entschärft, vor gegenseitigen »Grenzüberschreitungen« aber gewarnt. Im Verlauf des 20. Jahrhunderts entstand durch die Quantenphysik eine Annäherung, die Gespräche werden heute offener fortgeführt.

Wolfhart Pannenberg: Ich habe den Eindruck, daß das Thema Gott stärker von Naturwissenschaftlern her aufgenommen wird. Die Theologen sind eher ängstlich, aus begründeten Erfahrungen früherer Jahrzehnte oder auch aus den beiden letzten Jahrhunderten heraus. Aber die Tatsache, daß nun plötzlich von den Naturwissenschaften aus das Thema Gott aufgenommen wird, wenn vielleicht auch nur als Ausdruck der persönlichen Interpretation einzelner Naturwissenschaftler, nötigt doch die Theologie, herauszugehen aus einer Haltung, in der man über ein Thema wie den Schöpfungsglauben so reden kann, als ob es die Naturwissenschaft gar nicht gäbe. Es hat vor allem durch die Entwicklung der physikalischen Kosmologie in den letzten Jahrzehnten eine Konvergenz gegeben zwischen der physikalischen Weltauffassung und der Sicht der Theologie, also dem christlich-jüdischen Schöpfungsglauben. Da ist ein Zusammenstreben im Gange, das man sich vor hundert Jahren gar nicht hätte vorstellen können.

Hans-Peter Dürr: Es ist richtig, daß sich die Naturwissenschaft in unserer heutigen Zeit für das Religiöse öffnet. Aber ich glaube nicht, daß sie sich den christlichen-jüdischen Vorstellungen nähert, sondern eigentlich von diesem äußeren Gott ganz weggeht. Denn in der neuen Naturwissenschaft, in der Quantenphysik, ist der Gedanke vorherrschend, daß alles mit allem zusammenhängt. Aber wo es nichts Abgetrenntes gibt, kommt man zu einem anderen Gottesbild. Ich kann mir Gott nicht als etwas Äußeres vorstellen. Für mich gilt nur ein Gottesbild, in dem ich selbst mitinbegriffen bin. Und das ist eigentlich nicht der jüdisch-christliche Gott.

Wolfhart Pannenberg: Das halte ich nicht für richtig. Das ist ein Mißverständnis des jüdisch-christlichen Gottes. Wir brauchen nur den 139. Psalm zu lesen, wo gesagt wird, daß Gott den Betenden von allen Seiten umgibt, daß er sich nirgends hinflüchten kann, wo Gott nicht ist, daß er ihm in seinem Innersten gegenwärtig ist. Es ist eine Vereinfachung, sozusagen eine Verfallsform des jüdisch-christlichen Gottesverständnisses, daß man sich Gott nur als jenseitig vorstellt. Er ist jenseitig, aber in seiner Jenseitigkeit umfaßt er und durchdringt er zugleich die Wirklichkeit seiner Schöpfung. Das ist sowohl die jüdische als auch die christliche Auffassung vom Verhältnis Gottes zur Welt. Karl Rahner hat einmal gesagt, wenn wir von Gott reden, dann handelt es sich um das Geheimnis, das uns in unserem Leben von allen Seiten umgibt und durchdringt. Das drückt besonders gut der 139. Psalm aus, wo Gott auch nicht eine Größe oder eine Person ist, die uns nur jenseits gegenübersteht, sondern ein Gegenüber, aber doch zugleich uns von allen Seiten umgebend und durchdringend. Gott ist dieses namenlose Geheimnis, in das unser Leben hineingestellt ist, und das wir als Vater ansprechen können. Dazu kommt dann, daß Gott eben nicht nur Vater ist, sondern auch Sohn und Geist, und diese Beziehung zwischen Vater, Sohn und Geist umschließt uns als Feld. Als Glaubende nehmen wir teil an der Sohnesbeziehung Jesu und damit an dem inneren Leben des dreieinigen Gottes.

Franz M. Wuketits: Ich würde im Zusammenhang mit der gegenseitigen Öffnung nicht nur zwischen Theologen und Naturwissenschaftlern, sondern nochmals zwischen Physikern und Biologen unterscheiden. Die Physiker sind meines Erachtens heute viel eher bereit, sich dem Religiösen zu öffnen als die Biologen. Das mag verschiedene Gründe haben, vielleicht liegt einer darin, daß der Physiker, zumal als Kosmologe, irgendwann einmal vor der Frage steht: Wie entstand diese Welt? Der Wiener Physiker Roman Sexl hat es einmal treffend formuliert und gefragt: »Wer hat denn eigentlich urgeknallt?« Und da sind wir dann schon auf einem sehr schwierigen Gebiet. Die Frage bleibt dem Biologen glücklicherweise immer erspart. Denn der beginnt erst dort zu kochen, wo schon das Material da ist, in der Ursuppe. Da ist schon einiges da. Und wie dann die ersten Moleküle den Sprung aus dem Suppentopf hinausgeschafft haben, das läßt sich dann schon ohne religiöse Voraussetzungen erklären.

Hans-Dieter Mutschler: Ich teile die Meinung von Herrn Wuketits, daß das in der Biologie anders aussieht. Das betrifft auch die Hirnphysiologie, wo man über das Leib-Seele-Problem diskutiert. Dort finde ich im allgemeinen keine große Bereitschaft der entsprechenden Wissenschaftler, über religiöse Fragen zu sprechen. Dagegen wird heute in der Physik Gott thematisiert, wie es vor hundert Jahren undenkbar gewesen wäre. Leider lassen sich aber nur wenige Theologen auf diese Gespräche ein.

Klaus Michael Meyer-Abich: Philosophen können dazu auch etwas beitragen. Die meisten Philosophen verstehen sich so, daß sie es eher mit dem Sozialen oder dem eigentlich Menschlichen zu tun haben, und die Natur wird den Naturwissenschaften überlassen. Ich finde, diese Zeit ist vorbei. Aber in diesem arbeitsteiligen Sinne waren ja auch die bisherigen Physiker-Theologen-Gespräche noch angelegt. Inzwischen kommen wir in eine etwas kritische Phase in dem Sinn, daß die Natur nicht mehr einfach immer nur den Naturwissenschaftlern und Technikern überlassen werden darf. Kein Wort gegen die Physik, aber sie kann nicht auch noch zuständig sein für einen kultivierten Umgang mit der Welt. Die Beschäftigung mit diesem Thema müssen wir von den Geistes- und Kulturwissenschaften und nicht zuletzt von den Theologen und natürlich von uns Philosophen erwarten. Dafür sind wir wirklich zuständig, und dazu sind wir aufgerufen.

Wolfhart Pannenberg: Es ist ein Mangel dieser jahrzehntelangen Gespräche zwischen Physikern und Theologen in Deutschland gewesen, daß die Philosophie daran zu wenig beteiligt war. Die Philosophie hat ja eine große Tradition des Nachdenkens über die Natur. Leider sind die Physiker unseres Jahrhunderts nicht mehr so vertraut mit philosophischen Fragen. Sie sind auch nicht mehr so vertraut mit der Geschichte ihrer eigenen Wissenschaft, wie das für den Dialog zwischen Theologen und Naturwissenschaftlern eigentlich wünschenswert wäre. Ich glaube, dieser

Mangel, daß die Philosophie als Boden, auf dem man sich sinnvoll unterhalten kann, zu wenig in Erscheinung trat, hat sehr dazu beigetragen, daß die Gespräche in Deutschland an irgendeinem Punkt steckengeblieben sind. In Amerika ist die Situation in dieser Hinsicht etwas anders, weil es dort die sogenannte Prozeßphilosophie gibt, die ursprünglich mal am Ende des vorigen Jahrhunderts von Frankreich ausgegangen und in Amerika dann durch Alfred North Whitehead[17] vertreten worden ist, der ja auch ein bedeutender Mathematiker gewesen ist und einer der ganz wenigen Philosophen unseres Jahrhunderts war, die es gewagt haben, eine philosophische Kosmologie zu schreiben. Von ihm sind Anregungen ausgegangen, die auch von amerikanischen Naturwissenschaftlern aufgegriffen worden sind. Und das hat sicher zu der größeren Initiativenfreudigkeit der Gespräche in Amerika etwas beigetragen. In Deutschland hat es nach dem 2. Weltkrieg eine Initiative gegeben, die unter anderem von Carl Friedrich von Weizsäcker ausging, einen Gesprächskreis von Theologen und Physikern zu bilden. Die Probleme, die mit der Atombombe verbunden waren, gaben den unmittelbaren Anlaß für den Wunsch von Physikern nach Gesprächen mit Theologen. Es hat dann über viele Jahre sehr fruchtbare Diskussionen in Göttingen gegeben, danach dann in Heidelberg und in Karlsruhe. In letzter Zeit sind diese Gespräche in Deutschland etwas eingeschlafen, wenn ich recht sehe, während in Amerika vielerorts Institute gegründet worden sind, auch mit großen Spendenmitteln, um das Gespräch zwischen Naturwissenschaft und Religion zu fördern.

Hans-Peter Dürr: Der Grund, warum die Physiker sich überhaupt so auf die Philosophie eingelassen haben in den letzten Jahrzehnten war auch, daß sie einen Schock erlitten haben. Sie dachten, sie könnten praktisch alles erklären mit einem mechanistischen Weltbild. Das hat aber nicht geklappt. Jetzt sind die Biologen in einer ähnlich euphorische Phase und meinen, daß sie bald alles erklären zu können, was im Biologischen passiert. Doch sie werden über kurz oder lang einen ähnlichen Schock erleiden.

Klaus Michael Meyer-Abich: Ich hoffe, wir stehen an dem Punkt, wo die Theologen allmählich aufhören, Angst vor den Naturwissenschaftlern zu haben, und die Naturwissenschaftler sich ihren eigenen religiösen Voraussetzungen öffnen, in dem Sinn, daß sie auch bereit sind, mit den Theologen über ihre eigenen religiösen Voraussetzungen zu reden. Ich hoffe auf eine allmählich kritische Theologie und eine Bereitschaft der Naturwissenschaften, sich auf diese Kritik auch einzulassen. Ich glaube nicht, daß wir da schon direkt stehen. Aber vielleicht sind wir kurz davor.

▶   *Gibt es unüberschreitbare Erkenntnisgrenzen in der Naturwissenschaft? Und könnte es sein, daß der Bereich jenseits dieses Horizontes etwas mit dem Jenseits der Religionen zu tun hat?*

Hans-Peter Dürr: Ich bin sicher, daß es diese Grenzen gibt. Die Grenzen der Naturwissenschaft, die ich sehe, sind prinzipieller Art. Wenn ich eine Frage gestellt bekomme, muß ich entscheiden, ob sie innerhalb des Erkenntnisbereiches oder der Formulierbarkeit einer Wissenschaft beantwortbar ist oder nicht. Wenn die Fragestellung nicht paßt, dann kann ich keine Antwort geben, dann muß ein anderer einspringen.

Klaus Michael Meyer-Abich: Die Frage nach den Grenzen des Wissens hat ja eine Geschichte. Es gab beispielsweise einmal ein Abkommen zwischen Newton und dem Bischof Bentley. Die haben sich geeinigt, inwieweit die Physik zuständig ist und wofür die Theologie zuständig sein soll. Newton hielt es damals nicht für möglich, physikalisch zu erklären, wie das Planetensystem entstanden sei. Und er sah auch gar keine Aussicht, daß die Physiker das je zustande bringen würden. Deswegen sagte er, dafür dürften die Theologen zuständig bleiben. Wie das alles jetzt funktioniert, das erklären wir Physiker, aber die Entstehung dieses schönen Weltsystems, die erklären wir via Schöpfung in einem sehr einfachen theologischen Verständnis. Es dauerte wenige Jahrzehnte, bis Immanuel Kant dann die erste und in den Grundzügen bis heute gültige physikalische Theorie der

Entstehung des Planetensystems entworfen hat. Und so ist es den Theologen mit den Physikern immer wieder gegangen. Eine Zeitlang haben die Physiker irgendwelche Grenzen anerkannt, und dann haben sie sie doch wieder überschritten. Und so sind die Theologen immer mehr in die Enge getrieben worden. Ich halte aber diesen Ansatz für falsch. Ich finde, wenn man gefragt wird: Gibt es eine Grenze der Wissenschaft? dann kann man nicht sagen, dies eine können wir erklären und den Rest macht die Theologie. Sondern die Grenze der Wissenschaft ist lediglich die, daß sie Wissenschaft ist. Die Grenze einer objektivierenden Wissenschaft ist ganz einfach die Tatsache, daß sie objektiviert. Sie kann alles erkennen, was man objektivieren kann, und alles, was sie erkennt, wird sie objektivierbar nennen. Denn so ist der Ansatz, das ist ihre innere Grenze. Damit ist im übrigen nicht gesagt, jede Wissenschaft müsse objektivierend sein. Ich kann mir sehr wohl andere Wissenschaftsansätze vorstellen. Man spricht heute von ganzheitlicher, alternativer Wissenschaft, die nicht in dieser Weise die übrige Welt objektiviert, wie es die bisherige Physik oder die herkömmliche Naturwissenschaft tut. Aber dann wird auch diese andere Wissenschaft wiederum die innere Grenze haben, genau so zu fragen, wie sie fragt.

Hans-Dieter Mutschler: Ich bin der Meinung, daß das mit Bentley und Newton nicht so einfach ist, und zwar aus folgendem Grund. Newton konnte die Anfangsbedingungen des Planetensystems nicht erklären. Das können wir heute auch noch nicht. Wir können vielleicht Anfangsbedingungen aus einem größeren System ableiten, und dann entstehen wieder Anfangsbedingungen, die kontingent sind, also zufällig, nicht notwendig. Wir können die Anfangsbedingungen verschieben, aber das Problem ist damit nicht aus der Welt. An irgendeiner Stelle entsteht genau wieder dieses Problem der Kontingenz, und das halte ich für eine prinzipielle Grenze etwa physikalischer Erklärungen, wobei diese prinzipielle Grenze verschiebbar ist.

Klaus Michael Meyer-Abich: Die Naturwissenschaft kann, so weit sie reicht, mit den Gesetzen, die wir kennen, immer erklären, was passiert, wenn die Ausgangssituation bekannt ist. Aber sie kann nicht erklären, warum eine Ausgangssituation gerade so aussieht, wie sie aussieht. Jedenfalls kommt man irgendwann an eine ursprüngliche Ausgangssituation, und das ist, was Herr Mutschler die Kontingenz der Anfangsbedingungen nennt. Aber ich würde sagen, dafür brauchen wir nicht die Theologen, sondern das können wir getrost kontingent lassen. Die Grenzen der Wissenschaft sind andere, und die haben wir ja eben auch bezeichnet.

Hans-Dieter Mutschler: Sie kennen vielleicht die Diskussion um das sogenannte anthropische Prinzip[18], die man heute führt, daß man sagt, die kontingenten Naturkonstanten, die können wir nicht ableiten aus den physikalischen Gesetzen, die haben einen bestimmten Wert, und wenn die einen anderen Wert hätten, dann würde es die Welt so nicht geben, wie sie jetzt ist. Es gäbe kein Leben und so weiter. Manche Leute behaupten, das sei von Gott so eingerichtet. Ich vertrete dieses anthropische Prinzip nicht. Aber man kann auch die Möglichkeit nicht verbieten, hinter den Kontingenzen der Welt Gott am Werk zu sehen. Das ist nicht beweisbar, es ist aber auch nicht widersprüchlich.

Wolfhart Pannenberg: Man hat lange geglaubt, daß die Naturgesetze ewig sind. Aber das kann man allenfalls von mathematischen Formeln sagen, die zeitlos gültig sind. Naturgesetze sind sie eigentlich erst durch die Anwendung auf Anfangsbedingungen, die gegeben sein müssen. Und das heißt, sie sind eben nicht ewig, sie sind gebunden an die Existenz solcher Bedingungen. Es gibt kein Naturgesetz ohne Anwendungsbereich. Und wenn wir sagen müssen, der Anwendungsbereich der Gesetze ist entstanden im Laufe der Geschichte des Universums, dann bedeutet das, daß zwar mathematische Formeln zeitlos sein mögen, aber als Naturgesetze, die sich auf einen Anwendungsbereich beziehen, sind sie nicht unabhängig von diesem Konkreten da, auf das sie sich beziehen.

Hans-Peter Dürr: Also, ich würde Ihnen zustimmen, aber ich meine, erwiesen ist es nicht. Also, ich finde es sehr sympathisch zu sagen, daß auch die Naturgesetze letzten Endes sich herausgebildet haben in einem Evolutionsprozeß durch Selbstorganisation und nicht von vornherein da sind. Das halte ich für möglich, aber ich glaube, im Augenblick kann man das nicht unbedingt sagen, daß es so ist. Es ist eine Möglichkeit.

▶ *Wird der winzige Mensch das riesige Universum mit all seinen Fragen, die sich ihm stellen, jemals begreifen können?*

Hans-Peter Dürr: Selbstverständlich nicht. Wir sind ein kleines Untersystem, und jedes System kann nur das begreifen, was unter ihm liegt und nicht, was ihm übergeordnet ist. Und das ist unsere Grenze, denn wir sind ja auf unser Denken angewiesen. Unser Denken ist zu primitiv für diese Problematik. Aber es deprimiert mich überhaupt, daß wir das nicht können. Denn wir wollen ja Probleme lösen in unserem unmittelbaren Umkreis, wie Herr Meyer-Abich sagt, und ich meine, dazu sollte unsere Vernunft ausreichen.

Wolfhart Pannenberg: So groß wir auch vom Menschen denken mögen und in vieler Hinsicht ja mit Recht, bleiben wir doch beschränkte Wesen. Das dürfen wir nicht vergessen. Daß wir trotzdem in unserer Beschränktheit die Frage nach dem Ganzen der Welt stellen, das gehört auch zu unserem Menschsein. Aber wir dürfen dabei nicht vergessen, daß wir diese Frage als beschränkte Wesen stellen. Wir sind also nicht der liebe Gott. Das Unheil wird besonders leicht dann angerichtet, wenn die Menschen sich mit Gott verwechseln. Und das ist auch eine eingeborene Neigung unserer menschlichen Art.

■ Exkurs: Castel Gandolfo

Der Vatikan betreibt in Castel Gandolfo bei Rom eine Sternwarte, die 1891 gegründet wurde. Ziel dieser Einrichtung war es damals und ist es auch heute noch, eigene astronomische Forschungen zu betreiben und zu zeigen, daß es zwischen religiösem Glauben und Wissenschaft keinen Konflikt geben muß. Vor Beginn der Gespräche über »Gott und die Wissenschaft« in der Toskana äußerte sich der Direktor des Observatoriums, Pater George V. Coyne, zu diesem Thema.

Pater George V. Coyne: Die Sternwarte des Vatikan ist nicht das Ergebnis einer langfristigen Planung, sondern bestimmte geschichtliche Ereignisse haben dazu geführt, daß sie eingerichtet wurde. Es war keineswegs so, daß die Kirche in die Wissenschaft drängen wollte, um Wissenschaftler zu bekehren. Die Kirche war von derartigen Plänen weit entfernt. Das historische Ereignis, das zu der Gründung führte, war die Kalenderreform von Papst Gregor XIII. im Jahre 1582. Er ließ den Kalender reformieren, weil beispielsweise Ostern, die Karwoche oder der Ramadan, also religiösen Feste egal welcher Religion, in den Winter fielen, obwohl sie eigentlich Frühlingsfeste sind. Mit dieser Kalenderreform begann sich die Kirche im Bereich der Astronomie zu engagieren. Über vier Jahrhunderte hinweg haben daraufhin Päpste die astronomische Forschung unterstützt. Im Jahre 1891 ließ Papst Leo XIV. schließlich die vatikanische Sternwarte einrichten. Die Teleskope wurden hinter der Peterskirche aufgebaut. Dieser Papst wollte die Sternwarte einrichten, um die lange Tradition seiner Vorgänger weiterzuführen, aber auch, weil er den Konflikt zwischen Wissenschaft und Religion überwinden wollte. Also setzte er Priester für astronomische Forschungen ein und setzte damit ein deutliches Zeichen, daß Wissenschaft und Religion vereinbar sein können. In Europa und besonders Italien herrschte zu dieser Zeit ein starker Antiklerikalismus. Es bestanden Spannungen zwischen Kirche und bürgerlicher Gesellschaft, und die Kirche wurde beschuldigt, antiintellektuell zu sein. Die Affäre um Galileo Galilei steht als Symbol dafür. Papst Leo XIII. wollte zeigen, daß die Kirche einen neuen Standpunkt eingenommen hatte. Es war einem kleinen Kreis von Priestern anheimgestellt worden, diese Forschungen zu betreiben. Wenn man die Anfänge der modernen Wissenschaft betrachtet, zum Beispiel die Zeit von Galilei, Newton,

Descartes oder anderen genialen Vertretern der modernen Wissenschaft, dann fällt auf, daß all diese Wissenschaftler sehr religiöse Menschen waren.

Das Vatikanische Observatorium ist übrigens das einzige Forschungsinstitut, das vom Vatikan getragen wird. Zwei der etwas veralteten Teleskope der Vatikanischen Sternwarte werden auch zu Lehrzwecken genutzt. Während des Sommers bieten wir Kurse für junge Astronomen an, und es besuchen uns auch regelmäßig Schulgruppen. Im vergangenen Jahr wurden unsere Instrumente verwendet, um von hier aus Beobachtungen über den Shoemaker-Levy-Kometen am Jupiter zu machen.[19] Wir haben auch den sogenannten »green flash« beobachtet, ein Phänomen der Sonne, die beim Untergang Blitze von grünem Licht abgibt. Die allerersten Bilder, die belegten, daß das keine optische Täuschung war, wurden mit einem unserer Teleskope aufgenommen. Der »green flash« wird seitdem als ein Phänomen der Lichtbrechung durch die Erdatmosphäre erklärt. In der Wüste von Arizona wurde von uns vor ein paar Jahren ein hochmodernes Teleskop aufgebaut, das sogenannte »Vatican Advanced Technology Telescope«. Mit diesem Gerät können wir besonders hochaufgelöste Bilder machen.

Wir sind Wissenschaftler. Wir forschen – das ist unser wichtigstes Anliegen. Ich forsche zum Beispiel an »Doppelsternen« und deren Masse. Ein anderer Wissenschaftler ist mit dem Bereich Kosmologie beschäftigt, ein weiterer untersucht den Aufbau unserer Galaxie. Das ist unser wichtigstes berufliches Interesse. Aber wir sind auch ausgebildet in Theologie und Philosophie. Deshalb haben wir ein Interesse an den religiösen Fragen, die daraus entstehen.

Es gab in der Geschichte immer einen Gegensatz zwischen Wissenschaft und Religion. Der hat seine Fundamente in den Anfängen der modernen Wissenschaft. Anfangs wollten religiöse Wissenschaftler den Glauben mit denselben rationalen, deterministischen Gesetzen begründen, wie es in der Wissenschaft üblich ist. Aber das ist eben gerade nicht möglich. Und als dieser Versuch fehlschlug, begann der Atheismus zu wachsen. Auch der

Gegensatz zwischen Kirche und Wissenschaft verstärkte sich. Ich selbst bin Wissenschaftler und Priester, und ich habe festgestellt, daß es eine dramatische Veränderung gegeben hat, sowohl in der Wissenschaft, als auch in der Theologie. Die Wissenschaft sieht das Universums nicht mehr als Mechanismus vergleichbar mit einem Uhrwerk, so, als würde alles in Übereinstimmung mit einem von Gott vorgegebenen Plan ablaufen, der in den Naturgesetzen seinen Beweis findet. Statt dessen kennen wir inzwischen die Unbestimmtheit in der Quantenphysik, die Komplexität, das Chaos. Das sind wichtige Fachbegriffe in der heutigen Wissenschaftswelt, die aussagen, daß der evolutionäre Prozeß sowohl physikalisch als auch biologisch kein durchgehend determinierter Prozeß ist. Die Evolution bahnte sich einen Weg und scheiterte, sie führte auf einen anderen Weg und scheiterte, es gab Perioden rapiden Wachstums und Phasen langsamer Entwicklung. Drei, wenn nicht sogar viermal wurde das Leben auf der Erde im Laufe seiner Geschichte völlig ausgelöscht infolge von Asteroiden-Einschlägen und anderen Katastrophen. Die Entstehung des Lebens ist also kein determinierter, vorher bestimmter Prozeß. Vielmehr ist sie eine sehr chaotische Entwicklung, deren Fortgang auf Zufällen beruht. Es gibt eine bestimmte Richtung, in die die Evolution geht. Aber es gibt auch eine Menge Zufall in ihr. Wir können nicht so viel voraussagen, wie wir glaubten voraussagen zu können.

Andererseits hat auch die Theologie eine neue Richtung eingeschlagen, indem sie eingesehen hat, daß man religiösen Glauben nicht auf rein rationalem Boden aufbauen kann. Es gab also eine Öffnung von beiden Seiten. Der Dialog ist ausgesprochen fruchtbar und findet inzwischen auf vielen verschiedenen Ebenen statt. Wir Forscher behandeln dieses Thema auf gelehrtem Niveau. Wir führen nicht eine Art Streitgespräch zwischen einer Religion und einer anderen. Wir sind Wissenschaftler, die ihre Forschungen betreiben im Bereich der Biologie, in der Physik und Kosmologie und so weiter. Und wir sind Theologen und Philosophen, die zusammenkommen, um Fragen zu diskutieren, die alle diese Gebiete verbinden. Zum Beispiel die Frage des

Ursprungs des Universums aus der Sicht der Wissenschaft und der Schöpfung des Universums vom religiösen beziehungsweise biblischen Standpunkt aus. Die Evolution wird so vom Standpunkt der Wissenschaft aus betrachtet, und sie wird gesehen aus der Sicht derer, die glauben, daß Gott den Menschen geschaffen hat.

Wie sind diese beiden Sichtweisen vereinbar? Wie können wir einen Standpunkt entwickeln, der den jeweils anderen bereichert? Genau danach suchen wir. Aber es ist sehr schwierig, Leute zu finden, die auf einem Gebiet wirklich kompetent sind und gleichzeitig Interesse an dem anderen Gebiet haben. Es gibt auch nur sehr wenige, die genug umfassende Kenntnisse in den Wissenschaften mitbringen, um in der Lage zu sein, diese Art von Dialog auf einem anspruchsvollen Niveau zu führen. Aber es ist eine faszinierende Leistung und eine Tradition, die wir pflegen wollen.

Anmerkungen

1 Man darf sich den Urknall und das auseinanderstrebende Universum nicht so vorstellen, daß sich eine zusammengepreßte »Materie« in einer Art Leere befand und sich seit der Explosion Bruchstücke dieser »Urmaterie« von einem gemeinsamen Zentrum aus in den umliegenden Raum ausbreiten. Vielmehr kann man sich diese Expansion als Auseinanderstreben des Raumes selbst vorstellen. Raum und Zeit sind erst mit dem Urknall überhaupt entstanden. Es gab kein »Außen«, in das hinein sich die Explosion hätte ausbreiten können! Im Zustand der Singularität gibt es weder Raum, Zeit noch Materie.

2 Der Deismus war während der Aufklärung eine verbreitete Form der philosophischen Gotteslehre. Der französische Philosoph Voltaire (1694–1778) war beispielsweise ein Anhänger dieser Lehre. Demnach hat Gott zwar die Welt perfekt erschaffen, aber er greift danach nicht mehr in die Natur oder die Geschichte ein. Der Deismus wollte mit dieser Auffassung Wunderglaube und Offenbarungswahrheiten zurückweisen, weil dort ein übernatürliches Wirken Gottes vorausgesetzt wird, das die Naturgesetze überschreitet.

3 Das Kausalprinzip besagt, daß jedes Geschehen eine Ursache hat und darauf aufbauend zugleich Ursache für ein anderes Geschehen ist.

Bereits der englische Empirist David Hume (1711–1776) relativierte diese Auffassung. Für ihn beruhte die Kausalität auf Erwartung und Gewohnheit. Und Immanuel Kant (1724–1804) vertrat die Auffassung, daß der Mensch in Kausalitäten wahrnehmen *muß*, daß es vor jeder Erfahrung bereitliegende Anschauungsformen sind, die jede Wahrnehmung begleiten, ohne daß den »Dingen an sich« diese Zusammenhänge anhaften müssen.

4   Die antiken Naturphilosophen des 6. und 5. Jahrhunderts v. Chr. suchten nach Urprinzipien allen Seins und nach ihrer Bedeutung (siehe auch Erläuterung S. 23 f.).

5   Erkenntnis ist für Kant auf den Bereich der Erfahrung beschränkt. Der Verstand ist hier der Ort des Begreifens, und auf dieser Ebene findet Wissenschaft statt. Die Vernunft ist zwar das höhere Vermögen und übersteigt die Verstandeserkenntnis. Die Ideen der Vernunft – Welt, Seele, Gott – fallen aber nicht in den Bereich der Erfahrung und können deshalb auch nicht wissenschaftlich begründet werden.

6   Der Agnostizismus bestreitet nicht die Existenz Gottes, aber seine Erkennbarkeit.

7   Karl Raimund Popper (1902–1994) war zutiefst geprägt von der sokratischen Auffassung »Ich weiß, daß ich nichts weiß«. Der von ihm entwickelte »kritische Rationalismus« besagt, daß eine wissenschaftliche Hypothese prinzipiell nicht bewiesen werden kann und nur so lange als begründet gilt, wie sie sich für widerlegende Beispiele offenhält und diese abwehren kann.

8   Johannes Scotus Eriugena (810–ca. 877) war ein irischer Denker. Er schuf eine systematisch aufgebaute Weltsicht, ohne die Bibel als alleinige Autorität zu sehen. Gott lebt nach seiner Lehre in der dauernd sich vollziehenden Schöpfung. Nikolaus von Kues (1401–1464) versuchte die Kluft zwischen den Gegensätzen, die die mittelalterliche Diskussion beherrschten (Gott – Mensch, Einheit – Vielheit, All – Erde) mit Hilfe mathematischer und geometrischer Erkenntnisse zu überbrücken. Sein Leitmotiv war: »Je besser jemand weiß, daß er nichts wissen kann, um so wissender wird er sein.« Das All ist für ihn die Erscheinung des unsichtbaren Gottes und Gott die Unsichtbarkeit des Sichtbaren. Demnach wäre Gott unaufhörlich in alles Existierende verwoben.

9   Man nennt dies auch das Problem der Subjekt-Objekt-Spaltung. Es ergibt sich aus der Annahme, gültige Erkenntnis könne nur dadurch entstehen, daß man die Kluft zwischen Subjekt und Objekt überwindet.

10   Baruch de Spinoza war ein niederländischer Philosoph und lebte 1632 bis 1677. Er forderte die strikte Anwendung der mathematischen

Methode, um die Wahrheit zu finden, und vertrat einen strengen Determinismus. Je mehr wir die Einzeldinge erkennen, um so mehr erkennen wir Gott, dessen Substanz alles Sein ausmacht. Spinoza ist damit ein Vertreter pantheistischen Denkens. Auch die Gottesvorstellung von Klaus Michael Meyer-Abich geht in diese Richtung: »Die Natur insgesamt ist eine Kraft Gottes, und diese Kraft erfahren wir innerlich. Gott lebt also auch in dem Licht, in dem wir hier gerade stehen, im Licht der Sonne, er lebt in den Bäumen, die hier um uns herum sind. Er lebt auch in den Steinen, er gibt allem, was da ist, die Kraft, da zu sein, uns aber auch die Kraft, darüber nachzudenken, wie wir damit umgehen dürfen und wie nicht.«

11 Auf der Ebene der Elementarteilchen spielt der Beobachter eine zentrale Rolle bei der Festlegung der Wirklichkeit. Beobachter und beobachtetes Objekt sind in der Quantenphysik untrennbar miteinander verbunden. Die Experimente, die dies belegt haben, führten zu dem Gedankenexperiment von »Schrödingers Katze«. Es veranschaulicht den Zusammenhang in etwa folgendermaßen: Eine Katze ist in einem Kasten eingesperrt, in dem über einem Fläschchen mit Zyankali ein Hammer hängt, der dann ausgelöst wird, wenn aus einer ebenfalls angebrachten radioaktiven Quelle ein Elementarteilchen entweicht. Ob die Katze lebt oder tot ist, entscheidet sich erst in dem Moment, in dem der Beobachter den Kasten öffnet und nachschaut. Hintergrund ist die Tatsache, daß Elektronen sowohl Wellen- als auch Teilchencharakter besitzen. Die Welle wird durch die Beobachtung zum Teilchen und konstituiert erst dadurch die Realität.

12 Pierre Laplace (1749–1827) entwickelte u. a. eine detaillierte Darstellung der Himmelskörperbewegungen und erfand eine von der Kantschen Lehre abweichende Theorie der Entwicklung des Sonnensystems.

13 Tipler behauptet in seiner sehr umstrittenen Theorie, daß das Weltall irgendwann einmal in den Zustand einer »Endsingularität« eintritt, die sich als immaterielles Informationsmaximum darstellt. Darin wäre dann alles enthalten, was es jemals an kognitiven Inhalten im Universum gab.

14 Unter Teleologie wird die Annahme verstanden, daß ein natürlicher Prozeß zielgerichtet abläuft. Sie unterstellt beispielsweise, daß eine erblühende Rose damit ihren Zweck verfolgt und erfüllt (siehe auch Erläuterung S. 32f.).

15 Isaac Newton (1643–1727). Er betonte die Notwendigkeit einer streng mechanischen, mathematischen und kausalen Naturerklärung. Er selbst trug dazu bei durch seine Entdeckung des Gesetzes der Gravitation und der Grundgesetze der Mechanik.

16 René Descartes (1596–1650). Von ihm stammt der berühmte Satz:
»Cogito ergo sum« (»Ich denke, also bin ich.«). Er begründet diesen
Satz in den »Meditationen«, indem er seinen methodischen Zweifel
auf alle Phänomene anwendet und zu dem Schluß kommt, daß die einzig unbezweifelbare Tatsache die seines Zweifelns beziehungsweise
Denkens ist. Descartes sieht den Menschen als »denkendes Ding« und
teilt die Wirklichkeit streng in die denkende und die ausgedehnte
Substanz auf. Die Auswirkungen seiner Philosophie reichen bis in
unsere Zeit. Beispielsweise hat die Auffassung, daß Mensch und Natur
einander gegenüberstehen, Einfluß genommen auf die Entwicklung
der Technik und die damit zusammenhängende Naturbeherrschung.

17 Die Prozeßphilosophie geht auf Alfred North Whitehead (1861–1947)
zurück. Er war Mathematiker, Physiker und Philosoph. In seinem
Hauptwerk »Prozeß und Realität« entwickelt er ein System, das es
erlauben soll, die Einzelphänomene der Wirklichkeit im Gesamt-
zusammenhang der Natur zu interpretieren. Zentral ist dabei der
Begriff »Prozeß«, der an die Stelle der »Substanz« in der herkömmlichen Philosophie tritt. Alles Wirkliche ist Ereignis im Prozeß.

18 Es gibt bestimmte Naturkonstanten, die ganz spezifischen Werten entsprechen. Wenn diese Werte auch nur minimal anders gewesen wären,
dann wäre weder die Welt noch das Leben entstanden. In seiner starken Interpretation besagt das anthropische Prinzip, daß nicht der
Zufall, sondern eine göttliche Wahl hinter diesen Konstanten steht.

19 Der Komet Shoemaker-Levy 9 kollidierte im Juli 1994 mit dem
Jupiter. Das Ereignis wurde an jedem größeren Observatorium und
von vielen Amateurastronomen beobachtet. Eine derartige Kollision ist
sehr selten – sie findet circa alle 2000 Jahre statt. Mit den Unmengen
an Daten, die damals erhalten wurden, konnte man anfänglich wenig
anfangen. Später konnte jedoch ein Modell entwickelt werden, das den
Ablauf der Kollision so darstellte, wie er von der Erde aus gesehen worden wäre.

Leben

Wir sitzen in dem üppigen Park der toskanischen Villa »Pallazo di Piero«, umgeben von sattem Grün. In der Ferne leuchten abgemähte Felder, auf denen zwischen großen runden Strohballen Klatschmohn seine zarten roten Blüten an windgeschützten Nischen versteckt. Die Sonnenblumen des anschließenden Feldes recken sich dagegen stolz in Reih und Glied der Sonne entgegen. In überlegener Ruhe scheint sich ein uralter Baumbestand über uns zu beugen. Vogelgezwitscher begleitet die Gespräche unserer Gäste und der Duft frisch gemähten Grases verstärkt das Gefühl, in die kraftvolle Lebendigkeit der Natur eingebettet zu sein, ein Gefühl, von dem man annimmt, es sei nur noch wagemutigen Abenteurern zugänglich. Dabei zeigt sich Lebendigkeit keineswegs nur in Extremsituationen. Vielleicht sind viele von uns einfach bereits zu abgestumpft, um zu spüren, daß auch in kleinen bewußten Momenten des Alltags diese urtümliche, aber undefinierbare Kraft den Boden unserer ganzen Erfahrung bereitet.

Leben treibt uns in Freude an, umwirbelt uns innerlich, läßt uns handeln und genießen. Leben sehen wir in Trauer entweichen, wenn ein Mensch stirbt. Unser Leben ist ein Hauch, eine Kraft, die uns gerade dann, wenn sie den lebendigen Körper verläßt, ihre Macht so stark und stolz präsentiert, daß man den Ausspruch »Die Seele verläßt den Körper« nachvollziehen lernt. Doch das soll uns nicht ängstigen: Leben kommt, Leben geht, aber es ist dennoch immer anwesend und umgibt uns wie eine schützende Hülle. Es ist wie eine Kraft, die wir dankbar annehmen sollen, der wir vertrauen können, die uns trägt. Machtvoll und souverän bahnt sie sich im Frühling ihren Weg durch die Natur, in Herbst und Winter zieht sie sich scheinbar zurück, um uns in jedem neuen Frühling ihr wunderbares Aufbrechen erneut zu beweisen. Leben läßt sich nicht töten. Leben ist machtvoll, unbeirrbar und umfassend.

Wie sehr uns das Leben mit allem verbindet, zeigt sich schon in der überspringenden Lebensfreude, die geradezu ansteckend auf uns wirken kann. Wir beobachten ausgelassen spielende Hunde im Park und müssen unwillkürlich schmunzeln; wir sind gerührt von dem betriebsamen Eifer, mit dem kleine Bienen Blütenstaub sammeln, und das durchorganisierte Treiben eines Ameisenhaufens versetzt uns in Staunen. Wir sagen von Menschen, sie seien lebendig, und meinen deren natürliche Vielfalt im Erleben. Wir beobachten kleine, scheinbar unbedeutende Lebewesen, wir sehen Pflanzen keimen, erblühen und welken und auch wir selbst müssen die Grundgesetze des Lebens akzeptieren, wenn wir es spüren, sich entfalten lassen und Lebensglück erfahren wollen. Welches Geheimnis auch immer hinter seinen Anfängen und Ausformungen stehen mag, welche Definitionen wir auch immer zu geben versuchen, wie auch immer wir persönlich Leben verstehen und gestalten – es ist eines der größten, faszinierendsten und unbegreiflichsten Phänomene. Und es ist am schönsten, wenn man innerlich fühlt, was es bedeutet. Lassen wir uns inspirieren von den Versuchen unserer Gäste, das Leben in seinen vielfältigen Erscheinungsformen begreifbarer zu machen …

»Leben ist die Suche des Nichts nach dem Etwas.«
Christian Morgenstern

»Die Entstehung des Lebens ist das Geheimnis aller Geheimnisse.«
Charles Darwin

■ Die Diskussion

Was ist Leben für den Biologen? / Was ist Leben für den Theologen? / Warum konnte Leben entstehen? / Ist der Mensch die Krone der Schöpfung? / Die drei Kränkungen der Menschheit / Exkurs: Teilhard de Chardin

▶ *Was ist Leben?*

Franz M. Wuketits: Aus biologischer Sicht kann man einige Kritierien festlegen, die Lebewesen von nicht belebten Objekten unterscheiden:

Erstens das Prinzip der *Vererbung,* das heißt die Fähigkeit von Systemen, ihre eigenen Bauanleitungen weiterzugeben.

Zweitens das Prinzip der *Entwicklung* und damit verbunden das dritte Prinzip, nämlich das des *Stoffwechsels.* Lebewesen tauschen Energie und Stoffe aus ihrer Umgebung aus. Sie sind »offene Systeme«, das heißt, sie leben in einer bestimmten Umgebung, von der sie die Stoffe aufnehmen und verarbeiten, mit der sie sich entwickeln und ihre Lebensfunktionen aufrechterhalten.

Viertens sind Lebewesen *zweckmäßig organisiert,* das heißt, alle Organe, alle Zellen in einem Lebewesen sind aufeinander abgestimmt. Jedes Organ hat in einem Organismus seinen ganz bestimmten Platz; wo das nicht der Fall ist, gerät das Ganze aus den Fugen und funktioniert nicht mehr. Man spricht hier von einer teleonomen Organisation[1], das heißt, alle Funktionen und Verhaltensweisen eines Organismus' bestehen im Sinne einer systemerhaltenden Zweckmäßigkeit. Die genetische Information ermöglicht sozusagen eine Leistung nach Plan.

Hinzu kommt als fünftes das Prinzip der *Selbstregulation.* Lebewesen sind bis zu einem gewissen Grad fähig, sich selbst so weit zu regulieren, daß sie äußere Störeinflüsse eindämmen beziehungsweise ausschalten können.

Das sind im wesentlichen die Kriterien, die heute im allgemeinen für Lebewesen angegeben werden. Man könnte zwar noch weitere anführen, etwa Wachstum, aber hier kann eingewendet werden, daß auch Kristalle oder Eiszapfen wachsen. Allerdings wachsen die dadurch, daß bloß Material hinzugefügt wird, während Lebewesen das sozusagen von innen heraus tun, auf der Basis ihrer genetischen Bauanleitungen. Dies ist also die ganz allgemeine, biologische Definition von Leben, die von einigen Kriterien ausgeht und Leben oder Lebewesen von nichtbelebten Objekten abgrenzt. Aber das ist natürlich keine mögliche philosophische Definition von Leben, sondern nur von empirisch feststellbaren Merkmalen, die Lebewesen ausmachen.

Die Biologie untersucht nicht das Leben an sich, was immer das auch sein soll, sie untersucht nur die für uns empirisch begreifbaren Phänomene des Lebendigen. Es gibt eigentlich bereits seit Jahrtausenden Versuche, die Frage nach der Entstehung des Lebens zu klären, beginnend mit den alten Theorien der sogenannten »Urzeugung« beziehungsweise der Annahme, daß sich Lebewesen spontan, etwa aus dem Erdboden, aus Schlamm, aus Sand oder ähnlichem herauskristallisieren. Von diesen Annahmen ausgehend, sind bis heute moderne biochemische und biophysikalische Modelle der Lebensentstehung entwickelt worden. Natürlich waren wir nicht dabei, als die erste lebende Zelle entstand. Deshalb sind wir als Naturwissenschaftler mit unseren naturwissenschaftlichen Methoden angewiesen auf Modelle.

Das herrschende Modell zur Entstehung des Lebens hat seine Anfänge in den zwanziger und dreißiger Jahren unseres Jahrhunderts. Der russische Biologe Alexander I. Oparin vertrat als einer der ersten die These, das Leben sei auf natürliche physikalische Weise entstanden. Die Grundbausteine des Lebendigen hätten sich aus einem Gemisch verschiedener Gase wie Methan, Ammoniak und Wasserstoff in Kombination mit hoher Energiezufuhr durch Blitze, vulkanische Wärme, UV-Strahlung und Radioaktivität entwickelt. Dieses Gemisch sei in einem Urmeer Verbindungen eingegangen, die schließlich zur Bildung der ersten Organismen geführt hätten. Ganz ähnliche Gedanken hatte einige Jahre später der britische Biologe J. S. B. Haldane, der dieses Urmeer als »heiße, dünne Suppe« beschrieb. Die

Hypothese der beiden Biologen wurde in ihrer modernen Fassung ein geflügeltes Wort und heißt seitdem »Ursuppentheorie«.

Den experimentellen Beleg für den Ansatz dieser Theorie lieferten 1953 der Chemiestudent Stanley Miller und sein Doktorvater Harold Urey im »Miller-Urey-Experiment«: Die vermeintliche Uratmosphäre wurde aus einer Kombination von Methan, Ammoniak, Wasserdampf und Wasserstoff hergestellt. Dann wurden künstlich erzeugte Gewitterblitze in diese Mischung geschickt und danach das Gasgemisch durch Kühlrohre geleitet, wodurch es kondensierte. Der so entstandenen Flüssigkeit wurde Wärme zugeführt, um die Verdampfung über dem Meer nachzuvollziehen. Nach circa einer Woche hatte sich eine rote Flüssigkeit gebildet, die große Mengen organischer Moleküle, sogenannte Aminosäuren, enthielt. Organische Moleküle sind solche, die Kohlenstoff enthalten, ein Atom, das in der Lage ist, zusammen mit anderen Atomen – insbesondere Wasserstoffatomen – komplexe Moleküle zu bilden. Sie gelten als Grundbestandteile jeden Lebens. Vergleichbar dem Miller-Urey-Experiment soll sich vor circa vier Milliarden Jahren ein solches Szenario auf der Erde abgespielt haben, das zur Entstehung des Lebens führte.

Die modernste Theorie, die sich an die Ursuppentheorie anlehnt, ist die des Göttinger Nobelpreisträgers Manfred Eigen. Sie geht davon aus, daß bereits auf molekularer Ebene eine Art natürliche Auslese stattfindet. Aufgrund von molekularem Wettbewerb und sich verstärkenden, also kooperativen Prozessen im molekularen Bereich kommt es langfristig zur Entstehung der Nukleinsäuren. Diesen Prozeß nennt Eigen »Hyperzyklus«. Die Schwierigkeit dieses Modells besteht darin, daß in heutigen Lebewesen nicht Nukleinsäuren, sondern Proteine beziehungsweise Enzyme als Katalysatoren wirken. Also müssen die Nukleinsäuren die Information zur Herstellung von Proteinen bereits zu Anfang getragen haben, was einem fast schon lebendigen Gebilde entsprechen würde. Die Entstehung des Hyperzyklus wäre somit ein fast undenkbarer Zufall gewesen.

Eine Theorie, die der Ursuppentheorie entgegensteht, ist die des Münchener Chemikers Günter Wächtershäuser. Nach ihm kommt das Leben nicht aus einer Ursuppe mit organischen

Molekülen, sondern es beruht auf einem einfachen chemischen Prozeß, der weder Nukleinsäuren noch Proteine benötigt. Seine Hypothese besagt, daß die Entstehung der ersten Lebewesen auf chemischen Reaktionszyklen beruht, bei denen Moleküle Kohlendioxid aufnehmen, ihre Grundsubstanz dadurch vergrößern und sich dann teilen. Durch Katalysatorwirkungen wird dieser Vorgang aufrechterhalten und beschleunigt. In diesen chemischen Reaktionen entdeckt Wächtershäuser Minimalkriterien des Lebens, nämlich Vermehrung und Unterschiedenheit, an denen eine Art natürliche Auslese ansetzen kann.

Heiße schwefelige Meeresquellen gelten ebenfalls als mögliche Grundlage für erste organische Substanzen. In derartigen heißen Quellen haben Forscher sogenannte »Archaea-Bakterien« entdeckt, die eine solche Vermutung stützen.

Zur Diskussion steht auch die These, das Leben käme aus dem All. Der Kosmos enthält einfache organische Moleküle, die durch Meteoriten und Kometen auf die Erde gelangt sein können. Die These, Leben sei aus dem All auf die Erde gekommen, wurde erstmals 1969 durch den australischen Fund eines Meteoriten bestärkt, der organisches Material enthielt. Auch die jüngsten Meldungen über Marsgestein, das Spuren bakterienähnlicher Wesen aufweist, läßt solche Schlüsse zu, mit der Konsequenz, daß an vielen anderen Orten im All Leben entstanden sein müßte.

Franz M. Wuketits: Es behauptet niemand, genau zu wissen, wie das Leben exakt entstanden ist, sondern das ist eine Frage der naturwissenschaftlichen Methode. Wir haben Möglichkeiten des extremen Experiments, das heißt, wir bauen Modelle und schauen, wie weit wir mit diesen Modellen kommen und ob es dazu möglicherweise plausiblere Alternativen gibt oder nicht. So lange halten wir uns aber an das bestehende Modell.

Eines dieser Modelle beruht auf einem Experiment, das man im Laboratorium nachvollziehen kann. Dabei wird gezeigt, wie sich bestimmte chemische Substanzen unter gewissen Rahmenbedingungen zu komplexeren Strukturen zusammenschließen. Für alle uns bekannten Lebewesen sind zwei chemische

Stoffgruppen von elementarer Bedeutung. Das eine sind *Proteine und Eiweiße*, die die Lebensfunktion aufrechterhalten, und das andere sind die *Nukleinsäuren*, die Träger der genetischen Erbinformation. Man muß davon ausgehen, daß diese beiden Stoffgruppen in der sogenannten »Ursuppe« bereits vorhanden waren. Unter bestimmten energetischen Bedingungen, also gewissen Auslesebedingungen, haben sich solche Strukturen zusammengeschlossen zu übergeordneten Strukturen. Der Biochemiker und Nobelpreisträger Manfred Eigen spricht in dem Zusammenhang vom »Hyperzyklus«[2]. Der Ausdruck beschreibt eine wechselseitige, zyklische Verknüpfung gerade dieser beiden Stoffe, wodurch Minimalbedingungen des Lebens erfüllt sind. Was wir also im Laboratorium heute an Modellen zu Entstehung des Lebens konstruieren, können wir mit einer gewissen Wahrscheinlichkeit auch als reale Anfangsbedingungen annehmen.

Hans-Peter Dürr: Wir erfassen mit unseren naturwissenschaftlichen Methoden aber nicht das Wesentliche. Wenn man diese Methode beispielsweise anwendet, um ein Gedicht zu beschreiben, dann kommt man darauf, wie die Buchstaben aus Kohlestäubchen aufgebaut sind, wie man die Buchstaben anordnet, damit Wörter entstehen und so weiter. Man weiß dann zwar hinterher, wie ein Buch geschrieben ist, auch wie die Buchstabenfolge angeordnet ist, aber die genaue Untersuchung der Buchstaben gibt mir keinen Einblick in die Bedeutung des Geschriebenen. Man kann das auch auf das Leben übertragen. Für mich ist Leben letztendlich reine Form. Denn die Anordnung der Substanz ist eigentlich nicht das Wesentliche, sondern gerade das, was von der Substanz gelöst ist. Ein Beispiel dafür ist die Symphonie auf einer Schallplatte. Man kann mit dem Mikroskop die Linien der Platte ansehen, aber dennoch absolut nicht verstehen, daß hier in diesen Rillen eine Symphonie verborgen ist, nämlich in der *Form*, nicht in der materiellen *Substanz*.

Das ist auch auf das Phänomen des Lebens übertragbar. Das Lebendige ist eigentlich auch reine Form. Und wenn man von höheren oder niedrigeren Lebewesen spricht, dann ist auf der jeweiligen Schallplatte eine Symphonie oder eben ein triviales Lied. Aus der Rille kann ich das aber nicht ersehen. Wir Menschen sind wie das Immaterielle unbeständig, unverläßlich, unberechenbar, aber genau aus diesem Grund sind wir kreativ. Wir sind eine höhere Stufe oder wir sind von der Art, aus dem eigentlich Wirklichkeit zusammengebaut ist. Aber warum es genau in diese Richtung geht, also in Richtung größerer Emanzipation, Unabhängigkeit, das weiß ich nicht. Jedoch bilden sich immer wieder neue Ebenen, die eine größere Tiefe haben, und an der sind wir beteiligt. Dadurch entsteht die Möglichkeit, daß dieses Universum sich auf einmal auch von außen betrachten kann. Vielleicht muß Gott Welt werden, damit er sich von außen sieht? Damit er Zeugen für sich hat.

Wolfhart Pannenberg: Die Besonderheit von Organismen und ihren Merkmalen kann die Biologie durchaus beschreiben. Das betrifft aber nicht den *Vorgang* des Lebens. Seit jeher wird das Leben mit einer brennenden Kerze verglichen. Und Wissenschaftler unserer Zeit haben festgestellt, das dies nicht nur ein Bild ist, sondern ein Vorgang, der dem des Lebens ganz verwandt ist. Der amerikanische Biochemiker Jeffrey Wicken[3] hat gesagt, das Leben sei so etwas wie ein Verbrennungsprozeß, denn der Organismus ist darauf angewiesen, Nahrung aufzunehmen und zu verbrennen. Und dieser Vorgang ermöglicht das Leben. Es ist also ganz ähnlich wie bei der Kerze. Bei dieser Verbrennung wird die Flamme erzeugt, die für uns auch das Bild des Lebendigen ist, und offenbar ist es mehr als ein Bild.

▶ *Was ist »Leben« für den Theologen?*

Hans-Dieter Mutschler: Ein Theologe wird einen anderen Blickwinkel auf das Phänomen des Lebens einnehmen als der Biologe. Der Theologe wird zwar nicht davon absehen können, daß wir selber Lebewesen sind, die sich als lebendig erfahren und die biologischen Kriterien erfüllen. Aber wenn in der Bibel steht: »Ich bin der Weg, die Wahrheit und das Leben« oder wenn der Heilige Geist als Lebensspender beschrieben wird, dann ist das natürlich ein anderer Lebensbegriff. Mir scheint, hier kommt das zum Tragen, was Herr Dürr die »Dualität von Innen- und Außenperspektive« nennt. Ich bin selbst ein Lebewesen und das verbindet mich auch als Theologe oder Philosoph mit der äußeren Natur. Ich kann aber nicht dabei stehenbleiben, diese objektivierbaren Merkmale für hinreichend zu halten. Der Begriff des Lebens ist einer der schwierigsten, die es überhaupt gibt. Das liegt daran, daß er irgendwie die Mitte einnimmt zwischen der res cogitans und der res extensa, also zwischen der bloßen Materie, die wir geometrisch und physikalisch beschreiben können, und dem Geist, den wir leichter definieren können durch unsere eigenen geistigen Prozesse.[4] Der Begriff des Lebens entschwindet uns sehr leicht zwischen diesen Extremen.

Wolfhart Pannenberg: Alles Leben kommt aus dem Geist Gottes. Dabei dürfen wir bei dem Wort »Geist« aber nicht an so etwas denken wie »Bewußtsein« oder »Vernunft«, sondern in der Bibel bedeutet das Wort »Geist« soviel wie »Atem« oder »Wind«. Wenn Sie an die Schöpfungsgeschichte denken, und zwar an das zweite Kapitel der Bibel, da formt Gott aus Lehm die Gestalt des Menschen und haucht dann dieser Gestalt seinen Atem ein. Und dann heißt es, daß auf diese Weise aus dem Lehmklumpen ein Lebewesen wird. Diesem anorganischen Lehmklumpen wird der Atem Gottes eingehaucht, und dann fängt er an zu atmen, wird ein Lebewesen. Das gilt nicht nur für den Menschen, sondern das gilt für alles Leben. Im 104. Psalm heißt es von Gott: »Verbirgst du dein Angesicht, so erschrecken sie, alle Lebewesen. Du nimmst weg ihren Odem, ihren Atem, so vergehen sie und werden wieder zu Staub. Du sendest aus deinen Atem, so werden sie geschaffen. Und du erneuerst die Gestalt der Erde.«[5] Man denke nur einmal daran, was im Frühling geschieht, wenn plötzlich alles zu wachsen anfängt. Das ist die Wirkung des göttlichen Atems. Diese Psalmstelle zeigt auch, daß das Leben, das durch den Atem Gottes in uns ist, begrenzt ist. Wir vergehen, wenn Gott seinen Atem zurückzieht, denn unser irdisches Leben ist nicht auf Dauer mit dem göttlichen Atem verbunden. Paulus spricht zwar im ersten Korintherbrief von dem Leben, das nicht vergeht, das ganz durchdrungen ist von diesem göttlichen Atem und darum unsterblich sein wird. Das ist aber das Leben, auf das wir hoffen und das nach dem christlichen Glauben in der Auferstehung Jesu schon erschienen ist.

»Am Tage, da Jahwe Gott Erde und Himmel machte, gab es auf der Erde noch kein Gesträuch des Feldes und wuchs noch keinerlei Kraut des Feldes. Denn Jahwe Gott hatte noch nicht auf die Erde regnen lassen, und der Mensch war noch nicht da, um den Erdboden zu bebauen. Da stieg eine Flut von der Erde auf und tränkte die ganze Fläche des Erdbodens. Dann bildete Jahwe Gott den Menschen aus Staub von dem Erdboden und blies in seine Nase einen Lebenshauch. So wurde der Mensch ein lebendes Wesen« (aus dem zweiten Schöpfungsbericht).

Klaus Michael Meyer-Abich: Der Atem Gottes ist ein sehr schönes Bild für das Leben, aber die Sonne, in deren Licht und Wärme wir hier miteinander sprechen, ist für mich eine unmittelbarere Erfahrung. Die Sonne galt ja auch sehr lange, nämlich bis zu dem Zeitpunkt, als sie im Alten Testament zu einer Lampe entwürdigt wurde, als das Auge Gottes oder sogar als Gott selbst. Indem die Sonne als das Auge Gottes auf die Erde blickt, entsteht Leben. Das ist auch eine Antwort.

Ich sehe den Geist Gottes eigentlich vor allem hier aus der Erde wachsen, in den Baum hinein, in diese Zeder hinein, unter der wir sitzen, lebendig wie wir sind, unter einem lebendigen Baum, und uns fragen, was das Leben sei. Das heißt, das Leben wächst. Es wächst aus der Erde, die Erde lebt auf. Aber wenn das alles nicht im Sonnenlicht geschehen würde, dann könnte der Baum auch nicht wachsen. Und wenn er kein Wasser bekäme und keine Luft, dann wäre er auch nicht da. Erde, Wasser, Licht oder Energie und Luft sind genau das, was eine Pflanze braucht, um zu wachsen. Das sind die Elemente des Lebens. Gott lebt also auch im Licht der Sonne, er lebt in den Bäumen, die hier um uns herum sind. Die Natur insgesamt ist eine Kraft Gottes, und diese Kraft erfahren wir innerlich. Der Geist Gottes lebt auch in den Steinen, er gibt allem, was da ist, die Kraft, da zu sein, uns aber auch die Kraft, darüber nachzudenken, wie wir damit umgehen dürfen und wie nicht. Wir sollten mit den Dingen so umgehen, wie es diesem Mitsein entspricht. Und wenn wir hier über dieser kultivierten Landschaft überall in der Ferne irgendeinen Motor hören, bis hin zu den Flugzeugen, die hier über uns hinwegziehen, dann sind das alles Zeichen von Gewalttätigkeit.[6] Ich kann in kein Flugzeug steigen ohne zu empfinden, was für eine brutale Gewalt hier entfaltet wird. So darf man mit einem so zarten Medium wie der Luft nicht umgehen.

Franz M. Wuketits: In der Geschichte der Philosophie und der Biologie hat man immer wieder gemeint, es müsse doch noch mehr hinter den lebendigen Erscheinungen sein, so etwas wie das »Wesen des Lebens«. Dafür hat man dann gewisse Begriffe erfunden wie Entelechie, Spiritus, Pneuma oder auch den Ausdruck »elan vital« – Lebensschwungkraft. Die Gefahr dabei ist, daß das zu erklärende Phänomen in den Bereich des Geheimnisvollen, des Obskuren verschoben wird. Ich könnte beispielsweise die Frage stellen: »Was ist der Schlaf?« Und auf diese legitime, biologische Fragestellung könnte ich antworten, der Schlaf erkläre sich im wesentlichen durch die »Schlafkraft«. Möglicherweise stimmt das sogar. Aber was ist die Schlafkraft? Wie soll man sie verstehen? Ich habe das zu Erklärende somit in einen Bereich des Obskuren verschoben, und genauso kann man das Leben nicht dadurch erklären, daß man eine dahinter stehende Lebensschwungkraft in den Raum stellt, die nichts erklärt.

Hans-Dieter Mutschler: Mit diesen Begriffen, die Herr Wuketits genannt hat, wurde versucht, das Geheimnisvolle des Lebens auf einen Begriff zu bringen. Man wollte damit ausdrücken, daß hinter dem, was die Biologen als Leben bezeichnen, noch irgendetwas Geheimnisvolles stehen muß. Bei Hans Driesch kann man das sehr deutlich sehen. Er dachte, das Lebendige enthalte noch eine geheimnisvolle Entelechie, das heißt etwas, was den Zweck in sich selbst trägt. Der Begriff stammt von Aristoteles. Es ist ein

Kunstwort und bedeutet, das Leben hat seinen Zweck in sich
selbst und das mache sein eigentliches Wesen aus. Es ist aus dieser Sicht eine metaphysische Kraft und keine biologisch zu erfor-
schende. Man kann dem Entelechiegedanken aber etwas abge-
winnen, ohne daß man in obskure Begriffe hineingerät, und zwar
dann, wenn man Entelechie mit Bedeutung übersetzt. Das gleiche hat Herr Dürr mit seinem Gedichtvergleich ausgedrückt. Das
Gedicht ist gebunden an diese materielle Verfaßtheit, denn der
Sinn des Gedichts wird erst deutlich, wenn es lesbar ist. Mit dem
Begriff der Entelechie wollte man keine Konkurrenz zu einer
wissenschaftlichen Erklärung herstellen, sondern er war der
Platzhalter für die Bedeutung des Lebens für uns als Lebewesen.

Der Vitalismus setzt eine irgendwie geartete Lebenskraft (vis
vitalis) voraus, die die Lebenserscheinungen hervorbringt und
trägt. Er entstand zunächst als Reaktion auf die mechanistische
Weltdeutung des 18. und 19. Jahrhunderts und verlor dann aufgrund der zunehmenden naturwissenschaftlichen Erkenntnisse
an Bedeutung. Zu Beginn des 20. Jahrhunderts erlebte der
Vitalismus aber eine Renaissance. Der Philosoph Hans Driesch
sah beispielsweise hinter der Entwicklung des Embryos ein akti-
ves Lebensprinzip, die Entelechie, die das Mögliche zum
Wirklichen macht und damit vollendet. Der Begriff »Entelechie«
geht auf Aristoteles zurück und bezeichnet bei ihm das, »was sein
Ziel in sich selbst hat«. Der Vitalismus gilt heute endgültig als
überholt. Die Fortschritte der Molekularbiologie, wie zum
Beispiel die Entschlüsselung der DNA, hat gezeigt, daß das
Leben auf chemischen Reaktionen beruht, die sich nicht grund-
legend von denen unterscheiden, die auch in unbelebten
Systemen ablaufen. Die Grenze zwischen lebender und unbe-
lebter Materie gilt daher als fließend.

Hans-Peter Dürr: Wir reden in unserer Sprache immer nur von
Dingen. Aber für die vielen Zwischenstufen, für differenzierte
Anordnungen und für die feinen Beziehungsstrukturen fehlen

uns einfach die Worte, und dann führen wir solche Vorstellungen von irgendwelchen »Kräften« ein, was aber wieder nicht stimmig ist. Aber wenn man erkennt, daß die Basis der Wirklichkeit eigentlich eine Beziehungsstruktur ist, dann versteht man auch, warum wir so hilflos sind, das in unserer wissenschaftlichen Sprache einzufangen. Wir haben einfach kein Vokabular, um Beziehungsstrukturen auszudrücken. Das Äußere, Sichtbare ist tatsächlich viel einfacher zu beschreiben. Das gilt auch für das Phänomen des Lebens, wo Organisiertheit hervortritt – eine Beziehungsstruktur, die bei dem Unbelebten weniger entwickelt ist. Aber das reicht nicht aus, um Leben zu definieren. Es wird dabei nämlich eine ganz neue Qualität erzeugt. Es tritt etwas hervor, was vorher nicht da war, was man wie etwas ganz Neues auffassen kann. Und weil wir selber lebendig sind, nehmen wir das durch uns auch von innen wahr, dann aber subjektiv. Wir sehen ganz deutlich, daß beim Leben ein Qualitätssprung stattfindet. Aber wenn man Leben versucht zu erklären, erniedrigt man es in gewisser Weise. Deshalb begnügen sich viele mit der Aussage »Leben ist Leben«. Dabei ist das Leben eigentlich das Primäre, und man müßte sich vielmehr darüber wundern, daß es das Unbelebte gibt.

Wolfhart Pannenberg: Die Äußerungen von Herrn Dürr stehen dem Christentum sehr nahe: Die steigende Selbständigkeit dieser Differenzierungsbewegung zielt auf dem Niveau des Menschen auf Gottes Willen, nämlich darauf, daß diese Selbständigkeit gebraucht wird zur Gemeinschaft des Menschen mit Gott. Diese Bewegung bedeutet auch, daß damit die Selbständigkeit des Geschöpfes nicht ausgelöscht wird, sondern in der Gemeinschaft mit Gott, in der Teilhabe am Ewigen ihre endgültige Bestätigung findet. Dies aber nicht isoliert, nicht getrennt vom Ursprung, sondern vereint mit ihm.

Franz M. Wuketits: Es bestehen hier offensichtlich zwei Zugänge zur Frage, was Leben ist, die sich aber nicht notwendigerweise widersprechen müssen. Es gibt, wie bereits ausgeführt, einige Kriterien, die man biologisch festgelegt hat und denen auch niemand ernsthaft widersprechen würde. Was hier weiterhin im

Raum steht, sind andere Zugänge, die wir sicherlich als interessante naturphilosophische oder theologische Aspekte zum Lebensproblem diskutieren können. Aber es kann Mißverständnisse hervorrufen, wenn man das Leben als das eigentlich Primäre ansieht. Aus biologischer beziehungsweise aus evolutionstheoretischer Sicht sind wir es gewohnt, immer die Frage zu stellen, woher gewisse Phänomene kommen, und wir setzen dabei voraus, daß nicht immer alles so war, wie es jetzt ist. Wir gehen beispielsweise davon aus, daß diese Landschaft hier nicht schon immer so war wie heute, sondern daß diese Pflanzen, diese Bäume usw. aus Vorläufern hervorgegangen sind, die andersartig waren und daß auch wir Menschen nicht immer so waren, wie wir heute sind. Wir haben Vorläufer in der Stammesgeschichte. Diese Auffassung beinhaltet heutzutage auch die Voraussetzung, daß das Leben insgesamt aus unbelebten materiellen Elementen hervorgegangen ist.

▶ *Was heißt »Selbstorganisation«?*

Materie hat die Eigenschaft, unter bestimmten physikalischen Rahmenbedingungen Strukturen zu bilden, die sich weiterentwickeln können, also komplexer werden, ohne daß ein Bauplan vorliegt. Diesen Prozeß nennt man Selbstorganisation. Es kann aber keine Struktur gegen die bestehenden Rahmenbedingungen gebildet werden, das heißt, aus Seifenschaum können zwar Rasierschaum oder bunte Seifenblasen werden, aber keine Baumwolle oder ein Schmetterling. Viele Physiker und Biologen verstehen die Entstehung des Lebens als Prozeß einer solchen materiellen Selbstorganisation. Die Theorie des Hyperzyklus von Manfred Eigen beruht darauf.

Religiöse beziehungsweise metaphysische Fragestellungen knüpfen unter dieser Voraussetzung an die Frage an, WARUM es Selbstorganisation und daraus resultierend Leben gibt. Von einigen Wissenschaftlern (zum Beispiel Erich Jantsch, Astrophysiker, 1929–1980) wird dieses Prinzip auf die gesamte Entwicklung und alle Phänomene des Universums übertragen, also auch auf die

Entfaltung der menschlichen Vernunft und Gefühle, Denkmodelle aller Art, politische Entwicklungen und kulturelle Ereignisse.

Prof. Wuketits: Selbstorganisation bezeichnet einen Vorgang, bei dem Systeme eine gewisse Eigendynamik entwickeln und nicht von außen steuerbar sind. Das gilt ganz allgemein, unabhängig davon, ob es sich um Lebewesen handelt oder um Wirtschaftssysteme, um das Wetter oder das Klima. Das Wetter ist ein ganz gutes Beispiel dafür, zumal es sich hier auch noch um ein chaotisches System handelt. Der Meteorologe kennt zwar kausale, ursächliche Prinzipien, wie das Wetter entsteht und was dabei vor sich geht, aber trotzdem kann er nicht exakt voraussagen, wie das Wetter in den nächsten zwei Stunden sein wird. Er kann nur mit Wahrscheinlichkeiten operieren, denn während er noch daran arbeitet, Voraussagen zu machen, macht das Wetter schon wieder ein paar Schritte weiter. Es organisiert sich selbst. Es steht dabei zwar nicht außerhalb des Rahmens der Naturgesetze, aber es ist so komplex und eigendynamisch, daß man exakte Prognosen nicht machen kann.

Hans-Dieter Mutschler: Ich möchte eine Warnung aussprechen: Man ist heute geneigt, die Selbstorganisationstheorie auf alles anzuwenden, auch auf soziale Prozesse. Ich bin der Meinung, daß soziale Prozesse anderen Gesetzen folgen. Wenn man in der Physik ein sich selbst organisierendes System hat, dann setzt der Experimentator die Rahmenbedingungen, und das System kann die Randbedingungen nicht verändern. Es organisiert sich selbst nur unter ganz bestimmten Bedingungen. Bei Gesellschaftsprozessen ist es nicht so. Die Gesellschaft kann ihre eigenen Rahmenbedingungen verändern. Da ist eine zusätzliche Dynamik und Autonomie enthalten, die man nicht übergehen darf. Die Unterschiede zwischen sozialen Prozessen und natürlichen beziehungsweise physikalischen Prozessen dürfen nicht unterschlagen werden.

Hans-Peter Dürr: Bei der Selbstorganisation geschehen eigenartige Zusammenspiele, bei denen das Ergebnis wieder die besten

Voraussetzungen genau für diesen Prozeß bietet und sich auf diese Weise verstärkt. Beständig ist dann das, was diesen Prozeß durchlaufen und es so geschafft hat, sich selbst zu reproduzieren. Da ist beispielsweise ein Fluß, der sich einen Weg durch die Landschaft sucht, und indem er ihn sucht und kleine Vorteile ausnützt, gräbt er sich sein eigenes Flußbett und beschleunigt dadurch den Weg. Er erleichtert sich also durch das Ergebnis seines Laufes seinen zukünftigen Lauf. Und auf diese Weise läuft er dann viel schneller durch. Das sind kooperative Prozesse, die sich wechselseitig unterstützen, so daß es noch besser geht.

Klaus Michael Meyer-Abich: Das Schöne an diesem Bild ist, daß der Fluß vorher noch gar nicht da ist. Es ist ja nicht so, daß da eine riesengroße Wassermasse käme, die sich ihr Bett sucht, sondern der Fluß selber, die Wassermassen, bilden sich auch erst, indem allmählich dieses Bett entsteht.

Wolfhart Pannenberg: Im ersten Kapitel der Bibel steht im Vers 24, daß Gott die Erde anredet und sagt, die Erde bringe hervor Vegetation. Und dann heißt es noch einmal, die Erde bringe hervor die Tiere. »Und Gott sprach: Die Erde bringe hervor lebendige Tiere, ein jedes nach seiner Art.«[7] Man hat lange in der Theologie darüber hinweggelesen, daß, wenn die Erde es hervorbringt, das Lebendige folglich aus dem Anorganischen entstanden sein muß. Die Theologie hat sich dagegen gewehrt und gemeint, das Leben müsse unmittelbar aus der Hand Gottes hervorgehen, es könne nicht aus dem Anorganischen kommen. Die ganze Rede von der Selbstorganisation des Lebens sei deshalb gegen den biblischen Glauben. Aber das ist gar nicht so, denn Gott redet die Erde ja an. Die Geschöpfe sind somit auch Mittler der Schöpfung. Das hebt die Wirksamkeit Gottes überhaupt nicht auf.

▶　　*Warum konnte Leben entstehen?*

Franz M. Wuketits: Aus der Sicht der meisten heutigen Biologen beziehungsweise Biophilosophen ist es ein höchst erstaunlicher Vorgang, daß Leben entstanden ist. Es bedarf ganz bestimmter

Voraussetzungen physikalischer Art, damit es entstehen kann. Ein Planet darf nicht zu weit von der Sonne entfernt sein, er darf aber auch nicht zu nahe bei der Sonne liegen. Aber auch dann, wenn der Planet eine relativ optimale Position hat, gibt es keinen notwendigen Grund anzunehmen, daß da Leben entstehen muß. Im uns bekannten Universum gibt es nach allem, was wir heute wissen, keine Lebewesen, und schon gar nichts, was den Lebensformen auf der Erde gleichen würde. Das soll nicht heißen, daß es nicht möglich ist, daß in diesem unermeßlichen Universum nicht irgendwo sonst Leben entstanden ist. Aber ich halte es dennoch durchaus mit dem französischen Chemiker Jacques Monod[8], der uns als »Zigeuner am Rande des Universums« charakterisiert hat, mit dem Hinweis, daß weder unsere Pflichten noch unser Schicksal irgendwo geschrieben stehen. Um es etwas anders zu formulieren: Wir können nicht einfach im Geschichtsbuch der Natur nachlesen, um die Gründe dafür zu sehen, *warum* das Buch geschrieben wurde.

Hans-Dieter Mutschler: Jacques Monod hat in »Zufall und Notwendigkeit«, aus dem Ihr Zitat stammt, gesagt, daß der Mensch aufgrund der wissenschaftlichen Aufklärung durch die Biologie erkennen müsse, daß er ein Zigeuner am Rande des Weltalls ist. Und Monod sagt von diesem Weltall, es sei gleichgültig und taub gegen unsere Hoffnungen, Leiden und Verbrechen. Ich finde das einen ganz merkwürdigen Satz, denn er beinhaltet seine eigene Negation. Er hört sich zunächst einmal sehr existentialistisch an, weil er ein Geworfenheitsgefühl des Menschen aufgreift, und Monod ist auch tatsächlich inspiriert vom französischen Existentialismus. Aber was heißt denn »am Rande des Universums«? Das Universum hat kein Zentrum, also können wir auch nicht am Rande sein. Und wer sagt, wir sind am Rande, der setzt immer noch ein Zentrum voraus, der denkt immer noch anthropozentrisch. Und was heißt ein Universum, das taub ist? Sagt man von einem Stein, daß er taub ist? Nur dasjenige kann taub sein, was auch die Möglichkeit hätte zu hören. In diesem Zitat zeigt sich noch ein Rest der Sehnsucht nach Sinn, der Hoffnung, daß das Universum uns meinen könnte, indem es uns hervorbringt. Und ich schließe daraus, daß die Sinnfrage wissenschaftlich eigentlich gar nicht ausgeräumt werden kann. Auch diejenigen, die den Sinn leugnen, fragen versteckt doch wieder nach ihm.

Wolfhart Pannenberg: Auch die Bibel und die Theologie ermutigen uns nicht zu einer Antwort auf die Frage, warum das Leben entstanden ist, außer daß das Leben entstanden ist, weil Gott es so wollte. Diese Antwort beinhaltet aber, daß ein Verständnis unsere menschlichen Möglichkeiten übersteigt. Die Antwort: »Weil Gott es so wollte« befriedigt mich dennoch sehr, weil ich damit den Willen Gottes lobe. Es gehört zur Bestimmung des Menschen, das zu loben, was unbegreiflich für ihn bleibt und doch erstaunlich in seinen Ergebnissen vor ihm steht. Und das gilt sicherlich für das Leben. Es ist unbegreiflich in seiner Farbigkeit, der Vielfalt und Schönheit, aber auch in der Schrecklichkeit vieler Aspekte, wie zum Beispiel der Vergänglichkeit und des Todes. Aber worin liegt die *Bedeutung* der Entstehung des Lebens? Mit dem organischen Leben ist ein neues Niveau der Selbständigkeit kreatürlichen Daseins erreicht worden. Die Organismen sind bei weitem nicht die beständigsten Gestalten geschöpflicher Wirklichkeit. Es gibt viel dauerhaftere und beständigere als die Organismen. Aber sie sind, und zwar mit steigender Tendenz, die selbständigsten Gestalten, und darin könnte man einen Sinn erblicken. Die Linie, die über wachsende Freiheitsgrade zum Menschen führt, ist offenbar auch so vom Schöpfer gewollt. Man könnte sagen, die Bedeutung liegt darin, daß überhaupt etwas geschaffen wird, daß es neben Gott und vor Gott ein selbständiges geschöpfliches Dasein gibt.

Franz M. Wuketits: Ich meine nicht, daß das Leben oder die Lebewesen und ihre Evolution grundsätzlich unbegreiflich sind. Ganz im Gegenteil: Die Biologie bemüht sich, diese sehr komplexen Prozesse von der Ursuppe bis zum Menschen tatsächlich kausal zu verstehen. Und damit haben wir auch durchaus Erfolg. Ich würde die Evolution auch nicht einfach als »Willen Gottes« stehen lassen, denn wenn wir Darwin wirklich ernstnehmen, dann muß man seine schlüssigen Erklärungen auch akzeptieren. Aber fraglich ist, warum sich das Leben in so vielen Arten entwickelt hat. Man kann darüber spekulieren, ob die Evolution nicht auch mit tausend Arten genug gehabt hätte. Warum müssen es 15 bis 20 Millionen sein? Wieso mußten in der Evolution 800 Millionen bis eine Milliarde Arten entstehen und wieder vergehen? Ob die Evolution wirklich 20 Millionen Organismenarten braucht, ist durchaus fraglich. Für mich ist das aber ein Hinweis darauf, daß die Evolution insgesamt auf jeden Fall nur mit einer ungeheueren Vielfalt operiert, beziehungsweise auf der Basis einer genetischen Vielfalt überhaupt erst möglich ist. Diese genetische Vielfalt entstand höchstwahrscheinlich schon auf einem sehr frühen Niveau der Evolution. Es muß schon sehr bald Bedingungen der Auslese gegeben haben, also auch schon auf molekularem Niveau, wo sich verschiedene, zunächst einmal sehr einfache Biostrukturen herauskristallisiert haben. Das Leben konnte nach ganz bestimmten Prinzipien entstehen, aber wenn ich die Warum-Frage beantworten will, muß ich einen Urgrund annehmen beziehungsweise daran glauben, daß Leben entstehen *mußte*. Und daran glaube ich nicht. Es konnte offensichtlich nach ganz bestimmten Prinzipien entstehen, und diese können wir versuchen zu rekonstruieren.

Klaus Michael Meyer-Abich: Nach unserem wissenschaftlichen Verständnis von Notwendigkeit kann man tatsächlich nicht sagen, das Leben sei notwendigerweise entstanden. Herr Pannenberg hat eine mögliche Antwort gegeben, aus unserer christlichen Tradition. Aber es gibt ja nicht nur die jüdisch-christliche Tradition in der Welt, sondern es gibt auch einige andere Überlieferungen. Und andere Religionen haben die Antwort gegeben, dieses Leben sei da, weil Gott oder die Götter Welt geworden sind. Auch diese Antworten sollten wir nicht so einfach von der Hand weisen. Ich selber glaube auch, daß Gott Welt geworden ist. Das hat allerdings einige Konsequenzen für unser Gottesverständnis. Wenn Gott Welt geworden ist, dann können wir vermutlich nicht einfach weiterhin annehmen, er sei allmächtig und irgendwo oben weit weg im Himmel. Aber daß man die Gott traditionell zugeschriebenen Eigenschaften der Allwissenheit, der Allmächtigkeit und der Allgüte nicht alle drei aufrechterhalten kann,

dafür spricht ja auch einiges. An einen Gott, der all dem Furcht-
baren, was in der Weltgeschichte passiert, einfach so stattgibt in
seiner Allmächtigkeit, Allwissenheit und Allgüte, an einen solchen Gott kann ich nicht glauben. Wenn er sich aber selber hineinbegibt in das Schicksal der Welt, was ich annehme, dann leidet er mit unter dem, was wir der Welt antun. Er hat auch in
Auschwitz und in anderen Völkermorden mitgelitten. Er hat
unter sich selbst gelitten. Das ist ein sehr viel schwierigeres
Verständnis als das gängige im Christentum, wo der gute Gott von
oben auf uns herabschaut, wo es das Böse gibt, für das wir verantwortlich sind.

Wolfhart Pannenberg: Ich glaube, der christliche Gott leidet durchaus
mit uns. Das Christentum sagt, Gott ist Mensch geworden, und
indem er in einem Menschen sich selbst mit dem Geschöpf verbunden hat, hat er die ganze Menschheit angenommen. So heißt
es schon in der altkirchlichen Lehre. Und indem Gott die
Menschheit angenommen hat, hat er auch die geschöpfliche
Wirklichkeit mit aufgenommen. Darum sagte der Apostel Paulus
im achten Kapitel des Römerbriefes, daß die ganze Kreatur unter
der Vergänglichkeit stöhnt. Das sind Leiden und Tod, all das, was
wir als die Schattenseiten dieser Schöpfung kennen.[9] Die Kreatur
stöhnt unter der Vergänglichkeit mit uns Menschen und sie war-
tet mit uns auf die Freiheit der Kinder Gottes; das heißt bei
Paulus: auf die Vereinigung mit Gott durch seinen Geist, die
Teilhabe am unvergänglichen Leben.

▶   *Der britische Astronom Fred Hoyle hat ein Gleichnis geschaffen,
       wonach die spontane Entstehung einer Zelle aus Molekülen nicht
       wahrscheinlicher ist als der zufällige Zusammenbau eines
       Jumbojets auf einem Schrottplatz, wenn ein Wirbelwind darüber
       hinwegfegt. – Steht hinter der Evolution des Lebens ein Plan?*

Hans-Dieter Mutschler: Man trifft immer wieder auf die Fragestellung,
ob das Leben ein Produkt des Zufalls ist oder Ergebnis eines
bewußten Schöpfungsaktes. Das ist meines Erachtens die falsche
Alternative. Es kommt häufig vor, daß wir den Zufall als Mittel

nutzen, um ein bestimmtes Ziel zu erreichen. Denken Sie zum Beispiel an einen Jäger, der einen Hasen erschießt mittels Schrotkugeln, die völlig zufallsverteilt sind. Die Zufallsverteilung ist gerade das Mittel, um den Hasen zu erschießen. Der Zweck realisiert sich also durch den Zufall. Man sollte diese Dichotomie nicht gegeneinander ausspielen. Dann verliert diese ganze Frage-stellung auch etwas von ihrer Schärfe. Ich habe nichts dagegen einzuwenden, wenn der Biologe sagt, daß sehr viele Zufälle dafür verantwortlich sind, daß das Leben entstanden ist. Deshalb kann der Evolution dennoch ein göttlicher Schöpfungsplan zugrunde liegen. Das ist zumindest logisch nicht ausgeschlossen.

Wolfhart Pannenberg: Der Gedanke der Zielgerichtetheit und Planmäßigkeit der Evolution stand früher im Mittelpunkt der Diskussion und jeder Angriff darauf erschien als eine Kritik an dem Gedanken Gottes, der durch seine Vorsehung alles zu seinen Zwecken lenkt. Aber wir sehen heute, daß das ein Gottesbild gewesen ist, das sich zu sehr am Menschen orientiert. Wenn wir von Gott als Geist sprechen, dann bedeutet das eben nicht so eine höchste Vernunft, die wie unsere menschliche Vernunft mit einem Willen verbunden ist. Und es ist auch eine rückblickende Perspektive, wenn man behauptet, alles sei von vornherein auf die Entwicklung des Menschen angelegt gewesen. Die ganze Diskussion um das anthropische Prinzip beruht darauf, daß wir im nachhinein interpretieren, alles sei auf den Menschen hin angelegt gewesen[10].

Für mich als Theologen ist Zufall nur ein anderes Wort für das schöpferische Wirken Gottes. Das Zufällige ist gerade Ausdruck der göttlichen Freiheit. Jeder Augenblick ist unberechenbar und insofern letztlich zufällig, aber das bedeutet nicht, daß die ein-zelnen Ereignisse beziehungslos zueinander wären. Denn dann könnte es niemals dauerhaft geschöpfliche Gestalten geben. Aber genau darauf zielt der Schöpfungsakt – auf andauernde, selbstän-dige geschöpfliche Gestalten. Und die kann es nur geben, wenn die zufälligen Ereignisse in einem Zusammenhang stehen. Diese Zusammenhänge bestehen durch das, was wir Naturgesetze nen-nen. Nur: Diese Naturgesetze sind selber zufällig. Sie fahren sich erst ein im Prozeß des Geschehens. Man hat in dem Zusammenhang neuerdings von Gewohnheiten der Natur in der Abfolge des Geschehens gesprochen. Das Grundlegende ist aber, daß die Zufälligkeit jedes einzelnen Ereignisses die schöpferische Freiheit Gottes ist.

Franz M. Wuketits: Die natürlichen Prozesse sind zielgerichtet, aber das Ziel ist auch im Bereich des Lebendigen nicht vorgegeben. Wenn Sie die Entwicklung nehmen etwa eines Kükens zu einer Henne, dann ist das zielgerichtet. Allerdings nicht im Sinne einer universellen Zweckmäßigkeit, so daß dieses Küken, das da bestimmte Entwicklungsschritte zu vollziehen hat, um eine Henne zu werden, jetzt einem kosmischen Zweck dient, sondern es ist kausal erklärbar auf der Basis der genetischen Information. Das Küken kann gar nicht anders.

Niemand würde heute ernsthaft daran glauben, daß Lebewesen, auch primitive Lebewesen, durch puren Zufall entstanden sein können. Der Zufall hat eine wichtige Bedeutung in der Evolution, aber er wird durch Naturgesetze gesteuert. Manfred Eigen hat das in seinem Buch »Das Spiel – Naturgesetze steuern den Zufall« so dargelegt, wie es nach wie vor Gültigkeit hat. Man kann sich das Ganze etwa so vorstellen, daß schon in der »Ursuppe« gewisse Bedingungen der natürlichen Auslese vorhanden waren. So war von Anfang an sehr vieles, aber nicht alles möglich. Und wenn man die gesamte Evolution, die Entwicklungsgeschichte des Lebens auf der Erde betrachtet, dann sehen Sie immer wieder das, was Evolutionstheoretiker als »Kanalisierung« bezeichnen. Man kann das durchaus mit einem Kanal im Straßenbau vergleichen: Die Evolution geht bestimmte Wege, die nicht mehr rückgängig zu machen sind. Es finden zwar zufällig bestimmte Änderungen statt, aber durch ihre Rahmenbedingungen werden sie in eine bestimmte Richtung gedrängt. Es kann beispielsweise nicht sein, daß durch bloßen Zufall ein Nashorn Flügel entwickelt und davonfliegt. Das läßt seine ganze Konstruktion nicht zu. Es kann auch nicht sein, daß zufälligerweise ein fünf Tonnen schwerer Würfel als Fisch entsteht. So etwas ist nicht fortbewegungsfähig und nicht lebensfähig im

Wasser. Es wäre auch nicht denkbar, daß durch bloßen Zufall eine Makromutation, etwa ein fünf Tonnen schwerer Vogel entsteht. Warum nicht? Weil eben eine ganze Reihe von auch physikalischen Naturgesetzen, Gesetzen der Aerodynamik, Hydrodynamik usw. die ganze Evolution in bestimmte Richtungen zwängen. Das heißt also: Zufall ja, aber nur innerhalb bestimmter Gesetzmäßigkeiten, wodurch sich also die Wirksamkeit des Zufalls schon etwas reduziert. Und Zufall geschieht natürlich auch nicht in dem Sinne, daß durch spontane Mutationen aus einem einzelligen Lebewesen gleich ein komplexer Organismus entstanden ist, von der Art eines Nashorns oder eines Vogels. In der gesamten Evolution des Lebendigen, soweit wir es heute überblicken können, sind die Lebewesen selber Evolutionsfaktoren. Sie schränken ihre eigene Entwicklung ein. Die Evolution kann es sich nicht leisten, daß der Zufall ausufert. Zwar wird in der Evolution sehr viel entwickelt, was wieder ausstirbt. Es sind im Laufe der Jahrmillionen schätzungsweise 800 Millionen bis eine Milliarde Arten ausgestorben. Aber man darf nicht vergessen, daß das alles in einem Zeitraum von 3,5 Milliarden Jahren geschehen ist. Letztlich kennt die Evolution nur Sackgassen. Es gibt keinen Organismus und keine Art, die auf alle Ewigkeit hin angelegt wäre. Auffällig ist aber, daß Lebewesen in einer ungeheuren Vielfalt auftreten. Derzeit sind etwa 1,5 Millionen Pflanzen- und Tierarten bekannt. Die tatsächliche Zahl wird wesentlich höher geschätzt, auf ungefähr 15 bis 20 Millionen Arten. Das heißt, daß auf der Basis eines universellen genetischen Prinzips, dem genetischen Code, Millionen von Arten entstanden sind. Und das ist wirklich ein äußerst faszinierender Gesichtspunkt.

Die DNS (DesoxyriboNukleinSäure) wurde 1869 von dem Schweizer Biochemiker F. Miescher entdeckt. Aber die räumliche Struktur, die berühmte Doppelhelix-Struktur der DNS wiesen Francis Crick und James Watson 1953 in Cambridge nach – im gleichen Jahr, in dem das Miller-Urey-Experiment durchgeführt wurde. Crick und Watson ebneten damit den Weg zur Entschlüsselung der Mechanismen, nach denen alles Leben auf der Erde abläuft. Die DNS trägt die Information für den Aufbau sämtlicher Zellen eines Organismus. Ihre Doppelhelixstruktur beruht auf zwei spiralig angeordneten Ketten der Bausteine von Nukleinsäuren (Nukleotide), die durch vier verschiedene Basen (Adenin-Thymin und Guanin-Zytosin) miteinander verbunden sind. Die jeweilige Reihenfolge der Anordnung der Basenpaare bestimmt den genetischen Code. Als Träger der Erbinformation ist in den Genen das Verhalten eines Lebewesens, auch das menschliche Verhalten, angelegt, ohne daß es uns vollständig bestimmt. Ein Beispiel für die starke Wirkung des materialistischen, mechanistischen Weltbildes in der Biologie ist die These des Biologen Richard Dawkins, der den Sinn des Lebens in der Weitergabe der Erbinformationen sieht, von denen unser Fühlen, Denken und Verhalten gesteuert wird. Die Gene der Lebewesen sind »egoistisch«, wodurch auch das Leben der Menschen als »Genmaschinen« gesichert ist. Während bei Darwin die anpassungsfähigsten Organismen überleben (»Survival of the fittest«) reduziert Dawkins den Kampf ums Dasein auf den Wettbewerb unter den Genen.

Franz M. Wuketits: Man kann die Gene nicht vom Organismus trennen. Es gibt keinen Organismus ohne Gene und keine Gene ohne Organismus. Gene sind Träger der Erbinformation. Sie sind genetisch verantwortlich für die Bildung bestimmter Merkmale und Eigenschaften. In den Genen ist unser Verhalten gewissermaßen angelegt, aber nicht im Sinne von Determination, also nicht so, daß meine Gene mich vollständig bestimmen. So einfach ist das sicher nicht. Natürlich haben wir Biologen damit angefangen, etwa vom »egoistischen Gen« oder von der »Moralität der Gene« zu sprechen, aber ich halte das lediglich für gelungene Metaphern. Unser Haarwuchs ist natürlich genetisch bedingt, wie wir aber kulturell und durch diverse Gebräuche, Sitten usw. die Möglichkeiten haben, uns die Haare kurz zu schneiden, zu färben oder länger wachsen zu lassen, so ist es auch bei vielen anderen Merkmalen. Die Gene geben also einen gewissen Rahmen vor, innerhalb dessen wir dann aber schon noch Möglichkeiten haben, unser Verhalten zu steuern. Die Gene sind ein Ergebnis der chemischen Evolution auf der Erde. Man unterscheidet heute zwischen der kosmischen Evolution und der chemischen Evolution, der Bioevolution und schließlich der kulturellen Evolution des Menschen. Das sind vier verschiedene Evolutionsstufen. Auf jeder dieser Stufen sind bestimmte Strukturen entstanden, die gleichzeitig notwendige Vorbedingungen für die weiteren, höheren Strukturen waren.

Klaus Michael Meyer-Abich: Meines Erachtens hat Gott mit den Zufällen äußerst wenig zu tun. Wir sitzen hier unter der Zeder auf diesem Rasen. Hier wachsen eine große Anzahl von Gräsern und alle möglichen anderen Wildpflanzen. Die sind scheinbar zufällig verteilt. Kein Mensch kann sagen, warum dieses eine Gras gerade an diesem Ort wächst. Aber wenn einer von uns sich die Mühe machen würde zu schauen, warum dieses Pflänzchen gerade hier wächst, woher der Same gekommen ist, aus dem sich das Pflänzchen entwickelt hat, welcher Wind wehte, dann könnte man auch erklären, warum der Same gerade hierher geweht worden ist. Man könnte weiterhin das Wetter rekonstruieren und würde feststellen, daß es hier so viel geregnet hat, daß die Pflanze an dieser Stelle wachsen konnte. Und wenn man außerdem die Hydrodynamik und Aerodynamik des Wetters rekonstruieren könnte, dann könnte man alle Faktoren klären, die dazu geführt haben, daß dieses Pflänzchen hier wächst und nicht an einer anderen Stelle. Und überall, wo wir es genau wissen wollen, finden wir eine naturgesetzliche Ordnung. Aber wir können das nicht überall finden und rekonstruieren. Und weil wir das nicht überall können, reden wir bei den übrigen Ereignissen bis hin zu unserem eigenen Dasein von »Zufall«. Das ist eine Frage der Organisation unserer Erkenntnis, nicht eine Frage der Freiheit Gottes.

Wolfhart Pannenberg: Man darf Zufall und Gesetzlichkeit nicht entgegensetzen, denn sie hängen zusammen. Die Auffassung, daß der Zufall nur auf Unkenntnis beruht, ist eine Ansicht aus dem

19. Jahrhundert. Die Quantenphysik lehrt uns statt dessen, daß die Welt jeden Augenblick neu entsteht. Alle Regelmäßigkeiten beruhen auf Zufall. Das zufällige Geschehen ist sogar die Grundlage dafür, daß sich Regelmäßigkeiten bilden können.

Hans-Peter Dürr: Ich teile diese Ansicht. Regelmäßigkeit entsteht auf der Grundlage von Offenheit, und es müssen gewisse Vorbedingungen gelten, damit die Kanalisierung eintritt. Ich glaube aber, daß die Naturgesetzlichkeit auch einem Entwicklungsprozeß unterliegt. Wenn wir sagen, die Pflanze sei zufällig an dieser Stelle, dann hat das sehr viel damit zu tun, daß unsere ganze Schöpfung wie ein Gedicht ist, wir es aber nicht lesen können und deshalb nicht wissen, warum ein Buchstabe an einer gewissen Stelle steht. Wenn wir aber das Gedicht lesen und verstehen könnten, dann wüßten wir, daß ich hier ein E haben muß und kein A.

Hans-Dieter Mutschler: Man spricht heute in diesem Zusammenhang vom »deterministischen Chaos«. Wenn hier ein Same von einer Zeder herunterfällt und Turbulenzen in der Luft entstehen, dann können wir die Bahn des Samens nicht ausrechnen. Denn Turbulenzen erzeugen Bewegungen, die unberechenbar werden, auch dann, wenn strenge Gesetzmäßigkeiten herrschen.

Die Chaostheorie besagt, daß sich auch deterministische Systeme, also solche, die als prinzipiell berechenbar gelten, zufällig verhalten können. Minimale Variationen der Ausgangsbedingungen können demzufolge große Störungen hervorrufen. Das tritt in verschiedenen Bereichen der Natur auf und wird als »Schmetterlingseffekt« bezeichnet: Der Flügelschlag eines Schmetterlings in Brasilien ist aufgrund der chaotischen Dynamik des Wetters prinzipiell in der Lage, in weiter Entfernung einen Tornado auszulösen. Die Chaostheorie relativiert das deterministische Weltbild noch stärker als die Quantenphysik. Aus ihr folgt, daß zukünftige Entwicklungen prinzipiell unvorhersagbar sind.

Hans-Peter Dürr: Bei Zufall denkt man gewöhnlich an ein Glücksspiel, bei dem sozusagen kein Wurf etwas von dem anderen weiß. Da hätten dreieinhalb Milliarden Jahre nicht ausgereicht, um einen Menschen hervorzubringen. Die sogenannte »Kanalisierung« ist eigentlich eher vergleichbar mit dem Spiel einer Schublade, die Spielraum haben muß, damit sie raus- und reingeht, aber sie läuft praktisch auf einer Bahn. Das ist dann diese »Kanalisierung«. Aber ich vertrete als Physiker die Auffassung, daß es – gemäß der Quantenmechanik – das freie Spiel eigentlich gar nicht gibt, weil die Wirklichkeit eine unauflösbare Ganzheit ist. Es ist nicht etwa so, daß Teile völlig unabhängig voneinander sind. Das ist eine Abstraktion der Wirklichkeit.

▶ *Ist der Mensch die »Krone der Schöpfung«?*

Franz M. Wuketits: Wenn wir den Menschen als Krone der Schöpfung bezeichnen, dann könnte ich viele andere Organismenarten auch als Krone der Schöpfung bezeichnen, weil jede Art für sich einmalig ist. Es ist ja ein sehr altes und beliebtes Thema unter Theologen und vielen Biologen, die Sonderstellung des Menschen in der Natur zu betonen. Dazu darf ich provokant sagen: Wenn wir biologisch gesehen eine Sonderstellung haben, dann hat sie der große Panda auch. Der frißt am Tag 16 Stunden Bambus, und das macht keine andere Tierart. Der ist einmalig in der Natur. Und dann ist auch das Schnabeltier einmalig in der Natur und hat eine Sonderstellung in dieser Welt, denn es ist schon allein aufgrund seines Aussehens ein höchst merkwürdiges Geschöpf. Das heißt, biologisch kommen wir da eigentlich nicht sehr viel weiter. Wir können allenfalls nach Eigenschaften des Menschen fragen, die in dieser speziellen Ausgestaltung nirgends sonst vorhanden sind. So ließe sich dann vielleicht darüber diskutieren, ob der Mensch eine Sonderstellung in der Natur genießt. Aber für mich ist er nicht die Krone der Schöpfung, sondern eine bestimmte Spezies, eines der vielen vorläufigen Endprodukte der Evolution. Wenn man rein biologisch von der Sonderstellung redet, dann muß man sie jeder Art zuschreiben.

Hans-Dieter Mutschler: Ich habe keine Gründe anzunehmen, daß es irgendeine Tierart gibt, die so etwas macht, wie wir es jetzt hier tun, nämlich solche Fragen aufwerfen und darüber spekulieren, welchen Sinn alles hat und wer wir eigentlich sind. Tiere können den Bereich des unmittelbaren Anstrebens von Zwecken nicht überschreiten und sich Fragen nach dem Ganzen stellen. Und so lange ich nicht weiß, daß die Affen das auch machen oder schon die Gräser, so lange würde ich dem Menschen eine Sonderstellung einräumen.

Klaus Michael Meyer-Abich: Ich halte es hier mit Nikolaus von Kues[11], der gesagt hat, in jedem Geschöpf ist das Universum dieses Geschöpf. In dem Pandabären, in dem Menschen und in allen anderen auch. Der Mensch hat zwar Eigenschaften, die andere Lebewesen nicht haben, aber dafür haben andere Lebewesen Eigenschaften, die der Mensch nicht hat. Wir können beispielsweise nicht so gut klettern wie viele andere und auch nicht so gut schwimmen. Wir fragen zwar nach dem Ganzen der Welt, aber das ist eben vermutlich unsere artspezifische Besonderheit – und nicht mehr. Es ist eine unglückselige Tradition, in der wir uns immer für etwas Besonderes gehalten und gemeint haben, der Rest der Welt sei ausschließlich für uns da. Wir sollten aufhören mit dem Anspruch auf eine Sonderstellung des Menschen, denn wir sehen in der heutigen Situation, wohin dieses Denken geführt hat, das genährt wurde vom christlichen Glauben und seiner These der Gottebenbildlichkeit des Menschen.

Wir bilden uns sehr viel ein, obwohl wir großes Unheil in die Welt gebracht haben. Niemand sollte sagen, wir seien zu Besserem nicht imstande. Aber wir beweisen eine unglaubliche Dummheit mit der Art, wie wir uns verhalten. Es hat sich noch keine Gesellschaft in der nun doch immerhin schon ziemlich langen Geschichte der Menschheit so ausschließlich dafür interessiert, was die Welt zu bieten hat, ohne auch nur im mindesten daran zu denken, ob wir dafür irgendwas schuldig sind, wie das unsere Gesellschaft tut. Was kann die Natur als Gegenleistung von uns dafür erwarten, daß sie uns versorgt? Wir müssen uns eine grundlegende Veränderung in unserem Bewußtsein zu eigen machen.

Anstatt immer nur alles raffen und konsumieren zu wollen, sollten wir uns fragen, wie eine Welt mit Menschen schöner und besser sein könnte, als sie es ohne Menschen wäre.

Hans-Dieter Mutschler: Ich denke, man kann den Menschen durchaus an die Spitze der Entwicklung komplexer Lebewesen stellen, ohne daß ich deshalb die Natur so behandeln muß, wie sie heute vom Menschen behandelt wird. Das ist nicht zwingend miteinander verbunden. Die Sonderstellung des Menschen könnte auch darin bestehen, daß er schonend mit der Welt umgeht. Genau dies ist nämlich seine Aufgabe – das ist kein Gegensatz.

Hans-Peter Dürr: Der Mensch hat ganz offensichtlich in der Hierarchie der Ausdifferenzierungen eine neue Stufe der Ordnungsstruktur erklommen. Ob der Mensch nun im Rahmen der Schöpfung erfolgreich ist oder nicht, das ist eine andere Frage. Aber die Fähigkeit, Begriffe zu bilden, also sich von der Welt ein Abbild im Kopf zu machen und diese Bilder zu verknüpfen und sich distanzieren zu können, das sind außerordentliche Fähigkeiten, die nur dem Menschen zukommen und die in der Hierarchie der Ordnungsstrukturen hoch angesiedelt sind. Beim Menschen ist über das Biologische hinaus, über die bis dahin bestehenden Fähigkeiten, eine weitere hinzugekommen, ohne daß wir deshalb an anderen Fähigkeiten einbüßen müßten. Die höhere Stufe zeichnet sich dadurch aus, daß wir nicht eine niedere Stufe zerstören können, ohne daß die obere auch kollabiert. Diese Welt kann ohne den Menschen leben, aber wir können nicht ohne die unter uns bestehenden Strukturen leben. Daran merken wir, daß wir eine Ebene darüber sind. Wenn wir die unter uns liegende Ebene zerstören, dann kollabieren wir. Der Mensch hat eine zukunftsahnende Fähigkeit, die man Vernunft nennen könnte. Aber wenn wir diese Fähigkeit nicht miteinbringen in die Evolution, um unsere eigene Art zu erhalten, dann ist irgend etwas nicht in Ordnung. Ganz abgesehen davon, daß wir die anderen Geschöpfe, die unsere Lebensgrundlage bilden, mit umbringen.

Klaus Michael Meyer-Abich: Die menschliche Fähigkeit, vernunftgemäß zu handeln, ist aber nicht alleine ausschlaggebend, denn zunächst gehört dazu auch das richtige Gefühl für unsere

Zugehörigkeit zur Natur. Ich bin nicht der Ansicht, daß wir uns eigentlich nicht anders verhalten als unsere Vorfahren vor einigen tausend Jahren und wir nur deshalb weiterreichende Fehler machen, weil wir andere Mittel zur Verfügung haben. Wir sollten mal an andere Kulturen denken, die nicht 10 000 Jahre zurückliegen. Sowohl das Gute, was Menschen in die Welt bringen können, wie auch die Fehler, die sie machen, hängen zusammen mit der Kultur, in der Menschen leben. Unsere Kultur ist nicht die einzig mögliche. Andere Kulturen haben diese Art von wissenschaftlich-technischer Zivilisation, wie wir sie haben und mit der wir soviel Unheil anrichten, gar nicht entwickelt. Man kann natürlich argumentieren, daß diese Kulturen einfach nicht darauf gekommen sind und deswegen die Fehler nicht gemacht haben. Ich glaube aber eher, daß es innerhalb dieser Kulturen Korrektive gab, die sie davon abgehalten haben, auf diese Ideen zu kommen und die damit zusammenhängenden Fehler zu machen. Ich neige dazu, mindestens in einigen asiatischen Kulturen doch eher die letztgenannte Variante zu erkennen.

Hans-Dieter Mutschler: Ob diese anderen Kulturen soviel braver und netter waren, möchte ich bezweifeln. Der »edle Wilde« beispielsweise ist doch nur eine Phantasie. Genau betrachtet hatten die Indianer weniger Möglichkeiten als wir, die Natur auszubeuten. Um zu überleben, durften sie ihre Ressourcen nicht zerstören, sonst wären sie verhungert. Der Zusammenhang war einfach deutlicher, unmittelbarer als bei uns, wo zwischen der Tat durch die technischen Vermittlungsprozesse und der Wirkung dieser Tat einfach so viel dazwischengeschoben ist, daß wir nicht überblicken, was wir eigentlich anstellen. Der Mensch verhält sich meines Erachtens eigentlich nur so wie jedes andere Tier auch. Er reißt möglichst viel Ressourcen an sich und will sich weiter fortpflanzen. Angenommen, wir hätten die fossilen Brennstoffe nicht ausgegraben, wären wir dann nicht auch in einer besseren Situation? Wir haben eine Keule in die Hand bekommen, mit der wir noch nicht umgehen können. Und dadurch sind wir in Schwierigkeiten geraten. Wenn wir den uns gefährdenden Entwicklungen gegensteuern wollen, dann können wir das aber nur durch Vernunfteinsicht, und genau das haben die anderen Lebewesen nicht. Deshalb muß man an der Sonderstellung des Menschen festhalten, wenn man aus dieser Situation wieder heraus will. Denn sobald ich den Menschen gleichstelle mit den Tieren, verhält er sich auch wie die anderen Tiere, und das heißt dann, daß wir den Entwicklungen nicht vernunftgesteuert entgegentreten können. Er reißt möglichst viel Ressourcen an sich und will sich weiter fortpflanzen. Und wir sind sehr erfolgreich in der Fortpflanzung.

Wolfhart Pannenberg: Der Ausdruck »Krone der Schöpfung« findet sich im biblischen Schöpfungsbericht gar nicht. Aber er wäre wohl auch nicht aufgekommen, wenn der biblische Schöpfungsbericht dem Menschen nicht tatsächlich eine Sonderstellung geben würde. Diese Sonderstellung drückt sich durch das besondere Verhältnis zu Gott aus, in das der Mensch gestellt ist. Das wird noch viel deutlicher durch die Inkarnation, dadurch, daß Gott sich mit der Welt in einem Menschen verbunden hat. Er hat sich mit der Schöpfung nicht verbunden in einem Esel oder einem Schimpansen oder einem Panda, sondern in einem Menschen. Und das zeichnet die Stellung des Menschen aus. Das deutet sich schon im Schöpfungsbericht des Alten Testaments an. Denn die Gottebenbildlichkeit, von der da die Rede ist, ist die Bestimmung zur Gemeinschaft mit Gott und meint darum auch die Repräsentanz des Schöpfers in der Schöpfung. Das ist der Sinn der Sonderstellung des Menschen. Aber das muß in dem Augenblick schiefgehen, in dem der Mensch meint, seine Besonderheit habe gar nichts mit Gott zu tun, sondern er sei für sich allein die Krone der Schöpfung. Und all das Schreckliche, was die Menschen tatsächlich angerichtet haben und anrichten, sowohl in der Menschheit als auch in ihrem Verhältnis zur Natur, ist Ausdruck der Ablösung von der Gemeinschaft mit Gott, zu der die Menschen bestimmt sind.

Klaus Michael Meyer-Abich: Die Frage ist, wie wir in Zukunft im christlichen Glauben mit der Gottebenbildlichkeit umgehen wollen. Denn man muß auch immer die historische Wirkung sehen, die diese Auffassung gebracht hat. Die Gottebenbildlichkeit im

Alten Testament war nicht gemeint als Privileg des Menschen, mit der Konsequenz, daß wir uns herausnehmen dürfen, was andere sich nicht leisten dürfen, sondern sie ist ein Maßstab, der an unser Handeln angelegt wird. So ist das eigentlich gemeint. Die Auffassung, daß der Mensch Gottes Ebenbild sei, hat aber dazu geführt, daß wir uns so manche Besonderheiten eingebildet haben, beispielsweise in den Kirchen. In der griechischen Religion fand der Gottesdienst unter freiem Himmel statt, und der Tempel war wirklich das Gotteshaus. Die Menschen betraten den Tempel nicht, allenfalls die Vorhalle. In der griechischen Religion gehörten die Menschen zur natürlichen Mitwelt. Im Christentum wurde das anders. Die Menschen durften rein in die Kirche, und nach außen hin wurden Türen zugemacht. Wir begeben uns seitdem zu unserem Gott, und im Angesicht Gottes leisten wir den Gottesdienst. Die übrige Welt ist ausgeschlossen. Inzwischen können wir sehen, was historisch aus all dem geworden ist, und es wird höchste Zeit, die Kirchen wieder aufzumachen und die Ebenbildlichkeit nicht alleine uns zuzusprechen. Die Schöpfung erwartet etwas von uns. Die Schöpfung erwartet von uns Menschen, daß wir Zeichen der Hoffnung und Freiheit in die Welt bringen, und zwar auch für alle anderen Lebewesen und auch für die Berge und die Flüsse und die Täler und das Meer, das wir jetzt so bitter zugrunde richten.

Wolfhart Pannenberg: Die Abgeschlossenheit des Kirchenbaus verweist symbolisch auf das himmlische Jerusalem, also die künftige Vollendung der Stadt Gottes. Die restliche Schöpfung soll damit nicht ausgeschlossen sein. Was den Sinn der Gottebenbildlichkeit angeht, so kann man sich auch hier am Wort des Paulus orientieren. Es entspricht der alttestamentlichen Aussage von der Gottebenbildlichkeit des Menschen. Die Menschen haben die Aufgabe, die Verbundenheit der ganzen Schöpfung mit ihrem Schöpfer zu gewährleisten. Und was den menschlichen Mißbrauch einer eingebildeten Sonderstellung des Menschen in der Welt angeht, die dann auch mit dem Ausdruck »Krone der Schöpfung« verbunden wurde, so muß man feststellen, daß sie zeitlich eingetreten ist mit der Ablösung von der Bindung des Menschen an Gott. Das dürfen wir nicht unterschlagen. Als Menschen sind wir vernunftbegabt, aber wir handeln trotzdem unvernünftig und verantwortungslos. Diesen Sachverhalt bezeichnet die Theologie als Sünde. Für diese Art der Loslösung von der Gemeinschaft mit Gott, zu der der Mensch nach dem biblischen Schöpfungsbericht bestimmt ist, gibt es in der Bibel das Wort Sünde. Die Sünde besteht in dieser Loslösung von Gott, sie besteht darin, daß der Mensch selber sein will wie Gott und sich so anstelle Gottes selbst zum Herren der Schöpfung aufwirft.

Franz M. Wuketits: Ich sehe diese Dinge ganz ohne Sünde. Was hat der Mensch von Anfang an gemacht? Nichts anderes als alle übrigen Arten eigentlich machen – er will sich Ressourcen sichern und überleben. Das zeichnet den Menschen nicht alleine aus. Aber weil er bestimmte Fähigkeiten entwickelt hat, kann er mehr Ressourcen sichern, als er für sich braucht. Und dann hat er begonnen, andere Organismenarten zurückzudrängen und zu zerstören. Ich vermute, jede Art würde sich in unserer Situation so verhalten. Ich habe auch Schwierigkeiten mit der Aussage, der Mensch habe sich quasi von Gott losgelöst. Wann soll das gewesen sein? War das schon der Neandertaler oder der Homo erectus oder war das erst der sogenannte zivilisierte Mensch, der über all das nachdenkt? Ich habe die starke Vermutung, daß sich der Mensch der Natur beziehungsweise der Schöpfung gegenüber nie wirklich verantwortungsbewußt verhalten hat. Er hatte nur früher keine großen Möglichkeiten der Zerstörung. Die Neandertaler waren wahrscheinlich auch keine geborenen Naturschützer. Ich sehe in dem Zusammenhang keinen Sündenfall, sondern eine ganz natürliche Fortsetzung bestimmter Bestrebungen, die jeder Art innewohnen. Von Sünde oder Sündenfall kann man meines Erachtens nur unter dem Aspekt sprechen, daß wir trotz besseren Wissens so handeln, wie wir es tun. Die Dinosaurier sind nicht verantwortlich dafür gewesen, daß sie ausgestorben sind, und wenn der große Panda verschwindet, weil er überspezialisiert ist, hat er leider keine Möglichkeiten, vorher darüber nachzudenken, um seine Freßgewohnheiten noch rechtzeitig zu ändern. Wir haben hingegen die Möglichkeit, etwas zu verändern, aber wir tun es nicht. Insofern hat offensichtlich nur ein vernunftbegabtes Wesen das fragwürdige Privileg, unvernünftig zu handeln.

Hans-Peter Dürr: Die höhere Stufe, die sich beim Menschen herausgebildet hat, bedeutet nicht, daß wir klüger sind. Die Tatsache, daß wir überhaupt so dumm sein können, hängt mit diesen neuen Fähigkeiten zusammen; das ist ja gerade unser Verhängnis. Wenn wir nicht die Möglichkeit hätten, uns so frei zu gebärden, könnten wir diesen Schaden gar nicht anrichten. Das heißt, mit dieser höheren Ebene ist die Verpflichtung entstanden, sie auch vernünftig zu verwenden. Und wenn wir das nicht tun, dann sind wir eben weg vom Fenster. Und wir reißen dabei einen Teil der Schöpfung mit uns.

Franz M. Wuketits: Ich wäre sehr vorsichtig mit Ausdrücken wie »höher« oder »höhere Ebene«. Jede Spezies ist dadurch ausgezeichnet, daß sie bestimmte Nischen gefunden hat, in denen sie sich gut zurechtfindet. Das heißt, jedes Lebewesen hat spezielle Fähigkeiten, die andere Lebewesen nicht haben. Aber ich würde keinesfalls von »höher« oder »niedriger« in der Evolution sprechen. Was uns unterscheidet ist, daß wir trotz besseren Wissens ein bestimmtes Verhalten an den Tag legen, mit dem wir nicht nur uns selber letzten Endes zerstören werden, sondern vorher noch Millionen anderer Arten auch. Die meisten Menschen bemerken gar nicht, daß derzeit ein Massenaussterben auf der Erde stattfindet. Wie der amerikanische Zoologe Wilson errechnet hat, sterben heute stündlich drei Organismenarten aus. Wenn man das hochrechnet, dann kommen wir pro Tag auf ungefähr 70 Arten, in zehn Tagen auf 700, pro Monat auf über 2000 Arten. Das ist ein Massenaussterben, wie es zwar in der Erdgeschichte schon öfter stattgefunden hat. Krisen und Katastrophen begleiten ja gewissermaßen die Evolution des Lebendigen – man denke nur an die Dinosaurier, die vor 70 Millionen Jahren verschwunden und ausgestorben sind. Aber der große Unterschied zu früheren Krisen und Katastrophen ist der, daß praktisch eine einzige Spezies, eine einzige Art, nämlich wir Menschen, dieses Massenaussterben verursachen.

Heute leben auf der Erde etwa 15 bis 20 Millionen Arten. Für alle hat die Erde ein Energiebudget zur Verfügung gestellt. Aber dieses Reservoir wird von einer einzigen Art, nämlich dem Großverbraucher Mensch, in höchstem Maße ausgebeutet. Wir verbrauchen ungefähr 20 bis 25 Prozent aller Ressourcen. Wir müssen uns außerdem vergegenwärtigen, daß die meisten Arten, die heute unter unserem Einfluß verschwinden, der wissenschaftlichen Biologie überhaupt noch nicht bekannt sind. Die Tragödie, die sich abspielt, ist also die, daß die allermeisten Arten verschwunden sein werden, noch bevor wir überhaupt von ihnen Kenntnis nehmen können. Wir berauben damit die Natur und uns selber einer ungeheuren Vielfalt. Und da stellt sich natürlich die ethische Frage, ob wir weiterhin so mit der Natur umgehen dürfen, wie wir das heute tun. Wir sind die einzigen der uns bekannten Lebewesen, die in der Lage sind, über all das nachzudenken. Und allein aus dieser Fähigkeit kann man schließen, daß wir Verantwortung tragen für die uns umgebende Natur.

Klaus Michael Meyer-Abich: Wenn wir uns etwa hier in dieser wunderschönen, alten Kulturlandschaft umsehen, dann zeigt sich doch ganz unmittelbar, was Menschen Gutes und Schönes in die Welt bringen können. Diese Landschaft sähe ja nicht so aus, wenn nicht seit Jahrtausenden, seit den Etruskern und ihren Vorfahren Menschen hier gelebt hätten und pfleglich, das heißt kultivierend mit der Natur umgegangen wären und ihre Häuser so gebaut hätten, daß sie wirklich in die Landschaft passen. Die alten toskanischen Häuser sehen so aus, als seien sie aus der Erde hervorgewachsen, weil sie wirklich auch mit dem Lehm oder Stein gebaut sind, der hier vorgefunden wurde. Und selbst die Zypressen sind ja von Menschen hierher gebracht worden und sind nicht ursprünglich hier gewachsen. Dabei herausgekommen ist aber dennoch eine wirkliche Kulturlandschaft im positiven Sinne, wie man sie jetzt antrifft. Hier sieht man, wozu Menschen imstande sind, wenn sie sich in Kultur üben. Die Industriegesellschaft hat verlernt, sich in Kultur zu üben. Hoffentlich hat sie es nicht unwiederbringlich verlernt, denn man kann ja erkennen, womit das Verlernen zusammenhängt. Ein entscheidender Grund ist der, daß wir uns auf eine Arbeitsteilung eingelassen haben, daß die Naturwissenschaften und die Ingenieurwissenschaften die Zuständigkeit für die Natur, für den Umgang mit ihr insgesamt zugesprochen bekommen haben und sich die Geistes- und Sozialwissenschaften ins Gesellschaftliche, ins menschlich Innerliche zurückgezogen haben.

▶ *Wenn wir Verantwortung für die Schöpfung haben, haben wir dann auch Verantwortung für Gott?*

Wolfhart Pannenberg: Die Verantwortung reicht so weit wie die Fähigkeiten des Menschen. Und da unsere Fähigkeiten sehr gewachsen sind in den letzten Jahrhunderten, ist die Verantwortung schneller gewachsen als unser Vermögen, auch wirklich verantwortlich zu handeln. Unsere Fähigkeiten sind nicht so gewachsen, daß wir uns im Zustand der Allmacht befinden. Deshalb haben wir auch keine Verantwortung *für* Gott, sondern wir haben eine Verantwortung *unter* Gott.

Klaus Michael Meyer-Abich: Insoweit Gott in uns lebt, haben wir Verantwortung für ihn und mit ihm. Dies hat alles eine Geschichte. In der Bibel wird uns ja noch Herrschaft zugetraut. Uns wird zugetraut, daß wir verantwortlich herrschen können in der Welt, ohne zu unterjochen und zu zerstören. Gemeint war das im Sinne gerechter Herrschaft. Aber nach der Geschichte, die wir bisher erlebt haben, neige ich doch sehr zu der Ansicht, daß dieses sozusagen »religiöse Experiment« wenn nicht gescheitert ist, so doch jedenfalls mal einstweilen lieber zurückgestellt werden sollte. Wir sollten uns nicht weiterhin Herrschaft in der Welt zutrauen und diese der Welt zumuten, sondern wir sollten uns lieber beschränken auf die Verantwortung für das, was wir tun in der Welt. Und dafür gibt es einen unmittelbaren Ausgangspunkt, nämlich den, daß wir – wie alle anderen Lebewesen auch – nicht leben können, ohne von anderem Leben zu leben. Also zumindest Pflanzen müssen wir essen, und Pflanzen sind Lebewesen genauso wie Tiere auch. Auch der Vegetarier kommt deshalb aus diesem Problem nicht heraus. Wir nehmen uns hier viel zuviel für unser eigenes Leben heraus, und unsere Verantwortung beginnt bei der Frage, welche Bringschuld wir gegenüber der Welt haben. Wir nehmen uns etwas, und dafür müßten wir der Welt auch etwas geben. Und eine Welt mit Menschen könnte doch vielleicht sogar schöner und besser sein als eine Welt ohne Menschen, obwohl es im Moment nicht danach aussieht.

Wolfhart Pannenberg: Die Frage ist auch, wie Gott noch helfen kann, wenn wir ihn in das Leiden und die Ohnmacht des Leidens mit hineinziehen. Deshalb hat die christliche Lehre zwar behauptet, daß Gott Mensch geworden ist in seinem Sohn, bis zum Tode am Kreuz, aber doch die Unterschiedenheit betont zwischen dem Menschen, dem menschlichen Leiden, mit dem Gott sich verbunden hat, und der Göttlichkeit Gottes, die in Unterschiedenheit davon bestehen bleibt. Ohne diese Unterschiedenheit wäre die Auferweckung des am Kreuz Gestorbenen nicht möglich gewesen. Auf der einen Seite teile ich also die Auffassung, daß Gott eingegangen ist in diese Welt mit all dem Leid, das damit verbunden ist. Auf der anderen Seite darf das nicht bedeuten, daß Gott darin verschwindet, denn dann kann er nicht mehr helfen.

Hans-Peter Dürr: Ich bin auch der Ansicht, wir sollen nicht glauben, daß wir für alles verantwortlich sind. Aber wir werden vielleicht notwendig dazu kommen, daß wir für *mehr* verantwortlich sein müssen, als wir zunächst denken. Es wäre mir schon lieb, die Menschen würden sich für das verantwortlich zeigen, was direkt in ihrem langfristigen Interesse liegt. Dann würden sie merken, daß sie aufgrund der innigen Verflechtung ihres eigenen Lebens mit dem der anderen Lebewesen abhängig sind von allem. Diese vernetzte Pyramide ist keine Pyramide aus Granitblöcken, sondern vielmehr wie ein Kartenhaus, denn nichts ist stabil. Wenn ich da herumtobe, stürzt das ganze Kartenhaus ein. Ich muß also im eigenen Interesse dafür sorgen, daß ich auch Dinge mit stabilisiere, die eigentlich ganz weit weg von mir sind.

Durch seine tiefere Einsicht hat der Mensch die Möglichkeit, auch wirklich Verantwortung zu übernehmen. Aber ich kann aus der Naturwissenschaft nicht folgern, ob wir auch die *Fähigkeit* haben, selbstverantwortlich zu handeln. Aus der Physik kann ich das nicht ableiten, aber ich halte es für dringend notwendig, daß die Naturwissenschaft eines Tages auch sagen wird, daß das nicht nur eingebildet ist, sondern daß wir wirklich verantwortlich sind. Das heißt, wir können durch unser Tun die Zukunft in einer gewissen Hinsicht beeinflussen. Nicht in einer grandiosen Art, aber es hängt ja auch an winzigen Kleinigkeiten, das System als Ganzes zu stabilisieren. Und allein zu wissen, daß es davon abhängt, bürdet uns bereits eine Verpflichtung auf. Und die ist ganz real. Wenn wir die nicht einlösen, dann passiert etwas. Aber die Erde wird dann nicht zugrunde gehen, sondern sie wird vielleicht 400 Millionen Jahre zurückfallen, und dann kriechen wir eben noch einmal aus dem Ozean heraus. Aber wir müssen nicht notwendig am Ende sein, wenn wir uns nur klarmachen, daß wir entwicklungsfähig, also lernfähig sind. Aber vielleicht sind die Würfel doch schon gefallen. Und vielleicht sind deshalb diejenigen von uns, die sich zur Zeit um den Schutz der Umwelt bemühen, vom Schöpfungsplan aus betrachtet genau die Schlimmsten, weil sie den Menschen daran hindern wollen, den Ast abzusägen, auf dem er sitzt. Denn der Plan eines höheren Wesens könnte darin bestehen, uns so schnell wie möglich aus der Schöpfung herauszunehmen, damit wieder eine Gesundung eintreten kann.

Klaus Michael Meyer-Abich: Man kann sich fragen, inwieweit es legitim sein kann, zum Untergang der Menschheit beizutragen. Ich kann sehr gut nachvollziehen, daß viele Menschen meinen, das sei für die Welt vielleicht doch das beste. Aber die andere Frage ist, wieweit wir es denn verantworten können, all dieses Leid und Unheil über andere zu bringen.

Franz M. Wuketits: Ich glaube auch nicht, daß wir eine Ethik brauchen, die uns gewissermaßen für den ganzen Kosmos verantwortlich macht. Aber wir sind für unser eigenes Handeln verantwortlich. Auch strikt biologisch gesehen meine ich, daß wir, wenn wir überleben wollen, verantwortungsbewußter handeln müssen. Und dazu gehört, daß wir uns überlegen, welche Konsequenzen unsere permanenten Eingriffe in die Natur haben. Ich würde nicht so weit gehen, eine gewissermaßen romantisierende Ethik im Sinne von Albert Schweizer[12], umschrieben etwa mit »Ehrfurcht vor dem Leben«, zu vertreten, also einen Schutz des Lebens um des Lebens selber willen. Es genügt, wesentlich einfacher zu argumentieren. Wenn wir überleben wollen, dann müssen wir gewisse Naturprinzipien berücksichtigen. Wir müssen zum Beispiel berücksichtigen, daß wir die übrigen Lebewesen auch brauchen. Das klingt jetzt vielleicht sehr ökonomisch und sehr reduktionistisch, aber ich glaube, daß der ökonomische Gesichtspunkt auf die Großartigkeit der Schöpfung und den Wert des Lebens als solchen einen griffigen Hinweis bieten könnte.

Hans-Dieter Mutschler: Ich habe den Eindruck, daß ein Mißverständnis vorliegt, wenn man unsere ökonomische Theorie auf eine primitive Form des Darwinismus überträgt, weil das im wesentlichen heißt, daß nur der Stärkere überlebt, was aber überhaupt nicht stimmt. So entsteht der Eindruck, der Darwinismus sei ein Nullsummenspiel[13], bei dem der Vorteil des einen automatisch der Nachteil des anderen ist. Bei den höheren Organismen stellen wir aber fest, daß jenes, was langfristig überlebt, ein Plussummenspiel spielt, bei dem der Gewinn des einen auch der Gewinn des anderen ist, weil sie sich wechselseitig helfen. Das Ziel ist dabei nicht fest, es ändert sich dauernd. Kooperation ist ein Hilfsmittel für flexible Organismen. »Liebe deinen Nächsten wie dich selbst« ist deshalb meines Erachtens auch biologisch fundiert.

Franz M. Wuketits: Tatsächlich überlebt in der Evolution nicht der Stärkste, der Riese, der alles zertrampelt. Es wäre vollkommener Unsinn, Darwin so zu verstehen. Es überlebt derjenige, der bestimmte Überlebensstrategien entwickelt hat. Und Kooperation ist dabei immer ein sehr wichtiges Prinzip gewesen in der Evolution. Auch wir säßen heute sicher nicht hier, wenn wir uns ununterbrochen nur bekämpft hätten. Offenbar hatten wir schon seit Beginn unserer Evolution ein Minimum an Sympathie und Mitgefühl füreinander.

Wolfhart Pannenberg: Die Verantwortung geht offenbar weiter, als uns lieb sein kann. Zugleich zeigt sich aber auch, daß wir uns aus der

Herrschaft nicht ohne weiteres davonstehlen können. Wir haben diese Verantwortung zu tragen, ihr ins Gesicht zu sehen. Und das hängt damit zusammen, daß dem Menschen soviel Herrschaft gegeben ist.

► *Spricht man aber nicht auch von den drei Kränkungen, die die Menschheit erleiden mußte?*

Hans-Dieter Mutschler: Ja. Als erste Kränkung bezeichnet man den Übergang von einem geozentrischen zu einem heliozentrischen Weltbild bei Kopernikus und Galilei. Bis dahin hatte man geglaubt, daß der Mensch auf der Erde im Mittelpunkt des Weltalls stünde. Doch dann ist er aus dem Zentrum herausgerückt, weil man gesehen hat, daß das Weltall sich leichter beschreiben läßt, wenn wir die Sonne ins Zentrum setzen und der Mensch dann irgendwo am Rande auf einem Planeten um die Sonne kreist. Die zweite Kränkung ist die, daß der Mensch sich bei Darwin als mit den Lebewesen verkettet erwies und nicht als etwas ganz eigenes, als die Krone der Schöpfung. Die dritte Kränkung ist die von Sigmund Freud aufgebrachte, nämlich daß der Mensch ein Wesen sein soll, das nicht einmal Herr im eigenen Hause ist. Das Unbewußte hat demnach viel stärkeren Einfluß auf unser Verhalten, als der Mensch angenommen hat. Man spricht heute auch noch von einer vierten Kränkung, nämlich der evolutionären Erkenntnistheorie, die sogar den menschlichen Geist aus der Natur ableitet. Der Mensch hat also sukzessive an Wichtigkeit verloren. Zumindest glaubt er selbst, daß er immer unwichtiger wird. Ich bin mir aber nicht sicher, ob das wahr ist. Jedenfalls ist es eine Kränkung gewesen für den platten, aufgeklärten Optimismus jener Menschen, die glauben, daß ihre Vernunft weltenthoben über den Wassern schwebt.

Klaus Michael Meyer-Abich: Es stimmt eigentlich nicht, daß das Zentrum der Welt vor der kopernikanischen Wende ein besonders vornehmer Ort war, denn in diesem Weltbild war das Zentrum sozusagen das Niedrigste, das Unterste und nicht das Feinste. Später hat man wie Freud, der dieses Wort der drei

Kränkungen ja geprägt hat, gemeint, das Zentrum sei ein vornehmer Ort gewesen. Außerdem frage ich mich, wie es jemand als Kränkung empfinden kann, wenn wir uns unserer Naturzugehörigkeit bewußt werden. Das ist doch keine Kränkung! Aber in dem Weltbild, in dem Freud lebte, da war es eine. Das ist eine sehr interessante bewußtseinsgeschichtliche Tatsache für die Menschheit.

Wolfhart Pannenberg: Für mich ist es ebenfalls überhaupt keine Kränkung. Der Mensch steht am sechsten Tag des ersten Schöpfungsberichts im Zusammenhang mit den Tieren, denn sowohl die höheren Tiere als auch der Mensch werden an diesem Tag geschaffen. Das ist durch die Darwinsche Theorie nur in anderer Form ausgesagt worden.

Natürlich gibt es eine Opposition gegen die Naturwissenschaft, nämlich die sogenannten Kreationisten[14]. Deren Vertreter nehmen die Bibel wörtlich und meinen, daß der biblische Schöpfungsbericht der Evolutionslehre gänzlich entgegensteht. Aber das beruht auf einem Mißverständnis des biblischen Textes. Wenn man den biblischen Text in dem Zusammenhang seiner Zeit liest, dann ist es erstaunlich, wie eng am sechsten Tag die Schöpfung des Menschen mit der Schöpfung der höheren Tiere verbunden ist. Aber wenn man es wie die Kreationisten wirklich ganz wörtlich nimmt, dann müßten sie anerkennen, daß Gott die Erde anspricht und daß die Schöpfung nicht nur die Pflanzen, sondern auch die Tiere hervorbringen soll. Bereits dies bringt die Kreationisten ins Strudeln, denn die Kränkung ist für den frommen Menschen in der Tat die mechanische Auffassung der Evolution gewesen. Man glaubte, das schließe aus, daß der Mensch unmittelbar aus der Hand Gottes hervorgegangen ist. Heute sehen wir das nicht mehr als eine Alternative an, weil auch die Evolutionstheorie sich weiterentwickelt hat. Evolution bedeutet heute nicht mehr Auswicklung von etwas, was von Anfang an schon eingewickelt da war, sondern in der Evolution entsteht ständig Neues, durchaus auch unableitbar Neues. Es gilt also auch für die Evolution, daß die Welt jeden Augenblick neu geschaffen wird. Und im Augenblick, wo das der Fall ist, stört es gar nicht mehr, daß der Mensch aus einem Abstammungszusammenhang von affenähnlichen Wesen hervorgegangen ist, denn er kommt trotzdem unmittelbar aus der Hand Gottes und zwar jeden Augenblick neu, mit jedem neuen Menschen, der geboren wird. An jedem Tag, an dem wir aufwachen, gehen wir neu aus der Hand Gottes hervor.

Charles Darwin lebte 1809–1882. Auf ihn geht der Begriff der Evolution zurück. Die Intuitionen, die zu seiner Evolutionstheorie führten, reichen zurück bis zu einer fünfjährigen Weltreise, die er im Alter von 22 Jahren antrat und in deren Verlauf er biologische Phänomene beobachtete, die dagegen sprachen, daß die Arten »konstant« sind. Ende der dreißiger Jahre wurde ihm klar, daß es eine Auslese unter den Lebewesen geben mußte. Darwin arbeitete noch zwanzig Jahre an diesem Problem, bevor er seine Theorie der natürlichen Auslese veröffentlichte.

»Die Entstehung der Arten durch natürliche Zuchtwahl« erschien 1859. Darwin deutet hierin die Evolution der Arten durch zwei unabhängige Schritte: Zuerst tauchen zufällige Variationen einer Art auf, und anschließend werden diese durch die Umweltbedingungen auf natürliche Weise ausgewählt. Ausgehend von der Veränderlichkeit der Lebewesen durch Vererbung und Überproduktion von Nachkommen, kommt es zu einem Kampf ums Dasein. Es überlebt die Art, die sich am besten an die jeweiligen Umweltbedingungen anpassen kann und dadurch den anderen Arten im »Lebenskampf« überlegen ist. Dieser Vorgang wird Selektion genannt. Mit seinem Buch leitete Darwin eine der größten Umwälzungen der Wissenschaft ein. Der Vorstellung, das Leben und seine Arten seien konstante, unveränderliche Größen wurde damit ein Ende gesetzt.

Franz M. Wuketits: Die sogenannte zweite Kränkung, nämlich die durch Charles Darwin, war meines Erachtens dennoch die stärkste, zumindest im 19. Jahrhundert. Ich sehe in diesem Zusammenhang eigentlich zwei Kränkungen: Die eine ist die, daß

Darwin eigentlich der erste Biologe beziehungsweise Evolutionstheoretiker war, der die Vielfalt des Lebens nicht mehr zurückgeführt hat auf bestimmte allgemeine Zwecke. Er hat sie durch eine bloß mechanisch wirkende Kraft der natürlichen Auslese zu erklären versucht. Und das war eine sehr große Kränkung für das Weltbild des 19. Jahrhunderts. Was die Zeitgenossen Darwins am meisten erschüttert hat, war zunächst nicht einmal die Tatsache, daß wir affenartige Wesen als Vorfahren haben, sondern daß wir in einer Welt existieren sollten, die nur mechanische Kräfte kennt, also im Bereich des Biologischen das Prinzip der natürlichen Auslese. Und dann kommt noch hinzu, daß wir Menschen affenartige Wesen als Vorfahren haben, die mit den heute lebenden sogenannten Menschenaffen, Schimpansen, Gorillas, Orang-Utans eine gewisse Ähnlichkeit gehabt haben müssen. Aber das ist ein psychologisches Problem, das sich hier für viele Menschen auftut. Hätte Darwin behauptet, wir stammen vom großen Panda ab, dann hätte das viele vielleicht nicht so sehr gekränkt. Denn das ist ein für uns sehr liebevoll ausschauendes Tier mit sehr schönen, großen Augen, scheinbar hegebedürftig und gleichzeitig von unserem Aussehen doch ziemlich weit entfernt. Dagegen schaut uns der Schimpanse verdächtig ähnlich. Und das war eine Kränkung, die bis heute im Prinzip nicht überwunden ist.

Darwin hat in seinem berühmten Buch über die Entstehung der Arten sinngemäß gesagt, daß allein aus Hunger und Tod die höchsten Wesen hervorgehen, die wir kennen. Und das ist nun doch eine sehr kränkende, ja gewissermaßen furchteinflößende Sicht. Die Lebewesen vermehren sich demnach überproportional und wesentlich schneller, als die Ressourcen sich erneuern können. Es herrscht somit ein Nachkommensüberschuß bei gleichzeitiger Ressourcenknappheit in der Natur. Daher kommt es zu einem Wettbewerb ums Dasein, zwar nicht unbedingt als Kampf mit Zähnen und Klauen, aber zu einem Wettbewerb, aus dem derjenige als momentaner Sieger hervorgeht, der günstigere Lebensstrategien entwickelt hat. Das kann ein Lebewesen sein, das schneller laufen kann als die anderen, das besser eine

Futterquelle riecht oder das sich besser vor Feinden schützen kann. Jedes Lebewesen, das über bestimmte Eigenschaften verfügt, die andere nicht haben, kann im Vorteil sein, wodurch sich die anderen aufgrund der natürlichen Auslese als weniger lebensfähig erweisen und aussterben. Sehr romantisch ist dieses Bild ganz gewiß nicht. Und ich glaube, daß auch hier ein Grund dafür liegt, daß viele Zeitgenossen Darwins wirklich tief erschüttert waren.

Hans-Peter Dürr: Meiner Ansicht nach beruht die erste Kränkung auf einem bloßen Mißverständnis. Denn weder die Erde noch die Sonne stehen im Mittelpunkt des Universums. Es gibt nämlich keinen Mittelpunkt. Dementsprechend kann umgekehrt auch jeder behaupten, er sei im Mittelpunkt. Aber es ist überhaupt kein Vorteil, im Mittelpunkt zu stehen. Vorteilhaft ist gerade das Gegenteil: eingebunden zu sein in das Gesamte. Wir sind Teil eines komplizierten Gewebes. Das bedeutet aber wiederum nicht, daß alles berechenbar zusammenhängt. Die heutige Auffassung der Welt ist viel offener als die mechanistische der Vergangenheit, in der die Menschen den Eindruck hatten, daß sie nur ein kleines Rädchen in einem großen Uhrwerk sind. Heute stellt man eher die Frage, wie es kommt, daß trotz dieser Offenheit überhaupt so etwas wie eine Gesetzmäßigkeit besteht. Heute sehen wir einen Vorteil darin, wenn jemand eingebettet ist in das Ganze. Denn dann hat er eher die Möglichkeit zu verstehen, was eigentlich vor sich geht. Und das Besondere des Menschen ist, daß er durch seine größere geistige Tiefe in dieses Gesamtsystem besser hineinhören kann als ein Lebewesen, das an der Oberfläche ist. Vielleicht besteht die ganze Evolution eben darin, daß wir nun tiefer und tiefer eindringen und mehr von dem Gesamten verstehen können, von innen her, weil wir ein Teil davon sind. Und es wäre schrecklich, wenn wir isoliert wären und außerhalb stünden. Wir würden erstarren in der Kälte.

Exkurs: Teilhard de Chardin

Pierre Teilhard de Chardin (1881–1955) war Jesuitenpater, Geologe und Paläontologe. Er definierte sich selber als »Priesterforscher« und suchte sein Leben lang nach einem Weg, Wissenschaft und Religion zu einer Synthese zu führen. »Wissenschaft und Religion sind in meinen Augen immer nur eine Sache gewesen, die eine wie die andere sind für mich die Verfolgung des gleichen Gegenstandes.« Ihm wurde noch 1962 vorgeworfen, seine Schriften verletzten die katholische Lehre. Durch seine naturwissenschaftlichen Studien überzeugte sich Teilhard von der Richtigkeit der Evolutionstheorie und des insgesamt evolutionistischen Weltbildes, das sich seit Darwin entwickelt hatte. Er bemühte sich auch um die Darlegung des Verhältnisses von Geist und Materie, die für ihn nicht zwei getrennte Dinge sind, »sondern zwei Zustände, zwei Gesichter des einen kosmischen Stoffes«.

Entgegen einer rein materialistischen naturwissenschaftlichen Betrachtungsweise suchte Teilhard stets neben der materiellen »Außenseite« auch ihre jeweilige geistige »Innenseite« mitzudenken und in seinen Gesamtentwurf der Entwicklung des Kosmos und des Lebens einzubauen. Der Kosmos entwickelt sich seiner Auffassung nach aus einem einfachem Anfang (Punkt »Alpha«) zu einem immer komplexer werdenden System. Die Evolution des Lebendigen schreitet voran zur Entfaltung des Geistigen, das sich in Gestalt des menschlichen Bewußtseins als »Noosphäre« ausbreitet. Teilhard verwarf die kirchliche Vorstellung vom einmaligen Schöpfungsakt zugunsten der Vorstellung, daß »Gott die Dinge weniger schafft, als daß er sie sich schaffen läßt«. Sein Hauptwerk ist »Der Mensch im Kosmos« von 1959.

Während Teilhard seine wissenschaftlichen Erkenntnisse als Paläontologe in zahlreichen fachwissenschaftlichen Aufsätzen veröffentlichte, verhinderte die Ordensleitung der Jesuiten zu Lebzeiten die Veröffentlichung seines umfangreichen theologisch-philosophischen Werks. Während des Zweiten Vatikanischen Konzils kam es 1962 zu einer teilweisen Rehabilitierung Teilhards. Sein Denken blieb aber bis heute umstritten.

Hans-Dieter Mutschler: Teilhards Denken ist entstanden in einer Zeit, die man sich heute nicht mehr so leicht vorstellen kann. Darwinismus und Schöpfungsglaube wurden damals als absolut konträre Positionen dargestellt. Man hatte die Wahl, entweder an Gott zu glauben und die Evolutionstheorie abzulehnen, oder umgekehrt. Teilhard hat versucht, das zusammenzudenken. Seine Synthese hat jedoch große Mängel, wie ich glaube, weil er sich mit der Philosophie die Sache etwas leicht gemacht hat. In seiner Synthese geht er – vereinfacht dargestellt – davon aus, daß der Weltstoff, sozusagen das ontologische Substrat der Welt, immer zwei Seiten hat, nämlich eine psychische, geistige Innenseite und eine stoffliche Außenseite, und daß diese sozusagen miteinander wachsen. Das heißt, es gibt gar keine geistlose Materie, sondern der Geist kommt auf niederen Komplexitätsstufen nur nicht zum Tragen.

Wolfhart Pannenberg: Die Intuition Teilhards hat etwas Beflügelndes. Sie hatte schon immer etwas Beflügelndes auch für diejenigen, die seiner Einzelargumentation in der Durchführung nicht zu folgen vermochten. Und ich glaube, das ist die große Bedeutung, die das Werk von Teilhard bis heute hat. Im einzelnen hat es viele berechtigte Kritik gegeben. Und trotzdem ist die Intuition, die er ausgesprochen hat, etwas, was uns noch in unseren Gesprächen, also die Theologen und die Naturwissenschaftler zusammenführt und bis heute motiviert. Die Theologie hat wegen der Konflikte, die in der Neuzeit mit der Naturwissenschaft passiert sind, in den letzten 100 Jahren sehr oft und überwiegend dazu geneigt, sich zurückzuziehen und nur die religiöse Innerlichkeit zu behandeln oder die übernatürlichen Lehren der Kirche. Dadurch wird die Gottheit Gottes verletzt. Das hat Teilhard ganz richtig gesehen.

Hans-Dieter Mutschler: Das ist eigentlich auch die Einsicht, die Thomas von Aquin im 13. Jahrhundert leitete, als er den Aristotelismus in die christliche Theologie einführte.[15] Er sagte, wir können es uns nicht leisten, die Wahrheit über die Welt, die Wissenschaft, zu ignorieren, sonst ist die Theologie auch nicht mehr Theologie.

Wolfhart Pannenberg: Und genau die Bedeutung, die im 13. Jahrhundert Aristoteles für Thomas von Aquin hatte, hat für die heutige Theologie die Naturwissenschaft. Auch in der Bibel haben wir einen ganz ähnlichen Sachverhalt. Das alte Israel hat den Glauben an seinen Gott als den Schöpfer aller Dinge nur zum Ausdruck bringen können, indem man sich der Wissenschaft der damaligen Zeit bediente. Und das war die Mythologie der Babylonier.[16] Dieselbe Funktion hatte dann im 13. Jahrhundert die aristotelische Physik, und heute hat die Naturwissenschaft die Rolle, den Glauben an Gott als den Schöpfer der ganzen Welt verständlich zu machen.

Anmerkungen

1 In Anlehnung an den Begriff »Teleologie«, der sich auf die ursprünglich von Aristoteles vertretene Lehre bezieht, daß alles in der Natur einem den Dingen selbst innewohnenden Zweck folge und die eigene Bestimmung anziele, wurde von der modernen Biologie (Max Delbrück, Ernst Mayr) vorgeschlagen, die genetischen Informationen mit dem Begriff »Teleonomie« zu belegen.

2 Die Theorie des Hyperzyklus erlaubt eine rein physikalische beziehungsweise biochemische Erklärung der Lebensentstehung. Sie beschreibt die Selbstorganisation von Molekülen, die sich durch bestimmte Katalysatorwirkungen auf ein höheres Organisationsniveau bringen, sich selbst reproduzieren und den darauffolgenden Zyklus verstärken.

3 Jeffrey S. Wicken vertritt diese These in seinem Buch »Evolution, Thermodynamics and Information. Extending the Darwinian Program« (1987).

4 Die Unterscheidung geht auf René Descartes (1596–1650) zurück, der eine scharfe Trennung zwischen der »denkenden Substanz« (res cogitans) und der »ausgedehnten Substanz« (res extensa) machte. Substanz in seinem Sinne ist ein Ding, »das so existiert, daß es zu seiner Existenz keines anderen Dinges bedarf«, was in diesem Sinne nur für Gott zutrifft. Im Menschen sind die beiden Substanzen vereint, aber ihre getrennte Existenzweise wird in der Alltagserfahrung nicht wahrgenommen.

5 Wörtlich heißt es an dieser Stelle: »Verbirgst du dein Angesicht, so vergehen sie in Furcht; / nimmst du ihnen den Odem, so schwinden sie

hin / und sinken zurück in den Staub. Du sendest deinen Geist aus, und sie werden geschaffen, / und das Angesicht der Erde machest du neu.«

6   Die Dreharbeiten wurden zeitweise gestört durch Fluglärm. Die Ausführungen von Klaus Michael Meyer-Abich erhielten dadurch eine fast makabere Anschaulichkeit.

7   »Nun sprach Gott: ›Es bringe die Erde hervor lebendige Wesen nach ihren Arten: Vieh, Gewürm und Wild des Feldes nach ihren Arten!‹ Und es geschah so« (Vers 24).

8   Jacques Monod (1910–1976) war ein französischer Biochemiker und Direktor des Pasteur-Instituts in Paris. 1965 erhielt er den Nobelpreis für Physiologie und Medizin. In »Zufall und Notwendigkeit« (1970) befaßt sich Monod mit philosophischen Fragen der Biologie und fordert, auf jegliche Annahmen zu verzichten, die in natürlichen Abläufen irgendeine Zweckgerichtetheit oder ein Ziel beinhalten:
»Unsere Bestimmung war nicht ausgemacht, bevor nicht die menschliche Art hervortrat, die als einzige in der belebten Natur ein logisches System symbolischer Verständigung benützt. (…) Wenn es so einzigartig und einmalig war wie das Erscheinen des Lebens, dann deshalb, weil es vor seinem Eintreten ebenso unwahrscheinlich war. Das Universum trug weder das Leben noch die Biosphäre des Menschen in sich. Unsere »Losnummer« kam beim Glücksspiel heraus. Ist es da verwunderlich, daß wir unser Dasein als sonderbar empfinden – wie jemand, der im Glücksspiel eine Milliarde gewonnen hat?«
Gegen Ende seines Buches stehen die berühmt gewordenen Sätze, die in den wissenschaftlichen Erkenntnissen einen gerechtfertigten »Anschlag auf die Wertvorstellungen« entdecken:
»Wenn er diese Botschaft in ihrer vollen Bedeutung aufnimmt, dann muß der Mensch endlich aus seinem tausendjährigen Traum erwachen und seine totale Verlassenheit, seine radikale Fremdheit erkennen. Er weiß nun, daß er seinen Platz wie ein Zigeuner am Rande des Universums hat, das für seine Musik taub ist und gleichgültig gegen seine Hoffnungen, Leiden und Verbrechen.«

9   »Ich schätze, daß die Leiden der gegenwärtigen Zeit in keinem Verhältnis stehen zu der künftigen Herrlichkeit, die sich an uns offenbren wird. Denn die ungeduldige Sehnsucht der Schöpfung harrt auf das Offenbarwerden der Söhne Gottes. Wurde doch die Schöpfung der Nichtigkeit nicht mit freiem Willen unterworfen, sondern durch den, der sie unterwarf, mit der Hoffnung, daß auch sie, die Schöpfung, von der Knechtschaft der Vergänglichkeit befreit werde zur Freiheit der Herrlichkeit der Kinder Gottes. Wir wissen ja, daß die gesamte Schöpfung bis zur Stunde seufzt und in Wehen liegt. Und nicht nur

das, auch wir, die wir die Erstlingsgabe des Geistes besitzen, auch wir seufzen in uns selbst in der Erwartung der Erlösung unseres Leibes« (Röm 8, 24).

10 Normalerweise werden Anfangssituationen und Naturgesetze analysiert und daraus Prognosen über folgende Entwicklungen angestellt. Die anthropische Denkweise geht genau umgekehrt vor: Sie beginnt beim bestehenden Endzustand, also der Tatsache, daß in der heutigen Welt Menschen existieren, und versucht, die Anfangssituation so einzugrenzen, daß aus ihr ein Universum hervorgegangen sein *mußte*, das menschliches Leben entwickelt.

11 Nikolaus von Kues (1401–1464), siehe auch Anmerkung 8 im Kapitel »Kosmos« (S. 57).

12 Albert Schweitzer lebte von 1875 bis 1965. Er war Theologe, Arzt und Kulturphilosoph. Die erste Tatsache der menschlichen Existenz war für ihn nicht das »Ich denke, also bin ich« des Descartes, sondern »Ich bin Leben, das leben will inmitten von Leben, das leben will«. Daraus ergab sich als oberstes Prinzip die Forderung der »Ehrfurcht vor dem Leben«.

13 Nullsummenspiel ist ein Ausdruck aus der Spieltheorie, die sich mit strategischen Entscheidungssituationen von Personen befaßt.

14 »Die Schrift, ganz wörtlich und von Gott gegeben, ist in allem, was sie lehrt, ohne Irrtum oder Fehler … Die Autorität der Schrift wird unweigerlich beeinträchtigt, wenn diese völlige göttliche Irrtumslosigkeit auf irgendeine Weise eingeschränkt, außer acht gelassen oder im Blick auf eine der Bibel entgegengesetzte Wahrheitsauffassung relativiert wird …«, heißt es in der 1978 abgegebenen »Chicago-Erklärung« von Kreationisten zur Irrtumslosigkeit der Bibel.
Die Auffassung der Kreationisten zur Entstehung des Menschen lautet: »Der Schöpfungsbericht der Bibel ist eine Tatsachenbeschreibung über die Herkunft dieser Welt und allen Lebens. Alle Grundtypen der Lebewesen, einschließlich des Menschen, sind durch direkte Schöpfungsakte Gottes innerhalb der im ersten Buch Mose beschriebenen Schöpfungswoche geschaffen worden … Alle biologischen Änderungen, die seitdem aufgetreten sein mögen, haben nur zu Veränderungen innerhalb der ursprünglichen Arten geführt« (vgl. Lutz von Padberg, Die Bibel – Grundlage für Glauben, Denken und Erkennen, Stuttgart 1986).

15 Thomas von Aquin (1225–1274) hat die Lehren der christlichen Kirche mit denen des Aristoteles verbunden. Aristoteles bedeutete für diese Zeit die Möglichkeit, die Welt mit der Vernunft zu durchdringen. Vorher wurde die Welt eher angesehen als Bild Gottes, voller Symbolkraft, die den Menschen aufforderte, über das Materielle hin-

auszugehen. Während man bis dahin im Glauben eine Vollendung der Vernunft sah, zieht Thomas eine scharfe Grenze zwischen Glauben und Wissen.

16 Die Babylonier betrieben eine hochentwickelte Wissenschaft in Bezug auf Mathematik und Astronomie. In ihrem Götterglauben kannten sie eine kosmische Dreiheit, die der Himmelsgott *Anu,* der Herr der Erde *Enlil,* und *Ea* bildeten, dem die Gewässer unterstanden und der außerdem als der menschenfreundliche Gott der Weisheit und der Beschwörung galt.

Geist

Selbstverständlich hat es in unserem toskanischen Pallazzo gespukt. Ich habe mit eigenen Augen gesehen, wie das Gemälde des Bischofs, der bisher mit gestrengem Blick auf die vorübergehenden Betrachter schaute, plötzlich schief hing und sich ein geradezu schelmisches Grinsen in dem Gesicht des Verewigten zeigte. Und dies nach einer Nacht, in der unerwartete Sturmböen die Fenster einiger Schlafgemächer aufgerissen hatten und sich weit entfernt klingendes Gelächter in die Windgeräusche mischte. Möglicherweise hätte uns die Fledermaus im Kleiderschrank der Moderatorin bereits ein Indiz für die kommenden Geisterstunden sein können …

In den Abendstunden, gewöhnlich nach einem köstlichen mehrgängigen Menü, inspirierte der Geist des toskanischen Weines unsere Gäste ebenso wie alle anderen Anwesenden zu ausgelassenen, sich gegenseitig überflügelnden Spekulationen über den Sinn des Lebens. Nicht wenige freuten sich nach solchen Nächten auf einen starken Frühstückskaffee, der die Lebensgeister wieder wecken sollte.

»Du gehst mir auf den Geist!« soll bei einer besonders hitzigen Debatte ein Kameramann dem anderen unwirsch zugerufen haben. Als besonders geistvoll wurde dieser Kommentar vom Angesprochenen jedoch nicht gewertet …

Aber was – um Himmels willen – haben all die hier angesprochenen »Geister« mit dem »Heiligen Geist« zu tun?

111

Wir verwenden den Begriff des Geistes in vielerlei Variationen, ohne uns wirklich darüber klar zu sein, welche »geistigen« Dimensionen damit jeweils berührt sind. Aber wenn wir dem »Geist« nachspüren, auch dem, was wir unter Bewußtsein, Selbstbewußtsein oder Seele verstehen, dann nähern wir uns ihm scheinbar an. Ebenso können wir ohne Schwierigkeit von der »Liebe« sprechen, aber wehe wir fragen nach einer Definition, nach empirisch überprüfbaren Fakten. Dann ist es plötzlich nicht mehr das, was wir so umfassend spüren und was vielleicht nur in seiner Ganzheit und mit Intuition erfaßt werden kann. Muß es deshalb wortlos bleiben? Lassen wir vor unserem geistigen Auge die je eigene Vorstellung von Geist, Seele und Bewußtsein erscheinen. Und dann wollen wir den Worten unserer Gäste auch hier folgen und mit unseren Vorstellungen vergleichen. Vielleicht können wir unsere Intuitionen dadurch geistvoll anzureichern ...

> *»Denn das Leben ist die Liebe und des Lebens Leben Geist.«*
> *Johann Wolfgang von Goethe*

▉ Die Diskussion

Was ist Geist? / Was ist Bewußtsein? / Ist der Geist ein Produkt der Evolution? / Was ist die Seele? / Das Leib-Seele-Problem / Die Revolution der Quantenphysik / Der Einfluß der Quantenphysik auf die Biologie / Wie erkennen wir die Welt? / Der Einfluß der Quantenphysik auf Theologie und Philosophie / Exkurs: Resümee der Gäste.

▶   *Was ist Geist?*

Im allgemeinen gilt »Geist« als immaterielles Lebensprinzip und speziell als Denkkraft. Aristoteles definierte Geist als die höchste Vollkommenheit der Seele. Aufgrund seiner wörtlichen Bedeutung als »Atem« oder »Wind« verstanden die Stoiker (ca. 300 v. Chr.) unter Geist einen lebendigen Grundstoff, auch die

Weltseele. Thomas von Aquin sah Geist als immaterielle Erkenntniskraft und sprach ihm die höchste Potenz der Seele zu, ähnlich wie Aristoteles es getan hatte.

Im Alten Testament ist der Geist Jahwes eine überwältigende schöpferische, aber auch zerstörerische Macht. Im Neuen Testament bedeutet Geist darüber hinaus die in Jesus geoffenbarte und durch ihn erfahrene Gottesgabe des ewigen Lebens.

Wolfhart Pannenberg: In unserer abendländischen Tradition gibt es zwei ganz verschiedene Geistbegriffe. Der eine, der uns vertrauter ist, kommt aus Griechenland und ist verbunden mit dem Begriff der Vernunft. Wir verstehen gewöhnlich Geist im Sinne von vernünftigem Selbstbewußtsein. Der andere Geistbegriff kommt aus dem Alten Testament und hat auch eine griechische Parallele, die uns aber häufig nicht so bewußt ist. Und da bedeutet Geist soviel wie »Atem« oder »Wind«. In diesem Fall hat »Geist« zunächst einmal nichts zu tun mit »Bewußtsein« oder »Vernunft«. Wenn es im Neuen Testament bei Johannes im 4. Kapitel heißt: »Gott ist Geist«, dann heißt das nicht, Gott ist so etwas wie ein Bewußtseinswesen jenseits der Welt ohne Leib, sondern es heißt, die Natur Gottes ist wie die alles durchdringende Luft, die bewegte Luft des Atems, des Windes, der überall gegenwärtig ist. Das entspricht einer Auffassung, die auch ähnlich in der Philosophiegeschichte zu finden ist, sich dann aber doch nicht durchgesetzt hat. Die späteren Philosophen standen der Schule Platons näher, und da hat man Geist eben als Vernunft gedacht. Und auch die Kirchenväter haben seit Origenes[1] das biblische Wort für Geist im Sinne von Vernunft interpretiert.

Hans-Peter Dürr: In der Naturwissenschaft kommt der Geist selbst nicht vor, sondern er ist ein *Träger* der Naturwissenschaft. Er gehört meines Erachtens zur subjektiven Innenansicht, obwohl gewisse Ähnlichkeiten mit der Außenansicht bestehen. Nicht das Ich selber ist Geist, sondern das Ich steht dem Geist gewissermaßen gegenüber und kann mit ihm quasi in einen

Dialog eintreten. Bewußtsein zu haben bedeutet nämlich, daß ich anfange zu differenzieren. Das Bewußtsein spiegelt ein Abbild der Wirklichkeit, das wir entwerfen und mit dem wir umgehen können, als wäre es Wirklichkeit. Auf diese Weise simulieren wir die Wirklichkeit. Das ist vergleichbar mit einer Videoaufzeichnung, wo ich abspielen kann, was am Vortag geschehen ist. Ich schaue mir dann das Fernsehbild an – und nicht die Natur selbst. Es ist nicht dasselbe, weil ich es mit einer Kamera aufgenommen habe, die nur gewisse Dinge aufzeichnen kann. Deshalb ist es nur ein reduziertes Abbild. Auf unsere Wahrnehmung übertragen, ist das Geistige sozusagen ein Simulationsprogramm. Was mein Denken mit dem Geist verbindet, ist dieses entworfene Abbild, das aber immer unvollständig ist. Denn unser Geist steht im Dienst unserer menschlichen Bedürftigkeit. Das, was sich in unserem Geist spiegelt, ist deshalb eine ganz abgemagerte Wirklichkeit, die von dem unbewußten Interesse geleitet ist, den eigenen Fortbestand zu sichern.

Das Bewußtsein umfaßt alle Formen der Aufmerksamkeit und des Erlebens, wie zum Beispiel Verstehen, Wollen, Fühlen oder Zweifeln. Mit dem Bewußtsein geht beim Menschen das Selbstbewußtsein einher, das diese Erlebnisweisen begleitet. Häufig werden Bewußtsein und Selbstbewußtsein aber klar getrennt, damit tierisches Bewußtsein vom differenzierten menschlichen Bewußtsein und der Fähigkeit, sich selbst als Individuum zu erleben, unterschieden werden kann. Wir haben das Bewußtsein unseres eigenen Daseins, wir wissen, daß wir selbst es sind, die denken, erleben fühlen und einen Willen haben.

Franz M. Wuketits: Für mich ist der Geist im wesentlichen identisch mit Bewußtsein. Und Bewußtsein sehe ich als eine ganz spezifische Eigenschaft des Gehirns mit folgenden Kriterien: Ein Lebewesen mit Bewußtsein hat die Fähigkeit, über sich selbst zu *reflektieren*, seine eigene Vergangenheit zu bedenken, sich seine Zukunft vorzustellen, beziehungsweise sich zukünftige Szenarien zu vergegenwärtigen und heute schon Handlungen zu setzen, die in der Zukunft eine Wirkung haben werden. Unser Handeln ist planvoll und zweckgerichtet, der Zukunft zugewandt. In diesem Zusammenhang spreche ich von Intentionalität. Damit meine ich die Vorwegnahme von Zielen, die in der Zukunft liegen. Ich orientiere mein Handeln heute schon auf etwas hin, was ich in der Zukunft erreichen möchte. Und das ist eben der große Unterschied zwischen Lebewesen mit Bewußtsein beziehungsweise Selbstbewußtsein und Lebewesen ohne Bewußtsein. Ein Lebewesen mit Bewußtsein kann ziemlich langfristig planen und handeln, sogar über sehr große Zeiträume wie Jahre oder Jahrzehnte hinweg. Zum Bewußtsein gehört auch wesentlich das Todesbewußtsein. Wir wissen um unsere Sterblichkeit. Darüber hinaus haben wir die Fähigkeit, Jenseitsvorstellungen zu entwickeln.

Hans-Peter Dürr: Wenn der Anatom ein Gehirn vor sich hat, dann ist das etwas ganz anderes als der Geist. Ich halte es für einen Irrtum zu glauben, daß ein Organ der Träger des Geistes sein kann. Das kommt mir so vor, wie wenn ich vor einem Computer sitze und sage, der Drucker ist das Wichtigste, weil da etwas schwarz auf weiß herauskommt. In Wirklichkeit ist das, was den Drucker zu dem Schriftbild befähigt, etwas ganz anderes. Was sich geistig abspielt, ist eine Art hypothetisches Handeln. Es hat nämlich sehr viele Züge, die die Hand auch hat. Das Geistige greift, will Dinge festhalten und verbindet sie. Die ganzen geistigen Vorgänge sind vergleichbar mit virtuellem Handeln. Wenn man eine Situation erst durchspielt, bevor man sie wirklich ausführt, dann hat das den Vorteil, daß man möglicherweise ein Unglück abwenden kann, zu dem die Handlung geführt hätte. Das heißt, es ist ein Evolutionsvorteil, wenn man Dinge erst ausprobieren kann. Bis heute hatten die Menschen offensichtlich einen Evolutionsvorteil, aber man darf nicht vergessen, daß wir nur eine vergleichsweise sehr kleine Zeitspanne von etwa vier Millionen Jahren oder noch weniger vor Augen haben. Es ist denkbar, daß wir uns nicht auf Dauer bewähren.

Franz M. Wuketits: Karl Raimund Popper[2] hat einmal nach dem großen Unterschied zwischen der Amöbe und Einstein gefragt.

Er sagte, der Unterschied sei der, daß Einstein seine Ideen sterben lassen konnte. Wir Menschen können etwas gedanklich durchspielen, wir können etwas fallenlassen, uns anders entscheiden und getrost weiterleben. Da wir in der Lage sind, uns abstrakt, gewissermaßen auf dem Reißbrett etwas zu vergegenwärtigen, ohne physisch davon Schaden zu nehmen, haben wir große Vorteile gegenüber anderen Lebewesen. Das ist in der Tat ein sehr großer Unterschied.

Klaus Michael Meyer-Abich: Zum Geist gehört aber die Leiblichkeit. Und zwar die Leiblichkeit sowohl des Bewußtseins als auch des Selbstbewußtseins. Ich bin dieser Leib, der hier in diesem Stuhl sitzt. Und in mir findet etwas statt, nämlich daß ich einer bin, der hier redet. Menschen sind nicht die einzigen, die Sprache haben, aber wir scheinen doch in einem besonderen Maße dadurch aufzufallen in der Natur, daß wir in besonderem Maße mit dem Denken umgehen können. Georg Picht[3] hat einmal so schön gesagt: »Im Menschen ist das Denken ein Prozeß in der Natur geworden.« Und das ist es, was wir hier vor uns sehen und was wir selbst erleben.

Hans-Dieter Mutschler: Das möchte ich unterstützen. Ich finde es auch wichtig, darauf hinzuweisen, daß das menschliche Denken im Leib vermittelt ist. Der menschliche Geist ist keine freischwebende Geistsubstanz.

Wolfhart Pannenberg: Was die Leiblichkeit angeht, so ist das biblische Reden vom Geist dem Leiblichen näher als die platonische Tradition, die Geist als Bewußtsein oder Vernunft versteht. Damit ist nämlich sehr oft die Vorstellung verbunden worden, dieser bewußte Geist wäre abtrennbar vom Leib. Dagegen steht das biblische Geistverständnis als »Atem« oder »Wind« dem Leiblichen viel näher. Von diesem biblischen Geistverständnis aus gibt es auch eine ganz überraschende Beziehung zur Physik. Der große Wissenschaftshistoriker Max Jammer, der eine ganze Reihe von Grundbegriffen der Physik untersucht hat, hat nämlich gezeigt, daß der physikalische Feldbegriff seine direkten Vorläufer in den antiken Pneumalehren hat. Pneuma ist das griechische Wort für Geist, und bei den Stoikern findet sich eine

Auffassung von Pneuma, die ganz ähnlich ist wie die des Geistes im Alten Testament als bewegte Luft. Jammer hat gezeigt, daß der physikalische Feldbegriff eine Formalisierung dieser Grundvorstellung von Pneuma ist.

Das physikalische Feld macht sich bemerkbar durch unsichtbar wirkende Kräfte, die sich in der Anordnung von Körpern im Raum manifestieren. Die bekanntesten Beispiele sind das Gravitations- oder Schwerefeld, das elektrische Feld und das Magnetfeld der Erde. Eisenspäne ordnen sich zwischen Nord- und Südpol eines Magneten auf ganz bestimmte Weise an und bilden so Feldlinien, in denen Kraftfelder sichtbar werden.

Hans-Peter Dürr: Man kann das, was Herr Pannenberg über den Feldbegriff bei Max Jammer gesagt hat, nur als Analogie verwenden. Denn das Feld ist viel allgemeiner als die speziellen Formen, in denen es erscheint. Wenn wir mit Hilfe des Lichtes mit etwas in Kontakt sind, weil wir es dann sehen können, so ist es zwar entfernt, aber ich berühre es mit Hilfe des Lichtes. So, wie ich es mit der Hand greifen würde, verwende ich das Licht quasi als Finger. Das Geistige braucht aber nicht einmal diesen materiellen Träger. Deshalb ist es für mich etwas Allgemeineres. Das Feld durchdringt alles, und das Gegenständliche ist für mich eine Vergröberung des Geistigen. Das Geistige ist viel durchlässiger.

▶ *Ist der Geist ein Produkt der Evolution?*

Franz M. Wuketits: In dem Sinne, wie ich Geist definiere, nämlich als Bewußtsein, ist der Geist sehr wohl ein Produkt der Evolution. Es ist eine Eigenschaft des Gehirns. Also keine irgendwie freischwebende immaterielle Substanz, sondern ein Merkmal von Lebewesen mit ausgeprägten Zentralnervensystemen beziehungsweise Gehirnen. Und nachdem sich das Gehirn, wie wir doch annehmen, in der organischen Evolution allmählich ent-

117

wickelt hat, müssen sich auch die Eigenschaften des Gehirns naturgemäß in der Evolution entwickelt haben. Insofern ist Geist als Bewußtsein sehr wohl ein Ergebnis der Evolution und nicht von der Evolution abgelöst zu betrachten.

Hans-Peter Dürr: Dem könnte ich fast zustimmen. Ich würde aber das Geistige allgemeiner fassen. Eigentlich ist das Geistige in allem existent, aber es erscheint im Menschen erstmals in einer Form, die wir Bewußtsein nennen. Das Geistige ist für mich fundamental, und ich gehe sogar so weit zu behaupten, daß es keine Materie gibt, sondern nur Geist.

▶ *Auf welcher Stufe der Evolution ist das Bewußtsein entstanden?*

Franz M. Wuketits: Wenn man davon ausgeht, daß das Bewußtsein sich im Laufe von Jahrmillionen auf der Basis sehr komplexer, biologischer Prozesse entwickelt hat, dann kann man nicht einen bestimmten Zeitpunkt nennen, an dem es entstanden ist. Ich möchte aber darauf hinweisen, daß man bereits von den Neandertalern annimmt, daß sie über ein Selbstbewußtsein verfügt haben. Das schließt man daraus, daß sie ihre Toten bestattet haben. Man hat Gebeine gefunden, die nicht zufällig in die Gräber hineingefallen sein können. Es muß irgendeine Absicht dahinter gesteckt haben. Man hat bei der Untersuchung fossiler Pflanzen durch Pollenanalyse auch gefunden, daß diese Gräber sogar mit Blumen geschmückt worden sind. So etwas macht nur ein Lebewesen, das schon bestimmte Jenseitsvorstellungen hat, bestimmte Erwartungen, inklusive eines Todesbewußtseins. Das war vor ungefähr 50 bis 60 000 Jahren, also in Relation zum Zeitraum der biologischen Evolution eigentlich vor sehr kurzer Zeit. In dem vorhin definierten Sinne ist das schon ein ausgeprägtes Selbstbewußtsein.

Eine andere Frage ist, inwieweit wir anderen Lebewesen, Hunden beispielsweise, ein Bewußtsein beziehungsweise ein Ich-Bewußtsein zusprechen können. Beim heutigen Stand der Verhaltensforschung müssen wir verschiedenen Lebewesen, insbesondere den sogenannten Menschenaffen wie Schimpansen, durchaus Bewußtseinsphänomene zusprechen. Das kann man aus bestimmten Verhaltensbeobachtungen schließen. Ein kleines Beispiel: In einem Zoo in Adelhem in Holland wurde beobachtet, wie einer von zwei Schimpansen, die immer Konflikte miteinander hatten, eines Tages plötzlich hinkte. Und die Beobachter meinten, offenbar habe ihn der Stärkere wohl verletzt. Doch nach einer Weile stellte sich heraus, daß der Affe nur hinkte, wenn er an dem Stärkeren vorbeiging. Er schaute dann zurück, blickte sich um, und wenn der andere aus dem Blickfeld verschwunden war, sprang er wieder ganz locker weiter. So etwas nennt man »taktische Täuschung«. Eine solche Verhaltensweise muß schon etwas zu tun haben mit Bewußtsein. Und das bedeutet, daß in diesem Sinne Bewußtsein in der Evolution schon wesentlich früher aufgetreten sein muß als auf der Stufe der Neandertaler, nämlich irgendwann im Laufe der Entwicklung der Säugetiere vor 60 bis 70 Millionen Jahren.

Das, was ich da beschrieben habe, ist aber nicht zu verwechseln mit reinen Instinkthandlungen, die noch nicht auf Bewußtsein beruhen. Hamster oder andere Nagetiere horten beispielsweise vor dem Winterschlaf Nahrung. Aber das tun sie nicht bewußt. Das belegen auch Experimente: Wenn Sie zwei Hamster in verschiedene Kästen setzen, wobei in einem sehr viel Stroh und im anderen überhaupt kein Stroh ist, dann graben beide Hamster. Das macht in dem Käfig ohne Stroh aber gar keinen Sinn, weil dort der blanke Boden ist. Aber das zeigt, daß es sich um angeborenes Verhalten handelt. Das sind Automatismen, Reflexbewegungen, die mit Bewußtsein nichts zu tun haben.

Wolfhart Pannenberg: Wenn Herr Wuketits sagt, der menschliche Geist sei ein Ergebnis der Evolution, dann gilt das strenggenommen nur für das Gehirn. Das Gehirn ist natürlich Ergebnis der Evolution. Aber wie sich das Gehirn und der Geist zueinander verhalten, ist eine Frage, die durchaus sehr kontrovers diskutiert wird. Einer der größten Erforscher der Hirnfunktionen in unserem Jahrhundert, der britische Neurophysiologe John Eccles, hat zusammen mit Karl Popper 1977 das Buch »Das Ich und sein Gehirn« veröffentlicht. Er vertritt darin die Meinung, daß die

Tätigkeit des Gehirns sich nicht auf dessen Funktionen reduzieren läßt. Wenn wir das Gehirn als Ergebnis der Evolution betrachten, dann beweist das also nicht den Geist als Ergebnis der Evolution. Denn der Geist ist sozusagen das Wählen durch die Gehirnzellen, und das ist etwas anderes. John Eccles hat sich aufgrund dieser Diskussionen mit Karl Popper gezwungen gesehen, schärfer zwischen Gegenstandsbewußtsein und Selbstbewußtsein zu unterscheiden. Das Gegenstandsbewußtsein ist viel älter als das Selbstbewußtsein. Das Selbstbewußtsein ist eine sehr späte Erscheinung in der Geschichte des Lebens. Und das Selbstbewußtsein ist noch nicht Geist, beides müssen wir unterscheiden.

▶ *Ist der Geist möglicherweise nicht Produkt, sondern Ursache der Evolution?*

Klaus Michael Meyer-Abich: Ich möchte vorschlagen zu unterscheiden, ob wir von unserem Geist oder unserem Bewußtsein, unserer *Vernunftfähigkeit* reden oder von Geist und Bewußtsein überhaupt. Wir sprechen ja schließlich auch von dem Geist Gottes und sollten das nicht einfach unterschlagen. Was unseren menschlichen Geist angeht, ist natürlich richtig, daß dies eine besondere Naturausstattung des Menschen ist. »Vernunft ist eine Gabe der Natur«, wie Immanuel Kant gesagt hat. Unter Vernunft verstehen wir aber eigentlich die *Vernunftfähigkeit* des Menschen. Obwohl wir uns im allgemeinen ziemlich unvernünftig verhalten, haben wir zumindest die Fähigkeit von Natur aus. Das ist aber sicher nicht alles, was es an Geist oder Bewußtsein in der Welt gibt. Und wenn wir meinen, daß sich in der Evolution, wie sie insgesamt stattgefunden hat, auch der Geist Gottes ausgedrückt hat, dann ist das ein umfassenderer Geist. Aber dieser Geist ist dann kein Ergebnis der Evolution, sondern eher die Kraft, aus der die Evolution überhaupt gelebt hat.

Hans-Dieter Mutschler: Man sollte hier wirklich sauber trennen. Was Herr Wuketits gesagt hat, läßt sich empirisch experimentell überprüfen. Die Aussagen von Herrn Meyer-Abich sind für mich dagegen spekulative Naturphilosophie. Ich bin durchaus der Meinung, daß wir eine spekulative Naturphilosophie brauchen, weil wir uns ja auch darüber verständigen müssen, wie wir in der Natur stehen, wer wir eigentlich sind, insbesondere als handelnde Wesen. Hier herrscht dann aber ein anderer, eben spekulativer Begriff von Natur, bei dem man auch sagen kann, der Geist ist Ursache und Motor der Evolution. Ich muß mir dann darüber im klaren sein, welchen Sprachgebrauch ich gewählt habe, und daß ich jetzt nicht mehr im Bereich der empirisch testbaren Hypothesen bin.

Herrn Wuketits würde ich gerne nach dem Unterschied fragen zwischen Gegenstandsbewußtsein und Selbstbewußtsein. Ich kenne Versuche mit Schimpansen, die sich im Spiegel selber erkennen können. Der Begriff der Reflexivität kommt ja daher. Wir reflektieren uns im Spiegel, und das galt jedenfalls eine Zeitlang als Kriterium für Reflexivität, nämlich wenn sich ein Wesen im Spiegel selber erkennen konnte. Bei meiner kleinen Tochter konnte ich übrigens beobachten, daß sie sich inzwischen erkennen kann. Vor einem halben Jahr war sie dazu noch nicht in der Lage.

Franz M. Wuketits: Wir unterscheiden sehr wohl, ob sich ein Lebewesen im Spiegel erkennen kann oder nicht. Das zu können ist eigentlich eine erstaunliche Leistung. Es gibt Versuche mit verschiedenen Tieren, mit denen man prüfen kann, ob sie sich im Spiegel erkennen. Es ist wichtig, hier auch begrifflich zu unterscheiden zwischen dem Geist, der durch das Gehirn wählt, und dem Bewußtsein als einer spezifischen Eigenschaft des Gehirns. Ich setze den zweiten Begriff voraus, und deshalb stellt sich für mich auch nicht die Frage, wo der Geist eigentlich seinen Sitz hat, genauso wie mir auch nicht die Frage aufkommt, wo unsere Bewegung ihren Ort hat, ob in der Kniescheibe oder in der großen Zehe. Die Frage ist irrelevant. Bewußtsein ist eine Eigenschaft komplexer Systeme in Gehirnen. Eccles hat eine dualistische Sicht vertreten, genauer gesagt, er hat das Gehirn und das Bewußtsein oder den Geist voneinander getrennt. Damit hat er dann natürlich auch das Problem, wie diese beiden zusammenwirken. Wenn ich hingegen sage, das Bewußtsein ist eine Eigenschaft des Gehirns, dann habe ich das Problem nicht mehr. Und daher wurde Eccles auch von vielen Neurobiologen sehr stark kritisiert.

Klaus Michael Meyer-Abich: Wir sagen hier nun schon eine ganze Weile lauter kluge Dinge über unser eigenes Denken und den Geist, und noch kein einziges Mal ist vom Gefühl die Rede gewesen. Ich empfinde das Denken und insbesondere mein Denken eigentlich auch als Ausdruck meiner eigenen Gefühle. Und ich finde, Denken ohne Gefühl ist so wie Segeln ohne Wind, das gibt es nämlich eigentlich gar nicht. Denken ist auch etwas Leibliches. In dem Zusammenhang möchte ich das Stichwort vom »Mitsein« aufnehmen. Wir sind ja beim anderen, bei anderen Menschen, bei der natürlichen Mitwelt, bei anderen Dingen. Das sind wir zunächst einmal, indem wir sie sehen, hören, also durch die sogenannten Fernsinne, aber auch indem wir Dinge anfassen. Dieses Mitsein mit dem anderen beginnt in der sinnlichen Wahrnehmung, aber auch im Gefühl. Letzten Endes beginnt es im Gefühl für andere und für anderes. Auch uns bewegt das letztlich in all diesen klugen Dingen, die wir hier von uns geben. Unser Verständnis der Sinne umfaßt im allgemeinen nicht das Gefühl, da waren die Griechen klüger in ihrer Sprache, denn die griechische »aisthesis«, wovon unsere »Ästhetik« kommt, beinhaltet auch das Gefühl.

Franz M. Wuketits: Konrad Lorenz[4] sprach von der »Du-Evidenz« als der Fähigkeit, den anderen als ein Gegenüber zu begreifen. Das ist sicher eine hochentwickelte Fähigkeit. Und ich glaube, daß es sehr wichtig ist, jetzt auch die Gefühle einzubringen, weil Lebewesen auf einer hohen Entwicklungsstufe auch die Fähigkeit des Mitleidens entwickeln. Und das ist ein sehr wesentlicher Aspekt, nicht nur des Bewußtseins, sondern eines Lebewesens, wie wir Menschen es sind. Denn wenn wir nicht mit den anderen leben und leiden könnten, wären wir nicht existenzfähig.

Wolfhart Pannenberg: Das Gefühl ist vielleicht der Vorgänger des Selbstbewußtseins. Gefühl ist ja eine Weise des »Bei-sich-zuhause-Seins« ohne ausdrückliches Selbstbewußtsein. Die historische

Philosophie hat das schon gekannt, sie sprach von der »*oikaiosis*« als einer Eigenschaft der Lebewesen. »*oikaiosis*« kommt von »*oikos*«, Haus. Und »*oikaiosis*« ist das »Bei-sich-zuhause-Sein«. Und das gehört zu der Fähigkeit alles Lebendigen, in einer Umwelt und damit beim anderen zu sein. Daher kann das Gefühl dann auch der Ort der Sympathie sein. Das Gefühl beschränkt sich in der Sympathie nicht auf das Subjekt in Trennung von allem anderen, sondern es greift darüber hinaus. Aber es hat doch eine Selbstbezüglichkeit, die in diesem »Bei-sich-zuhause-Sein« sehr schön zum Ausdruck kommt.

Klaus Michael Meyer-Abich: Der Philosoph René Descartes hat unserer Neuzeit im 17. Jahrhundert den charakteristischen Satz vorangestellt: »Ich denke, also bin ich.« Und das ist die Tradition, in der die meisten von uns leben oder jedenfalls denken. Herder[5] hat dem ein Jahrhundert später mit vollem Recht entgegengehalten: »Ich fühle mich, ich bin«, ohne ein »also« dazwischen zu setzen. »Ich fühle mich, ich bin.« Und das ist wirklich die elementare Tatsache unseres Daseins. Übrigens hat Friedrich Hölderlin, ohne sich darauf wirklich zu beziehen, später hinzugefügt: »Sich aber nicht zu fühlen, ist der Tod.«

Franz M. Wuketits: Ich würde den Satz von Descartes eher umdrehen, nicht: »Ich denke, also bin ich«, sondern: »Ich bin, also denke ich«. Wenn die kleine Tochter von Herrn Mutschler sich erst ab einem gewissen Zeitpunkt im Spiegel erkennt, dann beruht das darauf, daß sie sich als biologisches Wesen und als Individuum sukzessive entwickelt. Als Evolutionstheoretiker betrachte ich das materielle Substrat als Basis. Ich denke, daß zuerst das Organische, das Gehirn da war, und daß sich dann allmählich auf dieser Basis auch das Bewußtsein entwickelt hat. »Ich bin, also denke ich.«

Hans-Peter Dürr: Für mich stellt sich die Frage, ab welchem Punkt wir vom Geist sprechen können. Wollen wir vom Geist auf dieser ersten Stufe des Bewußtseins sprechen? Für mich beginnt Geist erst dann, wenn das Denken anfängt, und das Denken ist selbstverständlich nur ein Teil davon.

Wolfhart Pannenberg: Das wäre aus meiner Sicht eine Einengung. Das Interessante beim Thema Geist ist gerade diese große Vielfalt, die in unseren bisherigen Äußerungen auch in Erscheinung getreten ist. Der Gedanke »Geist« würde verarmen, wenn wir ihn jetzt nur auf das Denken einschränken würden.

▶ *Welchen Vorteil hat der Mensch durch die Entwicklung seines Geistes gegenüber anderen Lebewesen?*

Franz M. Wuketits: Es ist ein offenkundiger Vorteil, wenn ich als Lebewesen in der Lage bin, die Zukunft zu planen, absichtsvoll zu handeln und die möglichen Absichten anderer zu durchschauen. Das ergibt auf jeden Fall enorme Vorteile gegenüber Lebewesen, die diese Fähigkeiten nicht haben. Die natürliche Auslese hat im Laufe der Evolution diejenigen Arten bevorzugt, die über diese Fähigkeiten des Bewußtseins verfügt haben.

Hans-Dieter Mutschler: Aber der Geist hat nicht nur Vorteile, er hat auch fürchterliche Nachteile, denn mit diesem Vorausplanen ist auch das Bewußtsein des eigenen Todes gegeben. Jeder von uns hat vielleicht schon einmal die Kuh auf der Weide beneidet, weil sie nicht weiß, daß sie geschlachtet wird.

Franz M. Wuketits: In der Evolution hat alles seinen Preis, keine Frage. So kam der Tod erst mit der Vielzelligkeit in die Welt. Einzeller können sich durch einfache Zweiteilung vermehren und sterben eigentlich nicht. Der Schmerz kam erst durch das Nervensystem in die Welt, und er hat eine lebenswichtige Funktion. Er hat aber auch spürbar negative, uns peinigende Seiten. Und das Todesbewußtsein kam eben erst durch das Bewußtsein in die Welt. Natürlich hat das Bewußtsein auch seine negativen Seiten. Denken Sie nur an die vielen Psychosen und sonstigen sogenannten Geisteskrankheiten. Wie gesagt, alles hat seinen Preis.

Klaus Michael Meyer-Abich: Gottfried Benn hat gesagt: »Wo alles sich durch Glück beweist, und tauscht den Blick und tauscht die Ringe, dienst du dem Gegenglück, dem Geist.« Also, so ein eindeutiger Vorteil sind unsere geistigen Fähigkeiten nicht. Übrigens gibt es in der Tradition darüber sogar die entgegengesetzte Auffassung aus der Antike. Da gibt es die Geschichte von Prometheus[6] und Epimetheus, den beiden Brüdern, die von Zeus beauftragt wurden, die verschiedenen Fähigkeiten und Eigenschaften an die Lebewesen zu verteilen. Und dann erhielt die Gazelle Schnelligkeit und der Eisbär bekam einen dicken Pelz, damit er nicht friert. Prometheus ließ Epimetheus das alleine machen, und als er nach einer Weile zurückkam, war alles schon vergeben. Alle Tiere waren gut ausgestattet, die Pflanzen auch, aber für den Menschen war nichts mehr da. Er stand nackt und unbeschuht und völlig hilflos da. Und dann ging Prometheus hin und stahl das Feuer, und später mußte noch das Wissen, das für den Umgang mit Feuer oder Energie notwendig ist, nachgeholt werden. So sind wir zur Vernunft gekommen und auch zur Kunst des politischen Umgangs miteinander. Also eigentlich durch Kompensation dessen, was uns fehlt. Und man beneidet ja manchmal die Tiere, die sich, wie auch kleine Kinder, unbekümmert und ganz natürlich verhalten. Ob es in der Natur im Ganzen ein Vorteil ist, daß wir die Fähigkeit zur Vernunft haben, dürfte noch offen sein. Und wir sind die Lebewesen, die von Natur aus dazu eingerichtet sind, sich genau diese Gedanken zu machen.

▶ *Ist das Selbstbewußtsein des Menschen ein Indiz dafür, daß wir Gott erkennen können?*

Wolfhart Pannenberg: Das könnte ich so nicht sagen, es sei denn im Blick darauf, daß wir auch unsere Endlichkeit erfassen. Wir wissen, daß wir sterben müssen, und darum denken wir über unser endliches Dasein hinaus. Das gehört sicher zum Menschen. Aber damit geht nicht einher, daß wir Gott erkennen können. Gott ist uns so weit entzogen, so sehr über uns und zugleich um uns und in uns, daß er uns unbegreiflich bleibt. Er bleibt uns unzugänglich, solange er sich uns nicht selber zugänglich macht.

▶ *Was ist die Seele? Entsteht die Seele bei der Zeugung?*

Die Seele gilt als eine unsichtbare, in allem Lebendigen wirkende Kraft, die der tote Körper verliert. Sowohl Aristoteles als auch

Platon sahen in der Bewegungsfähigkeit ein Zeichen beseelten Daseins. Die aristotelische Tradition spricht allen Lebewesen eine Seele, aber nur dem Menschen einen Geist zu. In vielen Sprachen gehört die Seele zum Wortfeld »Wind«, »Hauch« oder »Atem«, was auf das Atmen des lebenden Körpers, aber auch auf die Vorstellung von etwas Ungreifbarem, Flüchtigem verweist. Insofern ergeben sich Parallelen zum Geist. Der Geist gilt jedoch im Gegensatz zur Seele als vom Körper unabhängiges umfassendes Prinzip.

Wolfhart Pannenberg: Was die Seele angeht, gibt es auch zwei verschiedene große Traditionen, nämlich das Erbe des alten Israel und das Erbe des alten Griechenland, die beide unsere kulturellen Überlieferungen geprägt haben. Aus Griechenland stammt die Vorstellung von der Seele, die vom Leib verschieden und unsterblich ist, aus Israel stammt eine ganz andere Vorstellung von Seele. Seele heißt auf Hebräisch »*nephesch*«, das heißt ursprünglich »die Gurgel« oder »der Schlund«. Der Schlund, der immer gierig ist nach etwas, das ist die Seele. Und die Seele ist als Schlund darauf angewiesen, daß sie gefüllt wird, sie ist bedürftig. Sie lebt nicht von sich aus, sondern »*nephesch*« muß Leben empfangen, es muß ihr ständig gegeben werden, durch sie hindurchfließen. Das ist letzten Endes das, wonach sie begierig und bedürftig ist. Seele ist im Hebräischen auch nicht etwas Abgetrenntes vom Leib, sondern Seele ist der belebte Leib.
Aristoteles kommt diesem Denken verhältnismäßig nahe. Deshalb haben sich die Kirchenväter in dieser Frage auch mehr Aristoteles angenähert als Platon[7]. In gewissem Sinne wird also bei der Zeugung ein »*nephesch*« weitergegeben, aber das Leben der Seele, das kommt von Gott. Gott bläst seinen Geist ein. Der Geist ist eigentlich nicht ein Bestandteil des Organismus, sondern der Geist hängt damit zusammen, daß wir als Organismen bedürftige Wesen sind, und dazu gehört, daß wir jenseits unseres Selbst existieren. Sofern wir existieren, existieren wir jenseits unseres Selbst. Wir verbrauchen zum Beispiel Energie, wir sind

darauf angewiesen, Nahrung zu uns zu nehmen. Das ist der Atem, der durch uns hindurchgeht. Nur dann leben wir. Der isolierte Organismus ist gar nicht lebensfähig.

► *Was passiert mit der Seele vor dem Leben und nach dem Tod?*

Hans-Dieter Mutschler: Ich habe große Probleme mit dieser Fragestellung, weil sie nämlich genau diese platonische Voraussetzung macht, daß die Seele betrachtet wird wie ein Autofahrer in einem Auto. Die Seele steigt ein, kutschiert irgendwohin und steigt wieder aus. Aber so ist es gerade nicht.

Hans-Peter Dürr: Für mich ist das Verhältnis zur Seele vergleichbar mit einem Radioapparat, den man ein- und ausschaltet, so daß man etwas empfängt und nicht mehr empfängt. Selbstverständlich sind die Felder nach dem Sterben immer noch da. Das heißt, während einer gewissen Epoche empfängt man es, und es hat dann Ausdrucksformen, aber man schaltet selbstverständlich nicht das Feld aus.

Klaus Michael Meyer-Abich: Heutzutage ist man im allgemeinen sehr verlegen und weiß gar nicht, was man tun soll, wenn ein Mensch tot ist. Dann ist er nur auf einmal weg, wie man meint, was aber überhaupt nicht stimmt. Im tibetanischen Totenbuch[8] ist beispielsweise beschrieben, was man in den ersten drei Tagen tun soll, denn das sind die schwersten für die Seele des Verstorbenen, weil sie sich aus dem Körper lösen muß. Das ist ein schwerer Weg, für den das Fegefeuer bei den Katholiken ein Bild ist. Oder die enge Pforte des Todes, wie es in einem Lied heißt. Das ist ein wunderschönes Bild – die Seele geht durch eine ganz enge Pforte. Menschen, die den Toten begleiten, können der Seele dabei helfen. Man soll in diesen ersten drei Tagen bestimmte Gebete sprechen, damit die Seele den Weg leichter findet. Die Seele eines Menschen ist nach dem Tod nicht einfach weg, genausowenig wie der Körper weg ist. Auch wenn sie nicht mehr in ihm lebt, ist die Seele eines Menschen noch da.

Das ist allerdings eine Erfahrung, die in unserer Zeit nicht sehr lebendig ist, in der die Menschen in Krankenhäuser abgeschoben werden und dort sterben. Man kann auch nach dem Tod zu den Seelen der Verstorbenen ein Verhältnis haben, man kann eine Beziehung haben. Diese Beziehung ändert sich mit der Zeit. Sie ist besonders intensiv in den ersten drei Tagen nach dem Tod. Das sind alte Weisheiten. Im tibetanischen Totenbuch ist das sehr genau beschrieben, und man kann das auch erleben. Der Kontakt ist unmittelbar nach dem Sterben anders als später und ändert sich sehr im Laufe der Zeit. Ich bin jedenfalls davon überzeugt, daß man nicht einfach weg ist, wenn man tot ist. Das kann jeder erleben, der sich dem einigermaßen öffnet und nicht völlig intellektualistisch verbildet ist. Auch wenn ein neuer Mensch geboren wird, zeigt sich, daß sich so etwas wie eine Seele herabsenkt. Das ist eine Erfahrung, an die ich mich selber nicht erinnere, aber ich finde es naheliegend, es so zu sehen und so zu erwarten.

»Ist man dem Tode nahe, rufe man immer die Buddhas und Bodhisattwas um Errettung an. Man bringe den drei Juwelen materielle und geistige Opfer dar und spreche, duftendes Räucherwerk in der Hand haltend, diese Worte mit der ganzen Kraft der Sammlung:
›O ihr Erbarmenden, dieser Mensch ... geht aus dieser Welt zum anderen Ufer, er verläßt diese Welt, es bleibt ihm nichts als zu sterben ..., das Licht dieses Lebens ist ihm untergegangen, er geht in eine andere Welt, er tritt in dichte Dunkelheit, er stürzt in einen tiefen Abgrund, er betritt einen dichten Wald ..., er wird erschreckt von den Boten des Herrn des Todes, er geht ob seines Karmas in Existenz nach Existenz ein, er ist hilflos, die Zeit ist gekommen, da er hingehen muß ohne einen Freund.
O ihr Erbarmdenden, seid ihm Zuflucht ..., ihm, der keine Zuflucht hat, beschützt ihn, verteidigt ihn, bewahrt ihn vor der großen Dunkelheit des Bardo ...‹
Dies spreche man selbst und alle anderen mit tiefer Hingabe. Dann lese man ›Die Befreiung durch das Hören‹, die ›Errettung von der gefährlichen Gratwanderung des Bardo‹ und das ›Bardo-Gebet, das vor Furcht schützt‹.«

(Inspirationsgebet in Anrufung der Buddhas und Bodhisattwas um Errettung, aus dem »Totenbuch der Tibeter«, 17. Aufl., Diederichs Verlag, München 1995, S.144 f.)

Hans-Dieter Mutschler: Literaturgattungen wie das tibetanische Totenbuch gibt es in allen möglichen Variationen. In jeder Bahnhofsbuchhandlung gibt es eine Esoterikecke. Ich habe diese Literatur zeitweilig ausführlich studiert und irgendwann einmal ganz großes »intellektuelles Zahnweh« bekommen, weil darin alles zu genau beschrieben ist. Die Autoren wissen zu genau Bescheid, die wissen mehr, als sie wissen können. Da wird eine Art Landkarte des Jenseits entworfen und der Tod in gewisser Weise trivialisiert. Wenn jemand zu genau Bescheid weiß, dann verliert der Tod etwas von seinem eigenen Stachel.

Wolfhart Pannenberg: Wir haben uns ja auch noch keineswegs darüber verständigt, was die Seele ist. Ob nach dem Tod überhaupt etwas bleibt, ist immerhin Gegenstand begründeter Zweifel. Es hat sicher eine gewisse Plausibilität, daß danach nicht einfach Nichts ist, aber es ist dennoch sehr rätselvoll. Jesus hat einmal gesagt: »Was nutzt es dem Menschen, wenn er die ganze Welt gewönne und nähme doch Schaden an seiner Seele?« Aber er hat dabei das hebräische Wort »*nephesch*« in seiner aramäischen Form benutzt, in der es soviel heißt wie: »Was nutzt es dem Menschen, wenn er die ganze Welt gewinnt und verliert doch sein Leben?« Das Leben ist das Ganze unserer leiblichen Existenz. Vielleicht ist das die Seele, dieses Ganze, das auch dann nicht einfach verschwindet, wenn seine Teile sich auflösen. Aber woraufhin dieses Ganze dann noch bestehen kann, wenn unser Leib sich auflöst, das ist eine große Frage. Das Alte Testament hat sich auch mit dieser Frage beschäftigt und sie dadurch beantwortet, daß nur deswegen nicht alles aus ist nach dem Tod, weil es in Gottes Gegenwart bleibt. So heißt es am Ende des 73. Psalms: »Dennoch bleibe ich stets an Dir, denn du hältst mich bei meiner rechten Hand, wenn mir gleich Leib und Seele verschmachten, so bist du doch, Gott, alle Zeit meines Herzens Trost und mein Teil.

Das ist meine Freude, daß ich mich zu Gott halte und meine Zuversicht setze auf den Herrn.« In ihm bleibt das Ganze unseres Lebens also bewahrt. Die Seele muß irgendeinen Ort haben, sonst könnte sie, wenn unser Leib zerfällt, nicht existieren.

Franz M. Wuketits: Ich habe hiermit große Schwierigkeiten. Denn es könnte durchaus sein, daß Jenseitsvorstellungen und der Glaube an die Auferstehung bloß Illusionen sind, die unser so trickreiches Gehirn und die einfallsreiche Evolution geschaffen haben, um uns die unangenehmen Gedanken der eigenen Sterblichkeit zu erleichtern. Es ist sicher richtig, daß sich wahrscheinlich keiner von uns wirklich vorstellen kann, wie es ist, wenn wir nicht mehr da sind. Und um das leichter zu machen, hat die Evolution meines Erachtens diesen Trick erfunden, der uns glauben läßt, daß es irgendwie weitergeht, denn das kann Selektionsvorteile haben. Man verzweifelt nicht so schnell am eigenen Dasein beziehungsweise an der eigenen Sterblichkeit und der Aussicht auf den eigenen Tod, wenn man glaubt, daß es nach dem Ableben nicht vorbei ist. Wenn ich hingegen sage, das, was übrig bleibt, sind nur ein paar Knochen, die vielleicht später Paläontologen in zwei Millionen Jahren ausgraben werden, dann ist das nicht sehr tröstlich.

Hans-Dieter Mutschler: Ich glaube nicht, daß eine reine Illusion Selektionsvorteile haben kann. Ein Selektionsvorteil muß seine Basis im wirklichen Sein haben, sonst wäre das widersprüchlich.

Franz M. Wuketits: Sie kennen doch sicher diese Geschichte über Niels Bohr[9], der ein Hufeisen als Glücksbringer über der Tür hängen hatte. Als ein russischer, materialistisch denkender Physiker und andere Besucher kamen, fragten diese: »Aber Herr Professor, sie glauben diesen Unsinn doch nicht etwa?« Daraufhin soll Bohr geantwortet haben: »Nein, glauben tu' ich daran nicht, aber man hat mir gesagt, es hilft trotzdem.«

Hans-Dieter Mutschler: Das heißt aber doch nur, daß Niels Bohr im Grunde doch daran geglaubt hat. Er sagte sich selbst in seinem Oberflächenbewußtsein wohl, daß er ein berühmter Professor ist, der das nicht so deutlich sagen durfte.

Klaus Michael Meyer-Abich: Ich möchte an ein Beispiel erinnern, dem man mit dem Argument, etwas beruhe auf Illusion, die Wahrheit entziehen wollte. Nehmen wir die ganz einfache Tatsache, daß eine Frau und ein Mann sich lieben und dann unter anderem auch Kinder zeugen. Für die beiden geschieht das in Liebe. Man kann aber auch sagen, für die Natur insgesamt ist es ein Vorteil, daß hier die Fortpflanzung der Art stattfindet. Man würde dann argumentieren, daß die Liebe nur Einbildung sei und in Wirklichkeit die Natur die beiden täuscht, um so für die Fortpflanzung der Art zu sorgen. Dabei schließt sich das doch gar nicht aus. Die beiden lieben sich, und die Gattung wird fortgepflanzt. Beides ist richtig.

Hans-Peter Dürr: Ich finde es auch denkbar, daß die Vorstellung des Lebens nach dem Tod den Vorteil hat, daß ich mich bis zum Schluß bemühe, dieses Leben in einer vernünftigen Weise zu führen. Denn das hat sicher einen Selektionsvorteil für meine Nachkommen. Eine solche Fiktion stabilisiert eine Kultur, und eine stabilisierte Kultur ist wiederum ein Selektionsvorteil.

▶   *Glauben Sie, daß Ihre Seele unsterblich ist?*

Hans-Peter Dürr: Ganz gleich, in welchem Sinn man von »Seele« redet, sie ist nach meiner Aufassung auch dann noch in irgendeiner Weise da, wenn ein Mensch gestorben ist. Ich vergleiche das gerne mit einem Gedicht: Wenn ich ein Gedicht zerstöre, indem ich das Papier, auf dem es steht, zerreiße, dann sind noch alle Buchstaben da, aber die Ordnungsstruktur, der Sinn, die Bedeutung des Gedichts verliert sich deshalb nicht. Das Papier vergeht, aber das Gedicht bleibt. Wenn ich das Papier zerreiße, ist das Gedicht nicht sinnlos geworden. Ich selbst sehe mich als Teil einer größeren Seele, die unsterblich ist. Insofern stellt sich für mich nur die Frage, in welcher Form ich hinterher noch teilhabe an der größeren Seele oder ob alle Spuren verwischt werden. Ich könnte ja eine Schaumkrone auf einer Welle im Ozean sein, und wenn die Welle wieder zurücksinkt in den Ozean, kann der Schaum weg sein. Aber es könnte auch sein, daß ich mich, während ich gelebt habe, nicht nur mit der Schaumkrone identifiziert habe, sondern mit allem, was darunter ist. Und dann ver-

gehe ich in dem Maße auch nicht. Das heißt, je mehr Tiefen-
empfindung ich habe, um so unsterblicher werde ich, je ober-
flächlicher ich bin, um so mehr sterbe ich.

Wolfhart Pannenberg: Das klingt für mich so, als ob es einer ganz anderen Welt angehörte als die christliche Erwartung. Dennoch glaube ich, daß ihre Aussage der christlichen Erwartung sehr nahe
kommt. Denn Unsterblichkeit der Seele in dem Sinn, daß hier
etwas in sich Abgegrenztes, Selbständiges und Unzerstörbares ist,
das entspricht auch nicht der christlichen Erwartung. Ich habe
eben aus dem 73. Psalm diese Verse vorgelesen. Die Hoffnung
dieses Betens ist, daß wir in der Gegenwart Gottes aufgehoben
bleiben, daß wir nicht ganz vergehen, obwohl unser Leib vergehen wird. Jedoch ist die Pointe in der christlichen Hoffnung, daß
in Gott unsere Individualität nicht verschwindet, sondern in ihm
aufbewahrt bleibt. Die platonische Vorstellung ist ganz anders
gewesen. Da vergeht der Leib, und die Seele besteht weiter,
befreit vom Leib. Platon hat auch angenommen, daß die Seele
sich wieder verkörpert in einem anderen Leib. Solche Wiederverkörperungsideen sind heute sehr verbreitet, und das ist mit
dem Christlichen ganz unvereinbar. Denn was ist das für eine
Seele, die sich in mehreren Leibern verkörpert? Das ist gar nicht
meine Individualität. Statt dessen bleiben wir in der Ganzheit
Gottes.

Hans-Peter Dürr: Wenn sich aus dem Ozean eine neue Welle erhebt,
dann erhebt sie sich aus demselben Wasser, in das sie zurücksin-
ken wird, aber diese Welle ist nicht genau die alte, sondern sie
schöpft aus dem Ganzen. Das heißt, jeder wird wieder neu
geschöpft aus dem Ganzen, aber er enthält einen Teil dessen, was
schon gewesen ist. Ich würde es wie eine Weltseele auffassen. Es
geht durch dieses Undifferenzierte hindurch, damit das neue
Individuum wieder seine Individualität erhalten kann.

Wolfhart Pannenberg: Im Christentum deutet man das etwas anders,
denn die christliche Hoffnung zielt darauf ab, daß jeder einzelne
im Gedächtnis Gottes aufbewahrt bleibt. In der endgültigen
Zukunft Gottes wird all diesen einzelnen Geschöpfen das Leben
neu gegeben, aber in einer anderen Form, einer verklärten Form,

in der wir an der Ewigkeit Gottes teilhaben und darum auch nicht mehr voneinander getrennt sind, sondern miteinander verbunden.

Klaus Michael Meyer-Abich: Mir geht das Bedürfnis nach Besonderheit im christlichen Glauben etwas zu weit. Warum sollte meine eigene Individualität schon dann beeinträchtigt werden, wenn meine Seele am Ende noch einmal wiederauflebt in einem anderen Leib? Darin könnte ich jedenfalls keine Beeinträchtigung meiner Seele und auch nicht meiner Individualität sehen. Und ich finde es auch nicht unchristlich, an die Wiederverkörperung zu glauben, was nicht heißen muß, daß das immer so weitergeht. In den asiatischen Religionen, in denen an die Wiedergeburt geglaubt wird, geschieht das etliche Male. Aber dann ist es irgendwann vorbei, und wir gehen alle ein in die Weltseele. Die Weltseele ist das Leben, das Leben der Erde. Es ist eine Kraft Gottes.

Hans-Dieter Mutschler: Natürlich kann man solche Phantasien haben, aber wir wissen das doch im Grunde alles überhaupt nicht. Ich weiß jedenfalls nicht, was das Leben der Erde sein soll. Es gibt die Gaia-Hypothese von James Lovelock[10]. Sie besagt, daß die Erde, Gaia, die Erdmutter der griechischen Mythologie, einem Gesamtlebewesen entspricht. Ich persönlich finde das zu spekulativ. Die Erde ist für mich zunächst einmal eine Ansammlung von Elementen, die die Möglichkeit haben, Leben hervorzubringen.

Hans-Peter Dürr: Über ein Leben nach dem Tod können wir gar nicht anders als spekulieren, weil unsere geistigen Kapazitäten nicht ausreichen, um das zu erfassen. Wir wollen es wissen, aber wir können es nicht, weil das, was man sicher weiß, sehr speziell ist. Das heißt, wir werden darüber immer nur spekulieren können.

Hans-Dieter Mutschler: Dennoch ist mir in dieser Hinsicht die Bibel lieber, die sehr spröde ist mit Aussagen darüber, was nach dem Tod kommt. Oder denken Sie an die Auferstehungserzählungen im Neuen Testament. Wie ungreifbar bleibt der Auferstandene! Er wird ja gerade nicht festgemacht. Dagegen wird in den esoterischen Lehren eine Art »Transzendenzgeographie« entwickelt und das Jenseits beschrieben, als wären Menschen schon dort gewesen und zurückgekommen. Die Bibel ist dagegen sehr spröde und vorsichtig. Sie will meiner Ansicht nach damit signalisieren, daß wir das gar nicht wirklich wissen können. Der Tod ist ein Mysterium, und ich finde, man sollte ihn auch stehen lassen in seiner Fragwürdigkeit. Es ist nicht leicht, das auszuhalten. Aber man sollte sich nicht so rasch mit Wiederverkörperungsideen beruhigen. Denn was nützt es mir, wenn ich wiedergeboren werde. Das verschiebt das Problem, aber es ist dadurch nicht gelöst. Wir können über solche Mysterien ruhig sprechen. Aber ich glaube, wir sollten so darüber reden, wie es die Bibel tut. Die Bibel ist symbolisch und geht mit dem Problem diskret um.

Wolfhart Pannenberg: Ich bin es doch gar nicht mehr, der in der nächsten oder übernächsten Wiedergeburt in Erscheinung tritt. Denn ich bin identisch mit meinem Leib, mit diesem Leib zwischen Geburt und Tod. Die Vorstellung der Reihe von Wiedergeburten beinhaltet aber etwas ganz anderes. Was durch mich hindurchgeht, bin nicht ich.

Hans-Peter Dürr: Sie haben im christlichen Modell immer noch eine Art Kästchen, in dem mein Ich aufbewahrt wird. Ich glaube nicht an diese Art der Wiedergeburt. Ich bringe das, was ich erlebe, ein in eine Gesamterfahrung, die ich »Welt« nenne. Und wir sind alle Mitschöpfer an diesem Einen. Ich kann es nie ganz auseinandernehmen und sagen, das ist mein Teilchen gewesen, das ist aufbewahrt, da steht immer noch mein Name darauf. Das glaube ich überhaupt nicht. Es wird alles ins Ganze hineingeworfen, und ich profitiere auch von allem, was je gedacht wurde, ohne daß ich in meiner Individualität aufbewahrt bleibe.

▶   *Wie kann das materielle Hirn etwas Nichtkörperliches wie Gedanken produzieren?*

Das Leib-Seele-Problem, auch »psychophysisches Problem« genannt, ergibt sich aus der Frage nach dem Zusammenhang von Körper und Geist des Menschen. Zum fast unlösbaren Problem wird es aber erst durch den Dualismus bei René Descartes, der geistige und körperliche Eigenschaften in zwei unterschiedliche Substanzen aufteilte. Da die geistigen Abläufe nach Descartes immateriell sind, wurde die Frage aufgeworfen, wie geistige Vorgänge überhaupt auf den Körper einwirken können. Fraglich bleibt dann beispielsweise, wie eine Idee als geistiges Phänomen in die Tat umgesetzt werden kann, wozu körperliche Aktionen nötig sind. Descartes löste das Problem durch die Annahme, die Zirbeldrüse vermittle zwischen den beiden Substanzen. Verschiedene andere Lösungsversuche sind dagegen nicht dualistisch, sondern monistisch. Geistige Phänomene werden dabei auf Materielles zurückgeführt oder umgekehrt, Materielles auf Geistiges (Materialismus-Idealismus). Auch heute ist das Leib-Seele-Problem noch viel diskutiert. Monistische Auffassungen werden besonders in der Biologie, aber auch im Bereich der Esoterik vertreten.

Franz M. Wuketits: Gedanken oder auch das Bewußtsein sehe ich nicht als etwas Immaterielles an. Ich begreife sie vielmehr als Eigenschaften des Gehirns. Man könnte auch fragen, wie unsere Beine oder der Bewegungsapparat insgesamt Bewegung produzieren können. Die Bewegung existiert ja nicht als solche. Schon der Ausdruck Bewegung macht nur Sinn, wenn ich einen biologischen Apparat habe oder auch einen technischen Apparat, der unter gewissen Bedingungen in Bewegung gerät, sich fortbewegen kann, von A nach B. Ähnlich sehe ich das Problem des Bewußtseins oder der Gedanken.

Gedanken sind nicht etwas Immaterielles, sondern sie beruhen auf Eigenschaften des Gehirns. Und das ist eine ganz andere Fragestellung beziehungsweise ein anderer Ansatzpunkt. Es geht dann nicht mehr darum zu fragen, wie das Gehirn etwas Immaterielles produzieren kann, sondern wie es dazu kommt, daß das Gehirn im Laufe der Evolution diese spezifischen Eigenschaften entwickeln konnte, wie zum Beispiel Denkfähigkeit und Selbstbewußtsein. Von daher sehe ich da kein großes Problem, denn man fragt sich ja auch in anderen Bereichen, welche Eigenschaften bestimmte Phänomene haben und wie diese Eigenschaften zustande kommen. Selbst wenn sie biologisch vielleicht heute noch nicht wirklich hundertprozentig erklärbar sind, so sind sie doch prinzipiell erklärbar. Ich glaube auch nicht, daß der Geist auf die Materie einwirkt. Das entspricht dem Dualismus, dieser alten Zweiteilung von Natur und Geist oder Materie und Geist beziehungsweise Gehirn und Bewußtsein. Ich sehe das nicht so. Es wirkt nicht das eine auf das andere ein. Deshalb noch einmal das Beispiel der Bewegung: Man diskutiert nicht ernsthaft darüber, wie die Bewegung auf die Kniescheibe einwirkt oder wie Bewegung in den Bewegungsapparat kommt. Sie kommt ja nicht da hinein, sondern der Bewegungsapparat, also meine Beine und alles, was dazu gehört, wie Muskeln und Knochen und so weiter bis zu den Molekülen hinunter, erzeugen unter gewissen Bedingungen etwas, was wir Bewegung nennen.

Wolfhart Pannenberg: Das verstehe ich nicht. Mir ist nicht klar, wie das Denken oder das Bewußtsein eine Eigenschaft des Gehirns sein soll. Eine Eigenschaft des Gehirns ist, daß es grau, wabbelig und gelappt ist. Aber daß mittels des Gehirns Gedanken gedacht werden, kann ich höchstens als Funktion des Gehirns verstehen, aber nicht als Eigenschaft, ebensowenig wie es die Eigenschaft einer Platte ist, daß auf ihr eine Symphonie von Mozart erklingt. Die Funktion dieser Platte, auf der eine Mozartsymphonie erklingt, erklärt sich nicht einfach aus diesem Stück Materie, sondern dazu gehört sehr viel mehr. Und so ist es auch bei dem Verhältnis von Denken und Gehirn.

Klaus Michael Meyer-Abich: Aber die Eigenschaften des Gehirns, die Sie aufgezählt haben, also grau, wabbelig und gefaltet, die bilden sich ja auch nicht von ganz alleine, sondern in dem großen Kontext der Naturgeschichte. Lebendiges hat eben die Eigenschaft von Funktionalität.

Hans-Peter Dürr: Die Frage, inwieweit Gedanken etwas mit der Materie zu tun haben, hat Ähnlichkeit mit der Frage, wie es kommt, daß Materie Gestalt annimmt. Eine Schallplatte mit einer Rille ist materiell. Aber wie kommt es, daß diese Rille der

Träger ist für eine Symphonie, wenn ich sie abspiele? Die Symphonie ist in der Form verschlüsselt. Nun besteht die Frage, inwieweit Gestalt auf Materie wirken kann. Gestalt ist eine Beziehungsstruktur, und wenn wir annehmen, daß die Einwirkung nicht punktuell ist, sondern auch global, dann kann Gestalt auch auf Materie wirken, zwar nicht auf die einzelnen Steine, sondern in ihrem Zusammenspiel. Es ist ein Eingreifen in die Spielregeln der Anordnung der Materie. Und deshalb glaube ich, daß Gedanken auch Materie beeinflussen können.

▶ *Niels Bohr hat einmal gesagt: »Wer von der Quantentheorie nicht schockiert ist, der hat sie nicht verstanden.« Was war so revolutionär an der Quantenphysik?*

»Der Materialismus ist tot.« Diese Auffassung begründen die beiden anerkannten amerikanischen Physiker Paul Davies und John Gribbin mit den Erkenntnissen der Quantenphysik im 20. Jahrhundert.
Die klassische Physik Newtons sah Materie als bewegliche, aber passive Ansammlung von festen Teilchen an, die durch äußere Kräfte geformt wird. In unserer westlichen Kultur hat sich diese Anschauung weitgehend durchgesetzt und scheinbar bestätigt. durch die technischen Fortschritte des 18. und 19. Jahrhunderts. Die industrielle Revolution stärkte den Triumph des Materialismus. Die Natur wurde, anders als in alten mythischen Vorstellungen, als Organismus, als Uhrwerk verstanden, in dem Ordnung, Berechenbarkeit und Harmonie herrschten. Das Newtonsche Weltbild hat sehr zum Fortschritt der Wissenschaft beigetragen, weil es einen zweckmäßigen Rahmen für die Erforschung verschiedenster Phänomene bot.
Aber dann brachte die Relativitätstheorie als erste das alte Weltbild ins Wanken. Raum und Zeit, die bis dahin als unveränderliche Grundgrößen galten, zeigten sich als veränderbare relative Größen. Die Quantentheorie stürzte die Vorstellungen über die Materie dann endgültig um. Die alte Auffassung, daß der Mikrokosmos der Atome nur ein kleineres Abbild der für uns

sichtbaren Welt ist, mußte aufgegeben werden. An die Stelle von Newtons Uhrwerkmodell trat eine unberechenbare Verbindung von Welle und Teilchen, die sich der strengen Kausalität entzieht. Die erweiterte Quantentheorie geht sogar noch weiter. In der sogenannten Quantenfeldtheorie gibt es gar keine Materie mehr, sondern nur noch scheinbar regellose Impulse und Schwingungen unsichtbarer Energiefelder. Die Quantenphysik legt außerdem nahe, daß es eine objektive physikalische Realität unabhängig vom menschlichen Beobachter nicht gibt. Die auf Niels Bohr zurückgehende »Kopenhagener Deutung« der Quantenphysik besagt vereinfacht, daß physikalische Größen an einem nicht gemessenen Objekt auch nicht existieren. Objekt und Beobachter beziehungsweise Meßgerät bilden demnach eine Einheit.

Hans-Peter Dürr: Revolutionär an der Quantenphysik war, daß man festgestellt hat, daß der Mikrokosmos, also das Geschehen im atomaren Bereich, nicht einfach ein verkleinertes Abbild der Welt ist, die wir mit bloßem Auge sehen können und in der wir uns zurechtfinden
Wenn man Materie auseinandernimmt, findet man nicht, wie bis dahin angenommen, immer kleinere Materieteilchen, die Eigenschaften haben wie ein kleines Sandkorn. Statt dessen hat man festgestellt, daß Atome in diesem Sinne keine Teilchen mehr sind. Die ersten Atommodelle beruhten auf der Annahme, Atome wären vergleichbar mit kleinen Planetensystemen. Dann hat man aber festgestellt, daß die Teile der Atome, die Elektronen und die Atomkerne, völlig andere Eigenschaften haben, daß sie eigentlich nicht mehr materiell sind. Man fand so etwas wie ein Feld, das die Eigenschaft hatte, immer wieder zu gerinnen und das zu erzeugen, was man Teilchen nennt. Deshalb brauchte man nun eine ganz andere Beschreibungsweise. Am Grunde der Wirklichkeit ist in dieser Betrachtung nicht die Materie, sondern nur ein Feld, das aber nicht materiell ist, sondern eine Art Potential darstellt. Ein Potential, das die Fähigkeit hat, sich zu materialisieren. Dieses Feld ist nur ein einziges

Feld, aus dem das ganze Universum besteht. Von einem Augenblick zum anderen baut es ein Potential aus, und in diesem nächsten Augenblick hat sich die Welt wieder neu ereignet, aber nicht total neu, sondern beeinflußt von der Welt, wie sie vorher war. Einige träge Phänomene werden in diesem Neuschöpfungsakt wieder das, was sie auch vorher schon waren, nämlich Teilchen. Aber was in Zukunft an einer Stelle passiert, ist prinzipiell offen.

Die alte Vorstellung war, daß die Welt aus diesen kleinsten unveränderlichen Teilchen besteht. Man glaubte, die Atome blieben immer mit sich selbst identisch. Nach dem Motto »Ein Elektron ist ein Elektron, und ein Elektron ist ein Elektron, das sich bewegt«. Was im nächsten Moment passiert, ist aber gar nicht eindeutig festgelegt, weil es aus dem Zusammenspiel von allem entsteht, was es gibt. Man kann lediglich eine gewisse Wahrscheinlichkeit angeben, mit der diese »Gerinnung«, diese Materialisierung passiert. Einstein hat das immer mit dem Bild des Würfelns verglichen und vertrat die Meinung »Gott würfelt nicht« – wörtlich sagte er übrigens: »Der Alte würfelt nicht.« Aber es ist eigentlich nicht ein Würfeln, denn Würfeln ist ein Glücksspiel. Was hier abläuft, ist vielmehr ein Zusammenspiel von allem, was das Universum eigentlich ausmacht. Und deshalb kommt man in der Quantenmechanik zu der Vorstellung, daß die Welt eigentlich immer ein Ganzes ist. Sie läßt sich gar nicht auffassen, als ob sie aus Teilen besteht. Die Welt ist etwas Ungeteiltes, etwas, was nicht auftrennbar ist. Für die Quantenmechanik stellt sich deshalb auch nicht die Frage, wie es kommt, daß viele Teilchen in Wechselwirkungen miteinander Systeme bilden, die sich dann zu höheren Strukturen entwickeln, sondern eigentlich umgekehrt: Wir haben etwas Ganzes, was sich immer mehr ausdifferenziert und so etwas wie Unterstrukturen erzeugt, die dann hinterher so aussehen, als wären es Teilchen. Das ist eine ganz andere Betrachtungsweise. Es geht nicht um das Zusammenspiel von Getrenntem, sondern um eine im Laufe der Zeit sich entwickelnde Differenzierung.

Was der Theologe »Atem Gottes« nennt, ergänzt sich im Prinzip mit einer Grundstruktur, die auch in der naturwissenschaftlichen Beschreibung auftritt. Für die Quantenphysik gibt es eine immaterielle Grundstruktur. Meiner Auffassung nach gibt es das Immaterielle in der Gegensetzung zum Materiellen gar nicht. Denn alles ist sozusagen »Atem Gottes«. Man könnte das Materielle so beschreiben, daß Teile dieses Atems anfangen zu erstarren und so das Unbelebte bilden. Aber das Wesentliche ist immer das, was »Atem« genannt wird.

Der Grundgedanke der »Evolutionären Erkenntnistheorie« ist, daß unsere geistigen Fähigkeiten der Evolution entspringen. Bahnbrechend für die Theorie war die Schrift von Konrad Lorenz »Kants Lehre vom Apriorischen im Lichte gegenwärtiger Biologie« vom Jahre 1941.

Kant war schon im 18. Jahrhundert davon ausgegangen, daß die Wahrnehmung des Menschen von »eingeborenen Anschauungsformen« wie Raum und Zeit geprägt ist. Lorenz' Untersuchungen des »Weltbildapparates«, also der Wahrnehmung und Erkenntnisfähigkeit des Menschen, basieren auf dem Prinzip »Leben ist Lernen«.

Evolution ist demnach ein erkenntnisgewinnender Prozeß. So schreibt er: »Unsere ... festliegenden Anschauungsformen und Kategorien passen aus ganz denselben Gründen auf die Außenwelt, aus denen der Huf des Pferdes ... auf den Steppenboden, die Flosse eines Fisches ... ins Wasser paßt.«

Daraus kann zweierlei geschlossen werden: Erstens, daß unsere Wahrnehmung und unsere geistigen Fähigkeiten nicht unabhängig vom Selektionsdruck entstanden sind und unsere Wahrnehmung daher auf Aspekten der Wirklichkeit beruht, die ihr auch entsprechen dürften. Zweitens ergibt sich aber die Schlußfolgerung, daß wir nur die Teile der Wirklichkeit wahrnehmen, die für unser Überleben wichtig sind. Bei komplexen Phänomenen wie denen, die die Quantenphysik beschreibt, versagen unsere ererbten Anschauungsformen. Das aber heißt nichts anderes, als daß die umgebende Wirklichkeit weiter ist, als wir wahrnehmen.

▶ *Hat die Quantenphysik Einfluß auf die Biologie?*

Franz M. Wuketits: Ja und nein. Einen Bezug zur Quantenphysik kann man eventuell herstellen im Zusammenhang mit dem Realitätsbegriff der sogenannten evolutionären Erkenntnistheorie. Die naive Auffassung, daß wir die Welt exakt so wahrnehmen, wie sie wirklich ist, ist nach dieser Theorie nicht mehr vertretbar. Hier sehe ich gewisse Parallelen zur Quantenphysik. Wir Menschen und auch andere Organismen nehmen Kraft unserer Sinnesorgane bestimmte Aspekte einer Wirklichkeit wahr, die wir als gegeben voraussetzen. Wir rekonstruieren beziehungsweise konstruieren diese Aspekte, und wir können mit hoher Wahrscheinlichkeit annehmen, daß verschiedene Arten einen Gegenstand höchst unterschiedlich wahrnehmen. Für den Hund ist ein Baum sicher etwas anderes als für eine Fledermaus oder für einen Holzwurm. Wir können also strenggenommen nicht mehr sagen, daß es im Sinne der klassischen Abbildtheorie[11] eine Wirklichkeit gibt, die die Organismen erkennen. Unser Gehirn oder das Gehirn anderer Lebewesen wäre demzufolge nämlich eine riesige Sammlung von Fotografien der Gegenstände, die uns umgeben. Aber das ist sicher nicht der Fall. Wir legen uns die Welt so zurecht, wie wir sie brauchen, um in ihr überleben zu können. Ich darf strenggenommen nicht sagen, dieser Baum ist eben so, wie ich ihn wahrnehme, sondern ich nehme bestimmte Aspekte dessen wahr, was wir in unserer Sprache als Baum bezeichnen. Und das ist revolutionierend, weil es die schwerwiegende Frage aufwirft, ob es letzten Endes überhaupt eine Wirklichkeit gibt.

▶ *Wie erkennen wir die Welt?*

Klaus Michael Meyer-Abich: Wir erkennen die Wirklichkeit, wie das Wort schon sagt, wirklich, also so, wie sie wirkt und indem wir selber an dieser Wirkung teilhaben. Was wir da erkennen, ist nicht objektiv. Aber dadurch wird es noch lange nicht bloß subjektiv. Uns zeigt sich immer das, wie Niels Bohr gesagt hat, was wir getan und erfahren haben (»what we have done and what we have learned«). Das heißt, wir wirken selber daran mit, und was sich verfestigt, ist eine bestimmte Beziehung zwischen uns und einem Gegenstand. Diese Beziehung betrifft nicht nur den Gegenstand, sie betrifft auch nicht nur uns, sondern sie ist gleichermaßen objektiv und subjektiv. Das ist das Interessante an dieser neuen Physik.

Hans-Peter Dürr: Wenn ich einen Ameisenhaufen von der Ferne sehe, dann sieht er für mich aus wie ein statischer Kegel, weil für jede Ameise, die von links nach rechts läuft, eine andere von rechts nach links läuft, so daß es sich wieder ausgleicht. Ich habe den Eindruck, daß das eigentlich ein fester Kegel ist. Aber wenn ich genau hinschaue, dann wimmelt das nur so. Und nun ist die Frage, woher die Materie, die wir »unbelebt« nennen und die uns so stabil und verläßlich erscheint, woher diese Materie ihre Stabilität hat. Der Stuhl beispielsweise ist da, ich schaue weg, doch er ist immer noch da. Aber wie kommt es, daß im nächsten Augenblick genau dort wieder ein Stuhl ist, wo vorher einer war? Warum diese Trägheit? Eigentlich könnte auch etwas anderes passieren. Aber das kommt in unserer Lebenswelt nicht zum Ausdruck, weil so vieles miteinander zusammenspielt, daß sich diese Lebendigkeit nicht zeigt. Es ist so gesehen denkbar, daß das Lebendige und das tote Material dasselbe ist, nur daß es anders organisiert ist. Diese Lebendigkeit zeigt sich nur bei einer bestimmten Anordnung, aber sie ist immer existent. Das ist ungefähr so, wie wenn in einer Stadt alle Individuen etwas anderes tun. Es herrscht absolute Anarchie. Und wenn ich diese Stadt nun von außen beschreibe, dann passiert nichts Interessantes, weil für jeden, der etwas tut, auch ein anderer da ist, der das Gegenteil tut. Aber in dem Augenblick, wo sich Vereine bilden und Organisationen, wird auf einmal das auch in dem Ausdruck der Stadt sichtbar, was eigentlich dem Individuum anhaftet. Das ist als Gleichnis zu verstehen für die prinzipielle Offenheit des Geschehens.

Hans-Dieter Mutschler: Als Gleichnis kann man das sehr gut stehen lassen, aber haben Sie auch die Materialisation als Metapher verwendet? Also Sie sprechen davon, daß sich das Feld sozusagen konkretisiert, materialisiert. Aber ist denn das Feld keine Materie?

Hans-Peter Dürr: Das Feld hat nicht die Eigenschaften, die wir der Materie zuschreiben, sondern erst in der Überlagerung von diesem Nichtmateriellen gibt es Strukturen, die Eigenschaften der Materie haben. Das heißt aber nicht, daß die Physik vom Geist spricht, obwohl es mehr Ähnlichkeit mit dem Geistigen als mit dem Materiellen hat, und zwar in dem Sinne, daß es ganzheitlich ist, daß es keine Teile hat und daß es nicht materiell ist.

Hans-Dieter Mutschler: Das sind Ähnlichkeiten, aber ich muß als Philosoph darauf dringen, nicht zum Opfer der eigenen Metaphorik zu werden. Wenn man nämlich die Ganzheitlichkeit in der Quantenphysik zu rasch mit der Ganzheit des Religiösen oder Metaphysischen gleichsetzt, dann macht man einen Fehler. Man lokalisiert die philosophischen Probleme dann nämlich an einer Stelle, wo sie so noch gar nicht auftreten.

Klaus Michael Meyer-Abich: Die erste Frage ist, ob man etwas gewinnt, wenn man wie die klassischen Atomisten behauptet, ein Körper bestehe aus kleinen Körperchen. Damit ist man im Grunde ja nicht viel weiter, denn wenn man schon nicht weiß, was ein Körper ist, dann weiß man eigentlich auch nicht, was Körperchen sind, die sogenannten Atome. Darauf gibt es in der Quantentheorie eine andere Antwort.

Ich möchte aber daran erinnern, daß diese Antwort eine sehr lange Geschichte hat und im ersten Entwurf eigentlich bereits in der Naturphilosophie von Platon steht, der ebenfalls danach gefragt hat, was Materie ist. Platon hat sich immer mit den Materialisten auseinandergesetzt und geantwortet, daß die Materie nicht etwa aus Körperchen besteht, sondern aus mathematischen Strukturen. Das ist seine Antwort. Und die Antwort in der Quantentheorie ist dieselbe. Ich wollte gerne auf diese historische Parallele hinweisen, nämlich, daß die Materie aus etwas besteht, was nicht Materie ist. Sonst hätten wir auch gar keine Antwort auf die Frage gegeben, was Materie ist. Denn zu sagen: »Materie ist Materie« erklärt nichts.

Das zweite, was ich gerne hinzufügen möchte, ist die Grunderfahrung in der Quantentheorie im Gegensatz zur klassischen Physik, über die wir ja früher auch schon gesprochen haben. Wir können nicht mehr so tun, als beschrieben wir die Welt irgendwie von außen, als gehörten wir nicht dazu, sondern die Grunderfahrung ist, wie Niels Bohr das ausgedrückt hat, daß wir die Natur beschreiben und erkennen, von der wir selber ein Teil sind. Unser eigenes Handeln in bezug auf Erkenntnis ist ein Teil dessen, was als Erkenntnis dabei herauskommt. Das ist eine entscheidende Einsicht der Quantentheorie, und ich möchte anfügen, daß wir in der Erfahrung der Umweltzerstörung eigentlich dieselbe Beobachtung machen. Wir gehen wirtschaftlich um mit der Welt, von der wir selber ein Teil sind, und die Umweltzerstörungen zeigen, wie unser Tun auf uns selber zurückfällt. Wir erkennen und handeln in der Natur, von der wir selbst ein Teil sind, das ist der Quantentheorie und dieser praktischen Situation gemeinsam. Das ist eine sehr wesentliche Erkenntnis unseres Jahrhunderts.

Franz M. Wuketits: Ganz unabhängig davon, ob man diese Parallele ziehen kann oder nicht, ist es doch aus evolutionstheoretischer Sicht so, daß die alte Subjekt-Objekt-Scheidung oder die Trennung von Erkennendem und Erkanntem nicht mehr aufrechterhalten werden kann. Gerade wenn wir uns als Teil der Natur begreifen, wenn wir uns unsere Welt konstruieren, kann nicht mehr zwischen mir und der Außenwelt eine klare Trennung gezogen werden.

Hans-Peter Dürr: Das Wesentliche ist, daß es letztlich strenggenommen unmöglich ist, aus diesem »Nichtaufgetrennten« Teile herauszunehmen. Diese Unterscheidung, die wir zwischen Beobachter und Beobachtungsobjekt bei einer Beobachtung brauchen, ist nicht streng durchführbar. Aber, und das ist eigentlich das viel Interessantere, man kann die Bedingungen angeben, unter denen das zumindest näherungsweise möglich ist. Sonst könnten wir unsere Welt gar nicht verstehen. Das heißt also, unsere Lebenswelt wird damit nicht hinfällig, aber sie gilt nicht in der Genauigkeit, mit der wir das annehmen. Es kann sich aber dabei immer nur um eine Näherung handeln. Und das ist für mich eigentlich das Entscheidende.

Franz M. Wuketits: Ich möchte zur Frage, wie wir die Welt erkennen, zwei Beispiele nennen. Es gibt ein schönes Gleichnis, das besagt, daß der Affe, der keine realistische Vorstellung von dem Ast hatte, nachdem er sprang, sehr bald ein toter Affe war und deshalb ganz sicher nicht zu unseren Vorfahren gehört. Das heißt nicht, daß unsere Vorfahren den Ast erkannt haben, wie er wirklich ist. Sie mußten nur eine ganz bestimmte Vorstellung von dem haben, was wir Ast nennen, um zu überleben. Dazu mußten sie den Ast nicht erfinden, aber sie haben sich ihn gewissermaßen zurechtgelegt. Das zweite Beispiel liegt auf einer ganz konkreten, biologischen Ebene: Wenn einer unserer früheren Vorfahren in der Stammesgeschichte geglaubt hätte, daß Feuer eßbar ist, dann hätte er auch nicht überlebt. Unsere Vorfahren mußten also auf verschiedene Gegenstände bestimmte Reaktionsmuster entwickeln. Sie mußten im strikt biologischen Sinne entsprechend auf Dinge reagieren, um überleben zu können. Insofern hat Erkenntnis und das, was wir als Realität bezeichnen, auch mit dem Überleben zu tun.

Hans-Peter Dürr: Meiner Meinung nach ist beispielsweise auch unsere Vorstellung des Raumes, der ja für uns ungeheuer wichtig ist, genau von dieser Art. Der Raum ist eine Konstruktion, die sich für unser Überleben als außerordentlich günstig erweist.

▶ *Hat die Quantenphysik Einfluß auf die Theologie?*

Wolfhart Pannenberg: Die Quantenphysik hat natürlich auch Auswirkungen auf das Wirklichkeitsverständnis der Theologen gehabt. Zunächst einmal, mehr vielleicht sogar in der katholischen als in der evangelischen Theologie, fühlte man sich bestätigt in der Annahme der Freiheit. Und man fühlte sich bestätigt von einem Physiker wie Pasqual Jordan[12], der verhältnismäßig früh und etwas unvermittelt behauptet hat, die Unbestimmtheit der Quantenvorgänge bestätige die Willensfreiheit des Menschen.

Inzwischen drücken sich Physiker, wenn sie sich zu solchen Fragen äußern, sehr viel vorsichtiger und differenzierter aus, als Jordan das getan hat, aber das hat natürlich für die Theologie, besonders für die katholische Theologie, die immer sehr stark die Willensfreiheit des Menschen betont hat, eine große Entlastung bedeutet. Sie mußte sich dem Druck einer deterministischen Naturerklärung, die die Mehrheit der Physiker bis in den Beginn unseres Jahrhunderts für im Prinzip lückenlos möglich hielt, nicht länger aussetzen.

Andererseits herrscht eine gewisse Ratlosigkeit, weil die Physiker sich zu diesen Themen so unterschiedlich äußern. Ich habe zum Beispiel im April eine Konferenz in London besucht, und da sagte der Physiker John Polkinhorn, ein Mitglied der Royal Society[13], daß alles ganz materiell sei, auch Felder seien materiell, Teilchen natürlich ohnehin. Ich wies dann auf den Münchener Professor für theoretische Physik, Süßmann, hin, den ich gut kenne und der das Gegenteil behauptet. Es scheint also eher eine philosophische Frage zu sein, ob man es so oder anders beschreibt. Aber es scheint nicht unmittelbar eine wissenschaftliche Aussage zu sein. Bleibt natürlich immer noch die Frage, welche philosophische Beschreibung dem Sachverhalt angemessener ist.

Ich glaube, daß die Beschreibung, die Herr Dürr uns gegeben hat, viel angemessener ist als das, was Herr Polkinhorn mit der Autorität der von Newton begründeten Royal Society darüber gesagt hat. Dadurch sind wir Theologen natürlich in einer gewissen Verlegenheit. Wir müssen versuchen, uns selbst ein Urteil zu bilden, indem wir die verschiedenen Stimmen der Physiker anhören, die philosophisch über ihr Tun und ihre Ergebnisse nachdenken. Wir müssen, wie alle anderen gebildeten Menschen auch, versuchen, wenigstens soviel davon zu verstehen, daß man sich in aller Vorläufigkeit ein gewisses Urteil bilden kann, ohne erklären zu wollen, was letztlich vorgeht. Denn die Welt entsteht jeden Augenblick neu, wie es Herr Dürr ausgeführt hat. Und an dieser Stelle berühren sich christlicher Schöpfungsglaube und moderne Physik. Das scheint mir eine hinreichend gesicherte

Aussage zu sein. Die Welt entsteht jeden Augenblick neu. Diese Erkenntnis hat das Verhältnis von Naturwissenschaft und Theologie tief verändert, weil der Determinismus überwunden ist. Es ist deshalb nicht der Indeterminismus in dem alten Sinne bestätigt, als ob es da Lücken gibt, sondern das Ganze ist sozusagen eine Lücke[14].

Hans-Peter Dürr: Ich würde es genauso ausdrücken. Das Korsett der fest determinierten Voraussage ist durchbrochen worden. Die Zukunft ist offen. Aber nicht im Sinn totaler Willkürlichkeit. Sie ist geöffnet und hat doch ihre eigenen Grenzen, so daß es immer noch Strukturen gibt. Die jetzige Quantenmechanik kann aber nicht auf die Willensfreiheit angewendet werden, weil die Willensfreiheit bedeutet, daß man absichtlich etwas tun kann, während die Quantenmechanik behauptet, daß man nicht mehr eindeutig, sondern nur noch mit Wahrscheinlichkeit vorhersagen kann, was kommt. Das ist ein Unterschied! Wir haben verstanden, daß man im Untergrund die Dinge lockern kann, ohne auf einem gewissen Niveau auf die Strenge verzichten zu müssen, mit der die klassische Physik funktioniert. Das Zweite sind die unterschiedlichen Interpretationen dieser Erkenntnisse. Über die physikalische, mathematische Seite ist man sich einig, aber über die Bedeutung keineswegs. Wer behauptet, ein Ereignis im atomaren Bereich sei doch determiniert, muß einen Teilchenbegriff einführen. Wir fragen uns dann, warum jemand etwas beschreiben will, was überhaupt nicht kontrollierbar ist. Der andere möchte auf seiner Anschauung beharren, weil er einen Faden durchziehen will von der Vergangenheit zur Zukunft, der an keiner Stelle unterbrochen ist. Aber das kann man eigentlich gar nicht kontrollieren. Das heißt, die Physik gibt keine Anleitung, welche philosophische Interpretation angemessen ist, aber wir haben ein Feld geöffnet, wo wir viel offener reden können als früher. Außerdem sehen wir auch Gebiete, in der die Physik keine Antworten hat, aber nicht aus Unkenntnis, sondern weil die Fragen, die wir stellen, nicht zu beantworten sind. Und das öffnet in gewisser Weise das Gesprächsfeld mit der Theologie, ohne Beweispflichten. Denn wir können hier prinzipiell nichts beweisen, also müssen wir uns anders verständigen.

▶ *Könnte es sein, daß Hans-Peter Dürr als Physiker eines Tages die Bibel zitiert und Wolfhart Pannenberg als Theologe die Quantenphysik?*

Hans-Peter Dürr: Nein. Denn für mich ist die Bibel zu eng. Es müßte schon etwas sein, was offener ist. Die Bibel versucht, die Dinge strenger zu fassen als die Quantenmechanik. Dieses Gebiet ist eigentlich viel offener.

Wolfhart Pannenberg: Ich würde es vorziehen, über Quantenmechanik den Physiker reden zu hören und dann mit ihm darüber nachzudenken, in welcher Weise man das philosophisch beschreiben kann. Zum Beispiel habe ich Bedenken, wenn man sagt, daß wir nicht mehr objektivieren können. Es herrscht in der Physik ein extremer Begriff von Objekthaftigkeit, der durch die Quantenphysik als unhaltbar hingestellt ist. Das ist eine Auffassung, als ob die Sachverhalte, die die Naturwissenschaft untersucht, völlig unabhängig sind von jeder Beziehung zum Forscher, der die Untersuchungen durchführt. Diese Auffassung ist überholt. Aber die Philosophie hat dagegen schon immer den Ausdruck »Objekt« als Entsprechung zu dem Ausdruck »Subjekt« genommen. Das heißt, etwas, was objektiv ist, ist immer bezogen auf eine subjekte Seite, und in diesem Sinne ist das Objektivieren von Sachverhalten keineswegs überwunden oder außer Kraft gesetzt worden durch die Quantenphysik, weil ja nicht beliebig ist, was der Physiker feststellt.

▶ *Welchen Einfluß hat die Quantenphysik auf die Philosophie genommen?*

Hans-Dieter Mutschler: Darüber bin ich etwas ratlos, weil es sehr schwierig ist, zugleich in Quantentheorie beschlagen zu sein und in Philosophie. Wenn Sie nämlich wirklich ein guter Philosoph sein wollen, dann sind Sie sehr beschäftigt. Als Physiker sind Sie auch sehr beschäftigt. Ich glaube, daß dieses Feld ganz schwierig zu beackern ist. Faktisch ist es so, daß die Physiker selber philosophieren, weil sie von den Philosophen alleingelassen werden. Das geschieht dann aber leider oft sehr oberflächlich, und wenn ein Philosoph daran Kritik übt, dann ärgern sich die Physiker darüber, weil sie sich alleingelassen fühlen und sich die Philosophen im allgemeinen zu wenig mit der Materie der Quantenphysik auseinandersetzen. Trotzdem möchte ich von meinem bescheidenen Kenntnisstand der Quantentheorie doch einige Fragezeichen anbringen an diesen spontanen philosophischen Deutungen, die man der Quantentheorie angedeihen läßt. Man hatte in der klassischen Physik ein geordnetes Weltbild und das ist jetzt durcheinandergeraten. Wir sind tatsächlich in diesem Ameisenhaufen drin, den Herr Dürr genannt hat, aber was das für uns bedeutet, das ist nur schwer zu bestimmen. Ich glaube nicht, daß ich da eine Lösung habe. Es gibt Ganzheitlichkeit in der Quantentheorie, das ist keine Frage. Aber ist das dieselbe Ganzheit wie beispielsweise die Ganzheit des Bewußtseins oder des Sozialen? Ich glaube nicht. Wir müssen aufpassen, daß wir diese Begriffe von Ganzheit nicht zu schnell verkoppeln.

Klaus Michael Meyer-Abich: Ich sehe das Verhältnis zwischen Quantenphysik und Philosophie nicht so, als gäbe es hier physikalische Ergebnisse, die dann in der Philosophie irgendwie zur Kenntnis genommen würden. Niels Bohr hat das Verhältnis der beiden Bereiche sehr schön ausgedrückt. Er meinte, daß wir durch die Erfahrungen, die zur Formulierung der Quantentheorie führten, an philosophische Weisheiten oder Wahrheiten erinnert worden seien. Diese neuen physikalischen Erkenntnisse, die wir so gar nicht verstanden haben, wurden durch eine philosophisch vorbereitete Begrifflichkeit verständlich. Ich finde nicht, daß die Physiker alleingelassen wurden, denn es gibt einige, wie zum Beispiel meinen Lehrer Weizsäcker und viele andere, die sich in beiden Bereichen bewegen. Diese Leute haben aber ganz klar gesehen, daß wir uns mit den merkwürdigen Eigenschaften der Elementarteilchen beschäftigen müssen. Wir werden aber erst dann mit diesen Merkwürdigkeiten konfrontiert, wenn wir es im wörtlichen Sinne mit ihnen »zu tun haben«, denn sonst sind sie für uns nicht existent. Und von diesem »Zu-tun-haben« redet die Physik als eine Wissenschaft von »Tat-Sachen«. Die Physik ist nicht mehr nur einfach eine Wissenschaft von den Sachen, so wie die klassische Physik das meinte, sondern eine Wissenschaft von »Tat-Sachen«. Alles, was ich hier sage, sind naturphilosophische Aussagen, um die Phänomene, mit denen es die Atomphysik zu tun hat, zu verstehen.

Hans-Peter Dürr: Ich habe eine prinzipielle Schwierigkeit in dieser Diskussion, auf die man aufmerksam machen muß. Wir haben in der Quantenmechanik eine eigene Sprache entwickelt, mit der wir die Fragen und Antworten absolut im Griff haben. Aber diese Sprache bezieht sich auf etwas, was für uns in unserer Normalsprache nicht zu vermitteln ist. Das sind abstrakte Konstrukte. Und all diese Schwierigkeiten, die nun aufgetreten sind, die wir aber im Griff haben – denn wir machen Aussagen mit großer Genauigkeit –, finden ihre Ursache auch darin, daß wir die philosophisch gewachsene Sprache verwenden, aber selbstverständlich fehlerhaft. Denn wir müßten eine Kunstsprache erfinden, um das auszudrücken, aber dann würden wir erst recht unverständlich werden. Und wenn wir uns ganz exakt ausdrücken wollen, tun wir das mit unserem mathematischen Formalismus. Dann ist die Übersetzung aber sehr schwierig.

Wolfhart Pannenberg: Gespräche, die nur unter Teilnahme der Physiker sinnvoll stattfinden können, wie zum Beispiel im Bereich der Quantenphysik, sind auch deshalb so schwierig, weil die meisten bedeutenden Philosophen der letzten 100 oder 150 Jahre sich nicht mehr mit Naturphilosophie beschäftigt haben. Und dadurch ist die naturphilosophische Sprache nur von wenigen kontinuierlich weiterentwickelt worden, am Rande der allgemeinen philosophischen Entwicklung. Es gibt jetzt natürlich Physiker, die auch die philosophische Kompetenz haben, aber es ist nur eine kleine Zahl.

Hans-Dieter Mutschler: Es gibt noch den merkwürdigen Aspekt, daß es Naturphilosophen gab, die man gar nicht zur Kenntnis genommen hat. Das heißt, man hat das Fach einfach an den Rand geschoben. Ich erinnere zum Beispiel an Ernst Cassirer[15]. Ernst Cassirer kannte sich sehr gut aus in der Physik. Er hat gleich nach Entstehung der Quantentheorie bedeutende Schriften dazu geschrieben, die aber kaum gelesen wurden. Es ist eigenartig, daß die Naturphilosophie an den Rand des Interesses gedrängt wurde.

Wolfhart Pannenberg: Das ist eine Erscheinung, die in mancher Hinsicht ähnlich ist wie in der Theologie. Die Theologie hat es auch aus Verzweiflung, weil das Gespräch mit den Naturwissenschaften im 18. Jahrhundert nicht mehr funktionierte, unterlassen, dieses Gespräch weiter zu suchen. Statt dessen hat sie sich ganz auf sich selbst zurückgezogen. In der Philosophie scheint es mir nicht ganz so schlimm zu sein, wie es in der Theologie gewesen ist. Aber die Schwierigkeiten des Neuanfangs, in dem wir uns heute befinden, hängen damit eng zusammen. Um so wichtiger ist es, daß dieser Neuanfang gemacht wird. Dazu brauchen wir das Gespräch zwischen den Disziplinen.

▉ Exkurs: Resümee der Gäste

▶ *Was haben Sie aus dieser dreitägigen Debatte für sich persönlich mitgenommen?*

Klaus Michael Meyer-Abich: Wir gehen alle fünf, die wir hier versammelt sind, unsere eigenen Wege. Und ich denke, jeder ist auf seinem eigenen Weg ein Stück weitergekommen. Denn jedes Gespräch bringt Klärungen. Im übrigen sind wir ja vor allem hier, um denen, die die Sendung sehen oder das Buch lesen, einen Eindruck davon zu vermitteln, wie es in der Wissenschaft zugeht. Und ich glaube, wir haben nicht so getan, als wüßten wir alles. Es dürfte deutlich geworden sein, daß wir bei weitem nicht alles wissen, sondern daß wir Fragen nachgehen, und daß wir auch darüber nachdenken, ob wir die richtigen Fragen stellen. Vielleicht merken die Zuschauer und Leser, daß man die Wissenschaft nicht einfach nur den Wissenschaftlern überlassen soll, sondern daß Wissenschaft in unserem demokratischen Land wirklich uns alle betrifft. Und was uns alle betrifft, ist auch unser aller Angelegenheit. Wir sollten diese Dinge nicht einfach Experten wie Königen überlassen. Jeder Mensch sollte sich eine Meinung darüber bilden und mit überlegen, ob wir hier den richtigen Fragen nachgegangen sind. Ob in der Wissenschaft das herauskommt, was für die Zukunft dieser Gesellschaft wissenswert ist, hängt nämlich nicht zuletzt davon ab, ob wir in dieser Demokratie ein gemeinsames Bewußtsein entwickeln für das, was wir eigentlich wissen möchten und worauf es in Zukunft im Leben in dieser Gesellschaft ankommen soll.

Wolfhart Pannenberg: Wir haben uns in diesem Kreis in den vergangenen drei Tagen zunehmend besser verständigt, ohne daß wir in allen Fragen einer Meinung gewesen wären. Das zeigt, daß solche Gespräche sinnvoll sind.

Franz M. Wuketits: Wir sind wahrlich nicht immer einer Meinung gewesen und werden das vielleicht auch nie sein, auch wenn wir hier statt drei Tagen drei Wochen zusammengesessen hätten. Das macht mir aber überhaupt nichts aus, denn das Schöne an der Wissenschaft und der Philosophie, am Denken und am Gespräch ist, daß man auch mit unterschiedlichen Meinungen bestehen kann. Es hat sich für mich erneut bestätigt, daß es immer eine ganze Reihe von Fragen und Problemen gibt, die unterschiedlich angegangen werden können, ohne daß einer von uns dogmatisch den Anspruch erhoben hätte, letztgültige Wahrheiten zu verbreiten, beziehungsweise die ersten Gründe und die letzten Tatsachen zu kennen. Im übrigen finde ich es ebenfalls noch wichtiger, was wir den Zuschauern und Lesern eigentlich vermitteln können. Und ich glaube, es ist zu hoffen, daß wir einigermaßen zeigen konnten, welche Probleme nun tatsächlich nach wie vor diskutiert werden können, ohne daß man vorgegebene Meinungen aufdrängt. Für mich persönlich war es auch wichtig zu erkennen, daß trotz unterschiedlicher Meinungen beziehungsweise Gräben zwischen den Disziplinen ein persönliches, von Toleranz und gegenseitigem Respekt getragenes Gespräch möglich ist.

Hans-Dieter Mutschler: Für mich gab es eine verblüffende, auch beglückende Erfahrung in den letzten Tagen. Und zwar hatte ich von allen anderen Gesprächsteilnehmern Bücher gelesen. Wir Wissenschaftler sahnen ja pausenlos Bücher ab, die man natürlich auch lesen muß. Aber es war für mich nicht dasselbe, diese Bücher gelesen zu haben und die Autoren kennenzulernen, weil ich nämlich jetzt viel deutlicher sehe, woher eine Meinung kommt, wie sie verwurzelt ist und wie man damit umgehen kann. Ich glaube, wir gehen immer sehr abstrakt in der Wissenschaft miteinander um, und eine solche etwas intimere Runde ist unersetzbar. Das war für mich eine sehr wichtige Erfahrung.

Hans-Peter Dürr: Ich bin nicht überrascht, daß wir Meinungsverschiedenheiten haben. Für mich bleibt die große Frage, ob wir eine Sprache finden können, in der wir in einem gewissen Maße sicher sind, daß wir über dasselbe reden. Es besteht die Schwierigkeit, daß wir Begriffe in ganz unterschiedlichen Bedeutungen verwenden. Es ist generell eine Hauptschwierigkeit, in der Kommunikation herauszubekommen, was jemand meint, wenn er Begriffe benutzt. Ich überlege mir oft, wie man das verbessern könnte. Wir brauchen meines Erachtens eine sinnbildliche Sprache, denn die streng begriffliche Sprache ist ganz bestimmt zu eng für die Fragen, die wir stellen. Wir brauchen eine bildhafte Sprache, die aber so allgemeingültig ist, daß man feststellen kann, ob wir übereinstimmen oder nicht. Je mehr Gelegenheiten wir haben wie diese, desto mehr können wir unsere Auffassungen sprachlich klären und annähern. Wir haben uns sehr stark miteinander auseinandergesetzt, und ich habe dadurch ein ausgeprägtes Bedürfnis entwickelt, diese Gespräche weiterzuführen. Ich habe den Eindruck, daß wir den Beginn eines Fadens in der Hand halten. Wenn wir ihm folgen, kann er uns am Schluß vielleicht ermöglichen, ziemlich genau zu sagen, was wir eigentlich unter dem einen oder dem anderen Begriff verstehen. Dadurch kann man auch einen Zugang zu Feldern bekommen, die bisher verschlossen waren, weil man nicht wußte, wovon der andere redet. Ich habe es sehr begrüßt und nehme auch an, daß die Zuschauer und Zuschauerinnen ähnliche Anregung bekommen, über diese Begriffe nachzudenken, ihre eigene Meinung zu bilden und zu fragen, mit welcher Auffassung sie sich eigentlich am ehesten identifizieren können.

Anmerkungen

1 Origenes lebte 185–254 und gilt als griechischer Kirchenvater.
2 Karl Raimund Popper (1902–1994), siehe auch die Anmerkung 7 im Kapitel »Kosmos« (S. 57).
3 Georg Picht lebte 1913–1982. Er war Pädagoge und Philosoph. 1946–1955 leitete er das Landeserziehungsheim Birklehof in Hinterzarten. Er war Professor für Religionsphilosophie an der Universität Heidelberg. 1958–1982 leitete er die Forschungsstätte der Evangelischen Studiengemeinschaft. Er publizierte über Philosophie, internationale Politik und Bildungspolitik (u. a. »Die Deutsche Bildungskatastrophe«, 1964, »Die Verantwortung des Geistes«, 1965, »Philosophie nach Auschwitz und Hiroshima«, 2 Bde., 1980/81).
4 Konrad Lorenz lebte 1903–1989 und war Professor in Königsberg, Münster und München. 1961–1973 war er Direktor am Max-Planck-Institut für Verhaltensbiologie in Seewiesen bei Starnberg. Danach leitete er die Abteilung Tiersoziologie am Institut für vergleichende Verhaltensforschung der Österreichischen Akademie der Wissenschaften in Wien. Lorenz gilt als Begründer der Vergleichenden Verhaltensforschung. Berühmt geworden ist er durch seine Forschungen über das Instinktverhalten der Tiere, insbesondere der Graugänse.
5 Johann Gottfried Herder, 1744–1803, Philosoph, Theologe und Dichter des Sturm und Drang.
6 Prometheus ist ein Titan der griechischen Mythologie der sich im Gegensatz zu seinem Bruder Epimetheus durch besondere Klugheit auszeichnet (in der wörtlichen Übersetzung heißt sein Name »der Vorausdenkende«). Er gilt als Wohltäter der Menschen. Als Vertreter des Menschengeschlechts versucht er Zeus zu betrügen. Dieser entzieht zur Strafe der Menschheit das Feuer, und Prometheus entwendet es Zeus, um es wieder zur Erde zu bringen. Zeus sendet daraufhin die Pandora zu den Menschen, die als Braut des Bruders Epimetheus ein Gefäß von den Göttern mitbekommt (»Die Büchse der Pandora«), worin alles Leid der Welt enthalten ist. Prometheus wurde an einen Felsen geschmiedet, wo ihm ein Adler täglich die Leber zerfleischte, die sich jeweils nachts erneuerte, bis ihn Herakles, der Sohn des Zeus, schließlich befreite.

7   Leib und Seele sind bei Platon (427-347 v. Chr.) scharf voneinander abgegrenzt, wobei der Seele die Herrschaft über den Körper zukommt. Platon glaubt an die Unsterblichkeit der Seele und faßt seine Argumente im »Phaidon« mit dem Satz zusammen, »daß dem Göttlichen, Unsterblichen, Vernünftigen, Eingestaltigen, Unauflöslichen ... am ähnlichsten die Seele ist«.

8   Das »Totenbuch der Tibeter« ist die deutsche Übersetzung für das »Bardo Thödol« (Die große Befreiung durch Hören im Bardo). Sie gilt als bedeutende Schrift des tibetanischen Buddhismus. Demnach sind alle Lebewesen dem Kreislauf von Tod, Zwischenzustand und Wiedergeburt unterworfen, und zwar so lange, bis sie in die Buddha-Natur eingehen. Es werden die Stadien des Sterbens beschrieben und das, was dabei zu tun ist.

9   Von Niels Bohr, 1885–1962, stammt das »Bohrsche Atommodell«, das die Stabilität der Atome anders erklärt als in der klassischen Physik. Es gelang ihm, sowohl der Stabilität der Atome als auch der Verteilung der Ladung in ihnen gerecht zu werden. Aufgrund seiner Arbeiten erhielt er 1922 den Nobelpreis für Physik und gab damit der Entwicklung der Quantenmechanik starke Impulse. Eine entscheidende Hilfe leistete dabei die Quantenhypothese von Max Planck. Dieser hatte mit der Einführung einer neuen Naturkonstante, dem »Planckschen Wirkungsquantum«, das Ende der klassischen Physik eingeleitet.

10   James Lovelock wurde 1919 geboren und war Dozent an der Harvard Universität Yale. Er arbeitete in den 60er Jahren für die NASA im Bereich der Spektralanalyse und erforschte dabei die mögliche Existenz von Leben auf dem Mars. Heute ist er freier Wissenschaftler in England, gehört der Royal Society an und erhielt 1990 den Umweltpreis der Niederländischen Akademie der Wissenschaften und Künste. 1988 erschien erstmals das erwähnte Buch »Das Gaia-Prinzip«.

11   Abbildtheorien gehen in verschiedenen Variationen davon aus, daß es eine objektiv existierende Wirklichkeit gibt, die durch die Leistung des Verstandes im menschlichen Bewußtsein abgebildet wird. Die griechischen Atomisten, wie zum Beispiel Leukipp und Epikur, gingen beispielsweise davon aus, daß im Bewußtsein die Abbilder der wirklichen Dinge und ihrer Eigenschaften erscheinen. Sie glaubten, daß die Gegenstände unsichtbar Atomgruppen aussenden, die über die Sinnesorgane aufgenommen und zu unmittelbaren Gegenständen der Wahrnehmung werden. Die moderne sprachanalytische Philosophie sieht in der Sprache eine Abbildungsfunktion, die um so korrekter gelingt, je exakter die Sprache ist.

12   Pasqual Jordan lebte 1902–1980. Er forschte im Bereich theoretischer Physik und Astrophysik und untersuchte die philosophischen

Konsequenzen physikalischer Forschungsergebnisse. Er schrieb u.a. »Die Physik des 20. Jahrhunderts«, 1936, »Das Plancksche Wirkungsquantum, dialektischer Materialismus und theoretische Physik«, 1950 und »Der gescheiterte Aufstand«, 1958. Jordan gilt als Mitbegründer der Quantenmechanik und lehrte in Rostock, Berlin und Hamburg.

13 Die »Royal Society« ist eine naturwissenschaftlich orientierte Akademie mit Sitz in London. Sie wurde 1783 gegründet.

14 Der Determinismus geht davon aus, daß das gesamte Naturgeschehen einer strengen Kausalität unterliegt. In seiner extremen Variante wird dem Menschen jegliche Freiheit des Willens und damit jede Fähigkeit zu Verantwortung abgesprochen.

15 Ernst Cassirer lebte 1874–1945 und verfaßte eine Philosophie, welche die Bedingungen der Möglichkeit des Verstehens und des Gebrauchs von Zeichen behandelte. Sein Hauptwerk ist die vierbändige »Philosophie der symbolischen Formen«, die er in den Jahren von 1923 bis 1929 verfaßt hat. Cassirer trat für Einsteins Relativitätstheorie ein und thematisierte in der Wissenschafts- und Philosophiegeschichte die Entwicklung vom gegenständlichen zum abstrakten Denken.

Weltauffassungen

Wir haben den Gang der Gespräche unserer Gäste vom Kosmos über das Leben zum Geist bis zum Ende begleitet, und jeder Leser geht nun wieder seine eigenen Denkwege. Sicher sind viele neue Fragen entstanden, wie es immer der Fall ist, wenn man sich tiefer in eine schwierige Materie hineinbegibt, und die Suche nach Antworten ist gewiß für niemanden – auch nicht für unsere Gespächsteilnehmer – abgeschlossen. Der Blick auf die Welt, die einen wachen und aufgeschlossenen Menschen immer wieder in Staunen versetzen kann, gewinnt aber gerade durch neue Fragen an Tiefe. Vielleicht – oder hoffentlich – wurde Neugier durch die Diskussion geweckt. Und vielleicht verspürt der eine oder andere Leser den Wunsch, sich noch ausführlicher mit den Gedankengängen unserer Gäste zu beschäftigen. Deshalb sind im folgenden Kapitel Texte oder Textausschnitte unserer Gäste zusammengestellt, die ihre Position und Weltsicht im Zusammenhang nochmals verdeutlichen sollen.
Hans-Peter Dürr macht die Bedeutung der Quantenphysik und die mit ihr einhergehenden Umwälzungen deutlich, Klaus Michael Meyer-Abich mahnt zu einem verantwortungsvollen Verhältnis gegenüber unserer »natürlichen Mitwelt«, Hans-Dieter Mutschler beschreibt das schwierige Verhältnis von Naturwissenschaft und Religion, ebenso auch Wolfhart Pannenberg aus theologischer Perspektive. Zum Schluß erläutert Franz M. Wuketits die evolutionären Ursprünge der Metaphysik.

Wer also nach unserer Gesprächs-Wanderung noch einen kleinen geistigen Rundweg einschlagen möchte, sei hierzu herzlich eingeladen. Vielleicht wird aus dem Rundweg ja sogar ein »Lebens-Lauf«. Bleiben wir auf der Suche!

1. Hans-Peter Dürr zum Verhältnis von Physik und Transzendenz

Das die Welt beobachtende Ich-Bewußtsein und das mystische Erlebnis der Einheit charakterisieren komplementäre Erfahrungsweisen des Menschen. Sie führen einerseits zu einer kritisch-rationalen Einstellung, in welcher der Mensch die Welt in ihrer Vielfalt verstehen, sie mit dem eigenen Denken erfassen will, andererseits zu einer irrational mystischen Grundhaltung, in der er durch Hingabe und Meditation unmittelbar zum eigentlichen Wesen des Seins vorzudringen versucht.

In der abendländischen Geschichte stehen diese beiden unterschiedlichen Grundhaltungen in einem ständigen fruchtbaren Wechselspiel. Sie spiegeln sich wider in der Zweiheit von Wissen und Glauben, von Naturwissenschaft und Religion. Immer wieder gab es Bestrebungen, so insbesondere im 16. Jahrhundert durch die Alchemie, diese Doppelgleisigkeit zu überwinden und die Wissenschaft in ein umfassenderes, mystische Elemente enthaltendes Ganzes einzuschmelzen. Mit dem Rationalismus René Descartes' spaltete sich jedoch im 17. Jahrhundert das rationale Weltbild vom religiösen Weltbild ab und kam in der Mechanik Isaac Newtons zur vollen Blüte. Die daran anschließende breite Entwicklung der Naturwissenschaften im 18. und 19. Jahrhundert brachte die rationale und die religiöse Seite des Weltbildes in immer schärferen Gegensatz zueinander. Das durch wissenschaftliche Methoden, durch Messungen und logisch-mathematische Schlußfolgerungen ermittelte Wissen versuchte, die Glaubensinhalte der Religion seinen eigenen Wahrheitskriterien zu unterwerfen. Glaube, Religion, das Transzendente wurden immer mehr in die Lückenbüßerrollen des Noch-nicht-Gewußten und des Noch-nicht-Erforschten gedrängt. Naturwissenschaftliche Erkenntnis bereitete sich vor, Religion langfristig zu überwinden, den Glauben letztlich durch exaktes Wissen zu ersetzen.

Wissen bedeutet jedoch nicht nur reine Erkenntnis, geeignet, die Struktur und das Wirken der Natur für den forschenden Menschen zu erhellen und ihm seine eigene Stellung in dieser Natur begreiflich zu machen, sondern dieses Wissen gibt dem Menschen auch bessere Einblicke in den Bewegungsablauf und damit die zukünftige Entwicklung natürlicher Prozesse. So verschafften die Erforschung und die Aufdeckung der Naturgesetze dem Menschen ungeahnte Möglichkeiten, die Natur zu beherrschen und sie für seine Zwecke und Ziele dienstbar zu machen – vor allem mit Hilfe der Technik, einem «Kind» der Naturwissenschaft. «Wissen ist Macht» hatte schon Ende des 16. Jahrhunderts Francis Bacon, der Begründer des englischen Empirismus, stolz proklamiert.

Naturwissenschaft und Technik prägen wesentlich unsere heutige Gesellschaft. Sie haben dem Menschen in hohem Maße geholfen, sich von den Zwängen unmittelbarer materieller Lebenssicherung zu befreien. Andererseits – und dies zeigt sich in jüngster Zeit immer deutlicher – ist dem Menschen mit seinen umfassenderen und detaillierteren Einsichten in die Zusammenhänge der Natur und seinen wachsenden Fähigkeiten, sie zu manipulieren, auch eine Macht zugewachsen, die geeignet ist, das empfindliche Netz, in das er selbst als Geschöpf der Natur auf Gedeih und Verderb eingesponnen ist, zu zerstören. In seinen Waffenlagern hat er dazu Naturkräfte zusammengeballt, die – wenn sie seiner Kontrolle entgleiten – ausreichen, die gesamte Menschheit zu vernichten. Voller Sorge stellen wir uns deshalb heute die Frage, wohin diese Entwicklung letztlich führen wird, und es überfällt uns die Angst, daß unsere so hochgepriesene menschliche Vernunft nicht ausreichen könnte, die sich abzeichnenden großen Katstrophen zu verhindern.

Unsere Vernunft gründet sich nicht nur auf unseren Verstand, unser Wissen über mögliche Wirkungszusammenhänge, sondern auch auf unsere Wertvorstellungen, die wir aus einer tieferen Schicht unseres Seins, aus den Traditionen der menschlichen Gesellschaft, aus den

Religionen beziehen. Naturwissenschaft sagt uns, was ist, aber sie gibt keine Auskunft darüber, was sein soll, wie wir handeln sollen. Der Mensch bedarf, um handeln zu können, einer über seine wissenschaftlichen Erkenntnisse hinausgehenden Einsicht – er bedarf der Führung durch das Transzendente.

Die Dominanz der naturwissenschaftlichen Betrachtungsweise, das unmittelbare Erlebnis des atemberaubenden technischen Fortschritts verstellt uns heute den Blick auf das Transzendente und seine Notwendigkeit für unser Leben. Aber mit dem Anwachsen unserer Gefährdung wird dieser Mangel spürbarer. In der verwirrenden Vielfalt einer zunehmend komplexeren und komplizierteren technischen Welt wird der Ruf nach einer klareren Orientierung immer lauter. Es wächst bei den Menschen der modernen Gesellschaft das Verlangen, hinter dieser sich immer weiter aufsplitternden und zerbröselnden Gedankenwelt wieder das wesentliche »Eine« oder, wie Werner Heisenberg es nennt, die »zentrale Ordnung« zu erkennen.

Die Ergebnisse der Naturwissenschaften finden in unserer neuigkeitshungrigen Gesellschaft weite Verbreitung. Allerdings kann der Öffentlichkeit bestenfalls nur eine extrem vereinfachte und an die Alltagsvorstellungen angepaßte Version der wissenschaftlichen Sachverhalte vermittelt werden. Die genaueren Zusammenhänge und die eigentlichen Inhalte sind so kompliziert und vielfältig, daß sie nur noch von wenigen Experten, die jeweils auf kleine Teilgebiete spezialisiert sind, verstanden werden. Dies ist bedauerlich, aber unvermeidlich. Bedenklich ist, daß durch die stark vergröberte Darstellung ganz wesentliche Aspekte der wissenschaftlichen Neuerungen verlorengehen können und dadurch unter Umständen ganz falsche Vorstellungen suggeriert werden.

So redet heute jedermann von Atomen und ihren Eigenschaften, als handele es sich dabei um ganz gewöhnliche Objekte unseres Alltags. Manchem wird vielleicht zu Ohren gekommen sein, daß sich hinter diesen Begriffen einige schwerverständliche Ungereimtheiten verbergen, die etwa mit »Teilchen-Welle-Dualismus«, »Komplementarität« oder gar den mysteriösen »Heisenbergschen Unbestimmtheitsbeziehungen« umschrieben werden. Aber nur ganz wenige wissen, daß sich mit der Entwicklung der modernen Atomphysik und der Formulierung der Quantenmechanik im ersten Drittel unseres Jahrhunderts eine tiefgreifende Revolution in unserem naturwissenschaftlichen Weltbild vollzogen hat. Diese Veränderung hat nicht nur unser Denken beeinflußt, sondern hatte und hat noch weitreichende Auswirkungen auf die angewandte Naturwissenschaft und die Technik. Die heute wichtigsten Zweige der Technik sind ohne die Quantenphysik nicht denkbar.

Doch ungeachtet dieser umfassenden Anwendung und Verwertung und trotz ihrer philosophischen Brisanz sind die erkenntnistheoretischen Konsequenzen der neuen Physik kaum ins öffentliche Bewußtsein gedrungen. Hier dominiert nach wie vor ein naturwissenschaftliches Weltbild, das im wesentlichen die Züge des alten klassischen, mechanistisch-deterministischen Weltbilds des 19. Jahrhunderts trägt. Das ist kein Zufall. Denn das uns von der Quantenphysik aufgezwungene neue Paradigma ist nicht mehr mit unseren gewohnten Vorstellungen in Einklang zu bringen und läßt sich nur schwer in unserer Umgangssprache beschreiben. Es war den Entdeckern der neuen Physik nur unter enormen Mühen gelungen, die neue Botschaft zu entziffern, und es hat sie selbst große Überwindung gekostet, sich den neuen Einsichten letztlich zu beugen. Einige der ersten und bedeutendsten unter ihnen, wie Max Planck, Albert Einstein und Erwin Schrödinger, die alle mit dem Physik-Nobelpreis für ihre bahnbrechenden Arbeiten zur Quantentheorie ausgezeichnet wurden, haben die Wende zum neuen Paradigma nie ganz vollzogen. (…)

In den aufregenden Zeiten eines wissenschaftlichen Umbruchs kommt deutlicher als in Zeiten normaler, stetiger Wissenschaftsentwicklung zum Ausdruck, daß jegliche menschliche Erkenntnis nicht voraussetzungslos im Raume schwebt, sondern notwendig auf bestimmten Prämissen aufbaut. Einige von ihnen bleiben oft unausgesprochen, da sie als evident erscheinen. Im Umbruch wird durch äußere Zwänge – Widersprüche zwischen Theorie und experimenteller Erfahrung – die Aufmerksamkeit gerade auf diese stillschweigenden Grundannahmen gelenkt, werden verborgene Fundamente freigelegt und ihre Brüchigkeit oder Unzulänglichkeit erkannt. Wer gezwungen wurde, einen solchen Paradigmenwechsel zu vollziehen, wird sensibilisiert für Fragen der Abhängigkeit von Wissen vom nicht-hinterfragten Vorwissen, für Fragen der Einbettung von Wissen in Transzendenz.

Der Umbruch von der klassischen Physik zur Quantenphysik ist für uns heute Geschichte. Wir akzeptieren die neue Physik mit ihren praktischen Konsequenzen widerspruchslos als Faktum, als abgeschlossene Schulweisheit. Wir hantieren mit ihr nach den vorgegebenen Regeln, ohne eigentlich noch ihre erkenntnistheoretischen Hintergründe und das philosophisch Revolutionäre in ihrer Aussage wahrzunehmen. Es ist fürwahr höchste Zeit, daß wir den philosophischen Faden der neuen Physik von unseren berühmten Lehrern wieder aufnehmen und versuchen, im Hinblick auf die Probleme unserer Zeit, an ihm weiterzuspinnen.

Physik und Transzendenz stehen in der Vorstellung der heutigen Physiker nicht mehr in einem antagonistischen, sondern eher in einem komplementären Sinn einander gegenüber. Diese Komplementarität wird aber verschieden gesehen. Max Planck, dessen theoretischen Untersuchungen um die Jahrhundertwende den Stein der Quantenphysik ins Rollen gebracht haben, steht mit seiner philosophischen Haltung auf der Schwelle von der alten zur neuen Ära.

Den Gegensatz zwischen Religion und Naturwissenschaft versucht Max Planck aufzuheben, indem er beide unterschiedlichen Ebenen zuordnet. Sie entsprechen bei ihm zwei verschiedenen Betrachtungsweisen, einer subjektiven, gewissermaßen von innen, und einer objektiven, von außen, bei der sich der beobachtende Mensch aus dem Weltzusammenhang herausgenommen hat. Im ersten Fall ist der Mensch Akteur, im zweiten Zuschauer.

Der Zuschauer nimmt die Welt durch seine Sinne wahr, er treibt Naturwissenschaft, indem er Theorien, »Ansichten« der Welt in einer seinem logischen Denken angemessenen mathematischen Sprache entwirft und sie mit Ergebnissen präparierter Erfahrung, mit Messungen vergleicht. Er entdeckt dabei allgemeine, umfassende Gesetze. Diese Gesetze haben eine besonders einfache Form, die ihn in Erstaunen versetzt, und in denen er deshalb das Walten einer »göttlichen« Vernunft zu erkennen glaubt. Das Hamiltonsche Prinzip – das die Gesetze der Mechanik bestimmende »Prinzip der kleinsten Wirkung« – war schon für Maupertuis und Leibniz Ausdruck eines zielgerichteten Waltens in der Natur, ein Hinweis für eine Auszeichnung unserer Welt als »die beste unter allen möglichen Welten«.

Dem Menschen als Akteur offenbart sich andererseits die göttliche Vernunft ganz unmittelbar und in einer keiner weiteren Erklärung bedürftigen Form. Gott steht hier am Anfang allen Denkens. Er ist der Kompaß, an dem sich unser Handeln ausrichten kann, das allgemeingültige Maß, das uns erst zu einer Bewertung unseres Handelns befähigt. Die Religionen sind Ausdruck dieses unmittelbaren Zugangs. Sie versuchen, die Werte in für die menschliche Gemeinschaft gültige Normen zu fassen. Sie bedienen sich dazu der Sprache. Die Sprache ist aber nur Symbol, nur Gleichnis für das nicht objektiv faßbare Transzendente.

Konflikte und Widersprüche erscheinen, wenn die verschiedenen Bedeutungen von Sprache in ihrem symbolischen und ihrem auf äußere Sachverhalte bezogenen Sinn verwechselt werden. Naturwissenschaft und Religion ergänzen einander. »Naturwissenschaft ohne Religion ist lahm, Religion ohne Naturwissenschaft blind«, sagt Albert Einstein.

Eine strenge, allgemeine Gesetzlichkeit der Natur, wie sie die alte klassische Physik fordert, erschien allerdings im Widerspruch zum Erlebnis der Willensfreiheit und der Handlungsfreiheit des Menschen, die einer moralischen Haltung des Menschen als notwendige Voraussetzung zugrunde liegen müssen.

Mit der Erforschung des Allerkleinsten, der Welt der Atome, wurde jedoch deutlich, daß es mit dem weiteren Hinaustreten aus der bekannten Sphäre der uns durch unsere Sinne direkt wahrnehmbaren Erfahrungswelt immer schwieriger wurde, das uns nur mittelbar durch komplizierte Meßgeräte erschlossene Neuland in unserer Umgangssprache zu beschreiben. Die Welt des Allerkleinsten, so zeigte sich, war nicht einfach eine enorm verkleinerte Kopie unserer gewohnten Alltagswelt, sondern besaß eine ganz andere Struktur.

Eine konsistente Erklärung der Quantenphänomene kam zu der überraschenden Schlußfolgerung, daß es eine objektivierbare Welt, also eine gegenständliche Realität, wie wir sie bei unserer objektiven Betrachtung als selbstverständlich voraussetzen, gar nicht »wirklich« gibt, sondern daß diese nur eine Konstruktion unseres Denkens ist, eine zweckmäßige Ansicht der Wirklichkeit, die uns hilft, die Tatsachen unserer unmittelbaren äußeren Erfahrung grob zu ordnen. Die Auflösung der dinglichen Wirklichkeit offenbarte, daß eine Trennung von Akteur und Zuschauer, von subjektiver und objektiver Wahrnehmung nicht mehr streng möglich ist. Eine ganzheitliche Struktur der Wirklichkeit zeichnete sich ab. Die gesetzlichen Zusammenhänge lockerten sich. Das zukünftige Geschehen erwies sich nicht mehr als mechanistisch festgelegt, sondern nur noch als statistisch determiniert.

Hatte man ursprünglich vermutet, daß das »Transzendente« im Laufe der Entwicklung der Naturwissenschaften immer weiter zurückgedrängt werden würde, weil letztlich alles einer rationalen Erklärung zugänglich sein sollte, so stellte sich nun im Gegenteil heraus, daß die uns so handgreiflich zugängliche materielle Welt sich immer mehr als Schein entpuppt und sich in eine Wirklichkeit verflüchtigt, in der nicht mehr Dinge und Materie, sondern Form und Gestalt dominieren. Das Höhlengleichnis Platons, in dem die von uns wahrnehmbare Welt nur als Schatten einer eigentlichen Wirklichkeit, der Welt der Ideen, aufgefaßt wird, kommt einem in diesem Zusammenhang unwillkürlich in den Sinn. Doch führt die Quantenphysik nicht zu einem neuen Idealismus. Das Erstaunliche dabei ist nämlich, daß sich die von ihr umschriebene, nicht mehr objektivierbare Welt auf einer höheren Abstraktionsstufe wieder in eine wohldefinierte mathematische Form kleiden läßt, die der wissenschaftlichen Beschreibung ein solides Fundament verschafft. »Die Quantentheorie«, so schreibt Werner Heisenberg im Kapitel »Positivismus, Metaphysik und Religion« seines Buches »Der Teil und das Ganze«, »ist so ein wunderbares Beispiel dafür, daß man einen Sachverhalt in völliger Klarheit verstanden haben kann und gleichzeitig doch weiß, daß man nur in Bildern und Gleichnissen von ihm reden kann.« Die Sprachlosigkeit religiöser Erfahrung greift in gewisser Weise mit der Quantentheorie auch auf die äußere Erfahrung über.

Die Quantenphysik machte wieder deutlich, daß unsere wissenschaftliche Erfahrung, unser Wissen über die Welt nicht der »eigentlichen« oder »letzten« Wirklichkeit, was immer man sich darunter vorstellen will, entspricht. »Das wahre Wesen der Dinge bleibt verschlossen«, sagte schon John Locke. Durch unsere Sinneswerkzeuge und unsere Denkstrukturen prägen wir der Wirklichkeit ein Raster auf, das sie in ihren Ausdrucksformen beschränkt und in ihrer Qualität verändert. Die erstaunliche Bewährung der fundamentalen allgemeinen Einsichten der Physik in der Erfahrung, so hatte Immanuel Kant schon gelehrt, rührt daher, daß sie notwendige Bedingungen darstellen, unter denen Erfahrung überhaupt erst möglich ist. Die physikalische Welt erscheint als eine Konkretisierung der Transzendenz. Arthur Eddington hat die Beziehung zwischen physikalischer und eigentlicher Wirklichkeit in seinen Schriften mit überzeugender Anschaulichkeit beschrieben. So vergleicht er in seinem Beitrag »Die Naturwissenschaft auf neuen Bahnen« die physikalische Welt mit den Wellen im die Transzendenz symbolisierenden Wasser des Meeres.

Unser Denken – und deshalb auch die naturwissenschaftliche Beschreibung – erfaßt nur eine Struktur, ein »Wie«, aber nicht den Inhalt, das Wesen, das »Was« der eigentlichen Wirklichkeit. Wegen der logisch-analytischen Struktur unseres Denkens ist die von uns auf diese Weise begreifbare Projektion der Wirklichkeit in mathematische Sprache gefaßt. Die Welt erscheint als Gedanke. »Die Naturgesetze«, so schreibt James Jeans in seinem Text »In unerforschtes Gebiet«, »können wir uns als die Denkgesetze eines universalen Geistes vorstellen. Die Gleichförmigkeit der Natur verkündet die innere Konsequenz dieses Geistes.«

Auch Erwin Schrödinger versteht die eigentliche Wirklichkeit als Geist. Sie ist für ihn das Ganze, das Eine, wie es uns in unserem Bewußtsein unmittelbar und ungebrochen entgegentritt. »Die Vielheit anschauender und denkender Individuen ist nur Schein, sie besteht in Wirklichkeit gar nicht.« Die Vielheit sind verschiedene Reflektionen des Einen, ähnlich wie im Gleichnis der Philosophie des Vedanta die vielen Spiegelungen eines einzigen Gegenstands in einem Kristall. (…)

Durch Denken zerlegen wir die Welt in Teile, wir analysieren sie. Die Teilbarkeit liegt nicht im Wesen der eigentlichen Wirklichkeit. »Der Vorgang des Teilens ist eine Weise«, so David Bohm, »über die Dinge zu denken. Das fragmentierte Selbst-Weltbild verleitet den Menschen zu Handlungen, die darauf hinauslaufen, daß er sich selbst und die Welt fragmentiert, damit alles seiner Denkweise entspricht. Der Mensch verschafft sich so einen scheinbaren Beweis für die Richtigkeit seines fragmentarischen Selbst-Weltbildes, obwohl er natürlich die Tatsache übersieht, daß mit dem Handeln, das auf sein Denken folgt, er selbst es ist, der die Fragmentierung herbeigeführt hat.«

Dieser durch das Denken aufgezwungenen Fragmentierung der Wirklichkeit hat der Mensch immer wieder die Vorstellung einer Ganzheit entgegengesetzt. »Die Ganzheit oder das Heilsein«, so David Bohm an anderer Stelle, »hat der Mensch von jeher als eine unabdingbare Notwendigkeit dafür empfunden, daß das Leben lebenswert sei.«

Die Methode des Teilens, das Abtrennen von verschiedenen Teilwirklichkeiten aus dem Ganzen, um am Ende das Ganze als vollständige Summe aller seiner Teile zurückzugewinnen, ist für unsere wissenschaftliche Erkenntnis nicht nur unentbehrlich, sie war vor allem auch äußerst erfolgreich, was eine gewisse Angemessenheit dieser Methode für die Naturbeschreibung anzeigt. Die erste Trennung, die Herauslösung des beobachtenden Ichs aus der Wirklichkeit, ermöglichte erst die Fiktion der Objektivität. Die Konzentration auf künstlich isolierte Teilaspekte war die Voraussetzung für die Schärfe und Exaktheit von Aussagen. Die Komplementarität von Physik und Transzendenz spiegelt sich so in der Komplementarität von Teilbarkeit und Ganzheit und auch der von Exaktheit und Relevanz. (...)

Erfahrung ist nur dann wissenschaftlich faßbar, wenn ihre Inhalte in unserer Umgangssprache ausgedrückt werden können. Wissenschaftliche Erfahrung muß in diesem Sinne objekthaft werden, denn nur dann läßt sich eindeutig mitteilen, was beobachtet oder gemessen wurde. Die Mathematik ist dabei nur eine besonders verfeinerte Form der Umgangssprache. Sie weist den Begriffen der Sprache eine präzise Bedeutung zu und vermeidet damit jene Mehrdeutigkeit, die von ihrer anderen Funktion herrührt: Symbol und Gleichnis für das Transzendente zu sein.

Das, was beobachtet wird, ist aber primär nicht objekthaft, sondern entspricht einem einheitlichen Quantenzustand oder einem Gemenge aus solchen. Erst durch den aktiven Eingriff einer Beobachtung werden Aspekte von Quantenzuständen in objektiv feststellbare Tatsachen verwandelt. Durch gewisse Verstärkungsmechanismen – instabile Systeme, die bei kleinsten Einwirkungen irreversibel umkippen – werden Meßdaten, also für wechselseitige Mitteilungen geeignete makroskopische Dokumente geschaffen. Jede Objektivierung bedeutet Trennung, das heißt Zerstörung der nicht-objekthaften Einheit, in der Beobachter und beobachtetes System miteinander verschmolzen sind. Ein Zuschauer ist immer gleichzeitig mitwirkender Akteur.

Verschiedenartige Beobachtungen mit Hilfe verschiedener Versuchsanordnungen bewirken verschiedenartiges Auftrennen. Sie extrahieren aus dem beobachteten System deshalb andere Erscheinungsmuster, die, bei üblicher Deutung als Eigenschaften eines beobachteten »Objekts«, im Widerspruch zueinander stehen und in Extremfällen »komplementären« Charakter haben. Der Begriff der »Komplementarität«, von Niels Bohr schon vor der endgültigen Formulierung der Quantentheorie eingeführt, erwies sich für die Diskussion der Quantenphänomene als äußerst fruchtbar. In seinem Beitrag »Einheit des Wissens« schreibt er dazu: »Wie gegensätzlich solche Erfahrungen (unter verschiedenen Beobachtungsbedingungen) auch erscheinen mögen, wenn wir den Verlauf atomarer Prozesse mit klassischen Begriffen zu beschreiben versuchen, so müssen sie in dem Sinne als komplementär betrachtet werden, daß sie gewissermaßen wesentliche Kenntnisse über atomare Systeme darstellen und in ihrer Gesamtheit diese Kenntnis erschöpfen.« Diese in der Quantenmechanik präzise faßbare Komplementarität lieferte ein lehrreiches Musterbeispiel dafür, wie scheinbar unüberwindliche Widersprüche sich durch eine Erweiterung des begrifflichen Rahmens harmonisch auflösen lassen. Es weist uns darauf hin, wie unser Beharren auf zu einfachen Denkmustern und Phantasielosigkeit uns daran hindern können, im Gegensätzlichen das Gemeinsame zu erkennen.

Die gleiche Beobachtung am gleichen System erzeugt wohl das gleiche Erscheinungsmuster, aber im allgemeinen nicht das gleiche Einzelergebnis. Welches spezielle Einzelereignis bei einer Beobachtung unter einer Vielzahl von möglichen Ereignissen auftreten wird, läßt sich nicht mehr voraussagen, nur noch die relative Wahrscheinlichkeit für das Auftreten dieses Ereignisses ist gesetzlich festgelegt und damit prognostizierbar. Auch in der atomaren Welt gilt immer noch das Prinzip der Kausalität, nach dem jede Wirkung eine ihr zeitlich vorausgehende Ursache haben muß, aber diese Beziehung besteht nicht mehr in dem Sinne, daß eine bestimmte Ursache eine ganz bestimmte Wirkung zur Folge hat, wie dies die klassische Physik beschreibt. Die Welt ist also nicht mehr ein großes mechanisches Uhrwerk, das, unbeeinflußbar und in allen Details festgelegt, nach strengen Naturgesetzen abläuft, eine Vorstellung, wie sie sich den Physikern des 19. Jahrhunderts als natürliche Folge der klassischen Kausalität aufdrängte und sie dazu verleitete, jegliche Transzendenz als subjektive Täuschung zu betrachten. Die Welt entspricht in ihrer zeitlichen Entwicklung – entsprechend einem Bild von David Bohm – mehr einem Fluß, dem Strom des Bewußtseins vergleichbar, der nicht direkt faßbar ist; nur bestimmte Wellen, Wirbel, Strudel in ihm, die eine gewisse relative Unabhängigkeit und Stabilität erlangen, sind für unser fragmentierendes Denken begreiflich und werden für uns zur »Realität«. (...)

Über Transzendenz läßt sich nur in Gleichnissen und Bildern sprechen. Daß wir hinter diesen Bildern die Wahrheit erkennen können, liegt daran, daß wir alle im gleichen Strom des Bewußtseins fließen. (...)

Mit freundlicher Genehmigung des Verlages entnommen aus:
Hans-Peter Dürr (Hg.), Physik und Transzendenz, 7. Aufl.,
Scherz Verlag, Bern-München-Wien, 1986.

2. Klaus Michael Meyer-Abich über eine »Praktische Naturphilosophie« des menschlichen Handelns im Ganzen der Natur

> *Wir haben die erde gekränkt, sie nimmt*
> *ihre wunder zurück*
> *Wir, der wunder*
> *eines*
>
> *(Reiner Kunze)*

Gelegentlich bin ich schon gefragt worden: Sie nennen sich Naturphilosoph; warum? Wenn ich darauf sagte: Weil ich einer bin, half dies in der Regel nicht viel weiter, denn die Naturphilosophie ist in unserer Gesellschaft noch vergessener als die Natur selbst. Ich erkläre in diesem Aufsatz, was ich darunter verstehe, und zwar im praktischen Sinn, das heißt im Hinblick auf das menschliche Handeln im Ganzen der Natur, zu der wir gehören.

Die Naturzugehörigkeit des Menschen

Die Natur ist das Ganze, von dem wir ein Teil sind. Sie ist also nicht nur die außermenschliche Natur, sondern diese ist ebenfalls ein Teil des Ganzen, allerdings der größere. Zur Unterscheidung – sowohl von der Menschheit als auch vom Ganzen der Natur – nenne ich sie unsere natürliche Mitwelt. Das hier betonte Mitsein erinnert an unsere naturgeschichtliche Verwandtschaft in der Lebensgemeinschaft des Ganzen der Natur. Der Ausdruck Mitwelt stammt von Goethe. In der Philosophie ist des Mitseins bisher nur zwischen Menschen gedacht worden, nicht hinsichtlich der Natur.
Wenn wir uns selber so verstehen, daß wir nur im Mitsein sowohl mit den Mitmenschen als auch mit der natürlichen Mitwelt insgesamt wirklich Menschen sein können, werden wir diese anders behandeln, als wenn wir von einem andern Planeten zugewandert wären

169

und mit den irdisch Eingeborenen in unserem Dasein ursprünglich nichts gemein hätten. Als die Zugewanderten lebten wir nur untereinander in einem Mitsein, das zur eigenen Identität gehört. Gegenüber den Hiesigen aber hätten wir keinen Grund zu derartigen Rücksichten, denn sie wären nicht andere wie wir, sondern nur andere als wir. Hier gäbe es allenfalls ein Klugheitsgebot, mit ihnen so umzugehen, wie es unseren Interessen als Eingewanderten und Eroberern entspricht.

Die Industriegesellschaften verhalten sich so, als kämen sie von einem andern Stern und gehörten hier auf Erden eigentlich nicht dazu. Diesem Verhalten entspricht das erkenntnis- und handlungsleitende Bewußtsein in Wirtschaft und Wissenschaft. Viktor von Weizsäcker hat einmal gesagt, die Naturwissenschaft und der Kapitalismus seien derselbe Fehler. Tatsächlich erfolgen die Verwirtschaftung der Natur als Ressource oder als Ware und die wissenschaftliche Objektivierung der Natur gleichermaßen so, als gehörten wir nicht dazu, und setzen insoweit denselben Irrtum voraus.

Wir sind in diesem Irrtum immer noch befangen. Zwar wird in der Regel nicht mehr ganz so unbedacht beansprucht, wir seien etwas Besseres als die Natur und lebten in einer besonderen, exklusiv geschichtlichen Welt, die sich auf einer sonst ungeschichtlichen Natur niedergelassen habe. Unter der Natur aber wird sogar in der Naturkrise der wissenschaftlich-technischen Welt im Allgemeinbewußtsein meistens immer noch die grüne Welt verstanden, die man vor dem Fenster hat oder dort vermißt, also nur die außermenschliche Natur oder das, was nicht wir sind. Alle Beteuerungen, auch wir seien ein Teil der Natur, haben daran bisher erstaunlich wenig geändert. Ein Ausdruck dieses Bewußtseins ist nicht nur die Zerstörung der Lebensverhältnisse durch die industrielle Wirtschaft, sondern gleichermaßen die herrschende Wissenschaft von Natur und Gesellschaft.

Soweit die Industriegesellschaften noch eine Zukunft haben, hängt diese meines Erachtens davon ab, daß wir uns unserer Naturzugehörigkeit bewußt werden, das heißt, uns selbst erkennen als Mensch gewordene Natur und danach handeln. In jedem Geschöpf ist das Universum ganz und gar dieses Geschöpf, ist ein dafür wegweisender Satz von Nikolaus von Kues; im Menschen also ist es Mensch geworden, das heißt in besonderer Weise gefühls- und vernunftfähig. So kann die Natur in uns zur Sprache, zur bildenden Kunst und überhaupt auf menschliche Weise zur Kultur kommen. Vernunft, denke ich, ist das Vernehmen der Natur im Erkennen und im Handeln, wie es besonders wir Menschen vermögen. In anderen Lebewesen und in der sogenannten unbelebten Natur kommt das – in seiner Einheit unsichtbare – Ganze der Natur auf andere und ebenfalls je besondere Weise zur Erscheinung.

In aller Vielfalt aber zeigt sich immer dieselbe Natur. Sie verbirgt sich zugleich in dieser Vielfalt. Erstmals entdeckt haben sie die vorsokratischen Philosophen in der griechischen Antike. Inzwischen ist nicht mehr alle Philosophie Naturphilosophie und die Natur sogar für viele Philosophen von der Natur der Dinge zu den Dingen der Natur und damit zur Ressource oder allenfalls zum Gegenstand der Kosmologie geworden. Dieses Unverständnis ist viel älter als die Naturkrise der wissenschaftlich-technischen Welt. Wir sollten jenseits der Fülle der Erscheinungen auch wieder die Natur selbst wahrzunehmen lernen, von der wir ein Teil sind.

Das Selbstbewußtsein, Mensch gewordene Natur zu sein, haben wir noch nicht. Hätten wir es, so könnten wir uns nicht nur mit der heutigen Wirtschaft, sondern auch mit den heutigen Wissenschaften nicht mehr begnügen; denn sie beruhen auf dem Gegensatz von Natur und Gesellschaft, so daß das unnatürliche Menschenbild dem unmenschlichen Naturbild – und der dazu passenden Praxis – entspricht. Ein Ausweg aus der Wirtschafts- und Wissenschaftsstruktur, in deren blinden Fleck die jetzige Naturkrise fällt, ist erst dann zu finden, wenn die Naturzugehörigkeit des Menschen ein gemeinsamer Ausgangspunkt wird. Solange es immer nur heißt: »Ja, ja, natürlich gehören wir auch zur Natur«, und »für die Umwelt geschieht ja auch schon eine ganze Menge« – dann aber weiter so gedacht und gehandelt wird, als gehörten wir nicht dazu, sind wir nicht zu retten. Die Einsicht in unser Natursein ist freilich primär kein Ergebnis der Wissenschaft, sondern eine Voraussetzung dafür, daß im Wissenschaften und im Wirtschaften überhaupt die richtigen Leitbilder verfolgt und Fragen gestellt werden.

Uns auf Erden wie die interplanetarischen Eroberer zu verhalten, beruht auf dem Selbstverständnis, Mensch *sein* zu können, indem wir die übrige Welt nur *haben* wollen. Man nennt dieses Welt- und Menschenbild üblicherweise das anthropozentrische, weil der Mensch (griechisch »anthropos«) sich hier so in den Mittelpunkt stellt, als sei die außermenschliche Welt nicht seine natürliche Mitwelt, sondern nichts als für ihn da: ein Haufen von Ressourcen zur Deckung seiner Bedürfnisse oder was er dafür hält. Der Ausdruck Anthropozentrik hat allerdings einen beschönigenden Beiklang, insofern es hinsichtlich der mitmenschlichen, insbesondere der politischen Verhältnisse ein gutes und anerkanntes Ziel ist, daß nicht ein System, ein Staat, ein Diktator, eine Partei oder eine Klasse im Mittelpunkt stehen soll, sondern eben der Mensch. Was innerhalb der Menschheit gilt, darf aber nicht ohne weiteres auf das menschliche Verhältnis zur übrigen Welt verallgemeinert werden. Den Menschen auch in der Natur insgesamt als die Hauptsache und den allgemeinen Bezugspunkt zu deklarieren, ist eine Überheblichkeit der Gattung Mensch in der Gemeinschaft der Natur, die auf der individuellen Ebene dem Egoismus des Einzelnen entspricht, der meint, seine Artgenossen seien im wesentlichen für ihn da. Das anthropozentrische Weltbild kann deshalb auch das humanegoistische heißen.

Kommunitarismus der Natur

Ich halte es für ein kosmisches Prinzip, daß alle Dinge und Lebewesen nur im Mitsein mit anderen sie selber sind. Alle Dinge sind, was sie sind, und haben ihren Bestand nur in der Gemeinschaft mit anderen. Für die menschliche Sozialisation ist dies bekannt. So aber erlebt es auch der Wanderer, der den schönen Stein mitnehmen möchte, ihn aus seinem Umfeld herausnimmt und zu Hause enttäuscht feststellt, daß ihm etwas fehlt, weil nämlich das Umfeld dazugehört. Ähnlich geht es dem Gärtner mit der Pflanze, die ebenfalls nicht bleibt, was sie war, wenn sie einen neuen Platz findet. Steine und Pflanzen können in Gärten freilich eine neue und kunstvollere Identität gewinnen. Besonders auffallend ist das Beheimatetsein in ihrem natürlichen Umfeld bei wildlebenden Pflanzen und Tieren. Ein Tiger im Zoo ist kein richtiger Tiger mehr. Dabei sind die zu den einzelnen Lebewesen ihrer Natur nach gehörigen Mitwelten umgekehrt auch nicht unabhängig von diesen da, sondern werden durch sie mitgeschaffen.

Die Gemeinschaft der Natur wird also durch ein Mitsein zusammengehalten, das die Gegenwart einer allgemeinen, naturgeschichtlich verwandtschaftlichen Gewordenheit ist. Die einzelnen Individuen sind nicht fensterlos, wie Leibniz meinte, sondern immer schon im Mitsein und durch das Mitsein gebildet. Dieses Mitsein ist ein Grundverhältnis, in dem alles seinen Platz und seinen je besonderen Wert nur in der Einheit und Ordnung des Ganzen hat. Kein Individuum und keine Spezies ist autonom. Mit den Worten von Nikolaus von Kues, dem ich auch hier folge: Nichts im Universum ist zu lieben außer in der Einheit und Ordnung des Universums. Für den Menschen gilt dies in der besonderen Einheit und Ordnung der Lebewesen.

Die Rede vom Mitsein in Einheit und Ordnung könnte so verstanden werden, als solle das abendländische Individuum zugunsten sozusagen mittelalterlicher Verhältnisse, in denen alles wieder seinen Platz hat und dort auch bleiben soll, verabschiedet werden. Nichts liegt mir ferner, als dies für richtig zu halten. Unabdingbar notwendig ist jedoch, daß der freien Entfaltung der Persönlichkeit der autonomen Individuen in der Naturkrise der wissenschaftlich-technischen Welt insoweit Grenzen gesetzt werden, wie sie zu Lasten der Allgemeinheit – der gesellschaftlichen und der der Natur – erfolgt. Letzteres ist heute in weitem und somit zu weitem Umfang der Fall.

Ich erinnere an die Kommunitarismus-Debatte in Nordamerika (Alasdair MacIntyre, Michael J. Sandel, Charles Taylor u. a.). Die Vorgeschichte ist, daß in der Entwicklung des modernen Rechtsstaats Grundrechte zunächst als Freiheitsrechte gegen den Staat durchgesetzt worden sind. Dazu gab es vor zweihundert Jahren die allerbesten Gründe. Gegen zu starke Reglementierungen Pluralität zu schaffen war und ist ein liberaler Impuls, der nicht wieder verlorengehen sollte. Gemeint war aber die Pluralität in einer öffentlichen und politischen Gemeinschaft freier Bürger, in der jeder seine Rechte und Pflichten kannte. Herausgekommen ist mittlerweile statt dessen, daß jeder Bürger vielerlei Rechte gegen den Staat hat und daß diese sich unter der Hand außerdem zunehmend in Ansprüche gewandelt haben. Im Zeichen der Bejahung von Pluralität war all dies erwünscht, und es gibt auch heute noch nachvollziehbare Gründe, der allgemeinen Individualisierung gute Seiten abzugewinnen. Wo aber ist nun die öffentliche und politische Gemeinschaft geblieben? Ich sehe als das Verbindende in unserer Gesellschaft im wesentlichen nur noch erstens riesenhafte Verwaltungen, die alle möglichen Ansprüche der Bürger wie der Wirtschaft bearbeiten, zweitens eine Konsumwirtschaft, welche in einem bodenlosen Faß zweifelhafter Bedürfnisse nur noch durch ständigen Durchfluß den Schein der Fülle erzeugen kann, und drittens Politiker, die dem, was sowieso passiert, den Schein eines politischen Gewolltseins verleihen. Wieso aber ist dies eine politische Vereinigung freier Bürger, wie sie in der liberalen Tradition doch einmal gewollt war?

Die traurige Geschichte des Liberalismus zeigt: Ohne eine tätige Identifikation der Individuen gibt es keine Gemeinschaft, kein Volk und keinen Staat. Insoweit gebe ich den Kommunitaristen recht. Unzureichend an den bisherigen Entwürfen finde ich aber, daß sie das Mitsein, in dem Menschen zur Welt und zu sich kommen, auf die menschliche Gesellschaft beschränken. Der Mensch lebt nicht nur im gesellschaftlichen, sondern auch im natürlichen Mitsein, das heißt in der Gemeinschaft der Natur. Ich trete deshalb für einen umfassenderen Kommunitarismus der Natur ein und möchte in diesem den wirtschaftlichen Liberalismus der individuellen Eigennützlinge, die sich nun als Schädlinge erweisen, wieder dem politischen nachordnen. In diesem bedürfen mündige Bürger nicht der Gängelung durch den Staat, weil sie von sich aus nicht zu Lasten der Allgemeinheit handeln. Mit der Allgemeinheit meine ich nun freilich nicht nur die der Gesellschaft, sondern die der Natur, in der selbstverantwortlich zu leben politisch »koliberal« heißen könnte. Der politisch liberale Grundsatz der Mündigkeit oder Selbstverantwortlichkeit in einer freien Gesellschaft kann so ausgedrückt werden, daß ein Volk in jedem Bürger seine jeweils besonderen individuellen Züge annimmt und in ihm die Chance des Lebens hat. Daß das Volk, wenn jeder Bürger sich seiner Natur nach als eine solche Individuation verhält, nicht zu seinen eigenen Lasten lebt, versteht sich dann von selbst. Umgekehrt gibt es in dem so bestimmten Verhältnis des Einzelnen und der Gemeinschaft nicht den Totalitarismus, daß die Individuen nur für das Ganze da sind und kein Eigenrecht haben, denn jeder Einzelne ist eine selbstverantwortliche Individuation des Ganzen.

In jedem Geschöpf ist das Universum dieses Geschöpf. Dies gilt für alle Dinge und Lebewesen wie für den Menschen überhaupt und für jeden einzelnen Menschen. Es ist für uns das »koliberale Individuationsprinzip« des selbstverantwortlichen Erdenbürgers, gilt aber gleichermaßen für alle anderen Lebewesen. Auch sie sind in ihrer je besonderen Weise Spezifizierungen des Ganzen und als solche von uns in ihrem Eigenrecht, Eigensinn und Eigenwert zu achten. Die eine Natur des Ganzen entfaltet sich zu den vielen Naturen der verschiedenen Lebewesen. Die besondere Natur eines jeden Lebewesens oder Dings ist seine jeweilige Teilhaftigkeit am Ganzen der Natur.

So finden wir uns in einem Mitsein, das durch Übereinstimmungen wie durch Gegensätze, durch Nähen wie durch Fernen bestimmt und gestimmt ist. Die Grunderfahrung des Mitseins in der Gemeinschaft der Natur ist die Angewiesenheit aufeinander und das Leben voneinander, nachdem »diese Welt eine so wunderbare Ökonomie« erhalten hat, »daß jeder verpflichtet ward, andern zu dienen«, wie Linné 1739 in seiner »Rede von den Merkwürdigkeiten an den Insekten« sagte. Diese Schuldigkeit führt zu dem Aufleben der einen in den anderen: der Elemente in den Pflanzen, der Pflanzen in den Tieren und Menschen sowie zu dem Wiederaufleben der Gestorbenen in den Pflanzen, wenn ihre Körper wieder zu Erde geworden sind. Diese Dinge leben den Tod jener, und jene sterben das Leben dieser (Heraklit). (...)

Angemessenes Verhalten im natürlichen Mitsein

Wie können wir uns gegenüber der natürlichen Mitwelt alltagstaug-
lich in Liebe üben? So wenig wie unter Menschen kann damit
gemeint sein, sich jeden Einflusses zu enthalten. Wenn aber alle
Dinge darin übereinkommen, daß sie verschiedene Individuationen
beziehungsweise – der Art nach – Spezifikationen des einen Ganzen
sind, so ist die Gemeinschaft der Natur grundsätzlich egalitär.
Angemessen wäre also ein Umgang, in dem diese Gleichstellung in
der Verschiedenheit gewahrt, das heißt, ein jedes gemäß seiner
Natur behandelt wird. Die Fragen: Wie werde ich dem Baum
gerecht? und: Wie werde ich dem Fluß gerecht? stimmen insoweit
überein, als es beide Male darum geht, einem anderen seiner Natur
nach gerecht zu werden. Gelingen aber kann dies nur dann, wenn
ich den Baum als Baum und den Fluß als Fluß, das heißt beide so
verschieden behandle, wie sie ihrer Natur nach sind. Eine Katze also
ist nicht deshalb anders zu behandeln als eine Ameise, weil Katzen
etwas Besseres als Ameisen sind, sondern weil beide ihrer Natur
nach etwas je anderes sind.

In der Gemeinschaft der Natur ist meines Erachtens derjenige
Umgang naturgemäß, in dem alle Dinge und Lebewesen gleichermaßen ihrer Natur nach und dementsprechend verschieden behandelt werden.

Einen darüber hinausgehenden Kanon von Grundrechten etc. kann
ich mir – wie bei den Menschen – allenfalls innerhalb einzelner
Gattungen oder Arten vorstellen, soweit dazu ein Bedarf besteht.
Derartige Ordnungen könnten dadurch zustandekommen, daß man
sich das Fairness-Verfahren von John Rawls in die Gemeinschaft der
Natur übertragen denkt. Ich erinnere dazu an einen alten Gedanken, der freilich in unserer Kultur weniger Gewicht hat als in
anderen, den der Seelenwanderungslehre. Würde sie mit unter den
»Schleier des Nichtwissens« (Rawls, 1971) genommen, so könnte
ich einer Ordnung zum Umgang mit Bäumen unter diesen
Umständen nur dann zustimmen, wenn sie für mich auch in dem
Fall akzeptabel wäre, daß ich als Baum wiedergeboren würde. Es
wäre nicht nötig, diese Überlegung für alle Arten im Verhältnis zu

allen anderen anzustellen, also zum Beispiel für den Umgang von Katzen mit Bäumen oder von Katzen mit Vögeln unter der Annahme, daß Katzen als Bäume oder Vögel wiedergeboren würden, denn Katzen sind ihrer selbst beziehungsweise ihrer Natur in allen diesen Verhältnissen relativ sicher und brauchen dazu keinen Rat. Unsicher aber sind wir Menschen und sollten es in der Naturkrise der wissenschaftlich-technischen Welt sogar in einer sehr grundsätzlichen Weise sein, also auch die Vorstellung der Seelenwanderung keinesfalls von vornherein ausschließen.

Der angemessene menschliche Umgang mit einer anderen Art von Lebewesen wäre also unter der Hypothese zu ermitteln, daß Menschen als Individuen der betreffenden anderen Art und diese als Menschen wiedergeboren werden könnten. Wenn dieses Prinzip Geltung hätte, brauchte dabei keineswegs grundsätzlich herauszukommen, daß kein Baum mehr gefällt, kein Fisch mehr gefangen und kein Getreide mehr geerntet werden dürfte. Denn nach dem Ganzheitsprinzip haben die Dinge ihren Wert nicht je für sich, so wie sie gerade sind, sondern ihrer Natur nach im Ganzen der allgemeinen Natur. Wenn also die Welt insgesamt dadurch gewinnen würde, daß ein Stein zu einem Kunstwerk behauen oder in eine Mauer eingebaut würde, so könnte dies der Natur des Steins gleichermaßen angemessen sein. Dabei gilt auch die Umkehrung: Was der Natur des Steins unangemessen wäre, kann – wenn der Stein eine Individuation des Ganzen ist – auch im Ganzen nicht gut sein.

Hier beginnt freilich die Unsicherheit bereits in der Kunst: Sollen nur Veränderungen zugelassen sein, die auf die Natur des Steins so Rücksicht nehmen, wie dies beispielsweise Ulrich Rückriem und Raimer Jochims tun, oder auch die fliegenden Gewänder der Statuen von Gian Lorenzo Bernini, die der Natur des Steins vielleicht sogar Gewalt antun? Wir werden wohl niemals sicher sein können, ob die Welt durch etwas, was wir ihr zugutekommen lassen wollen, wirklich gewinnt. Sicherheit ist jedoch keine Bedingung, unter der Menschen zu leben erwarten können. Wenn wir nicht bereit wären, nach bestem Wissen auch in Unsicherheit zu entscheiden, könnten wir gar nichts Wesentliches entscheiden. Also kommen wir nicht darum herum, uns von Fall zu Fall festzulegen, ob ein Stein behauen, ein Baum gefällt, ein Fisch gefangen oder ein Getreide gesät und geerntet wird.

Wären wir tatsächlich bereit, das Fällen eines Baums zuzulassen, wenn wir damit rechnen müßten, als Baum wiedergeboren zu werden? Bedenken wir den umgekehrten Fall, daß Bäume als Menschen wiedergeboren würden, so würde ich als Baum unter dieser Perspektive wohl meinen, nach meiner Wiedergeburt als Mensch nicht darauf bestehen zu sollen, daß ein Menschenleben grundsätzlich einen Vorrang vor dem Leben aller Bäume habe. Aus der Sicht des Baums würde ich also für eine menschliche Lebensordnung eintreten, in der Menschenleben nicht prinzipiell den Vorrang vor Baumleben haben, sondern Menschen notfalls für Bäume zu sterben bereit sind.

Ich finde diese Baumerwartung durchaus berechtigt. Wenn ich beispielsweise nur um den Preis überleben könnte, daß ein Wald stirbt, wäre mir dies grundsätzlich ein zu hoher Preis, und zwar auch dann, wenn das Sterben des Walds keine Menschenleben gefährden würde. Allerdings würde ich, wenn es so weit käme, wohl einen Unterschied zwischen einem Urwald in der Würde seiner Gewordenheit und einer Fichtenplantage machen. Dies ändert gleichwohl nicht die grundsätzliche Bereitschaft, notfalls nicht um den Preis, daß ein Wald stirbt, überleben zu wollen.

Es ist jedoch nicht wider die Natur, daß Menschen überhaupt Veränderungen in die Welt bringen. Ob der Stein bearbeitet, der Baum gefällt oder der Fisch gefangen und verspeist werden darf, ist von Fall zu Fall zu überlegen, jedenfalls aber nicht schon deshalb von vornherein auszuschließen, weil jede Veränderung und insbesondere jedes Töten von Individuen einer anderen Art unzulässig wäre. Kein Lebewesen ist dazu da, um die Welt möglichst wieder so zu verlassen, als sei es gar nicht dagewesen. Dies gilt auch für Menschen. Alle Lebewesen wollen ihrer Natur nach leben, indem sie im Mitsein mit anderen – Lebewesen der gleichen Art und anderer Arten – sowie mit den Elementen etwas in die Welt bringen, was ihrer besonderen Natur, ihren Fähigkeiten und Bedürfnissen entspricht.

Quasi teleologisch und vom Ganzen her nenne ich das, was ein Lebewesen seiner Natur nach in die Welt bringt, das, wofür es gut ist. Dies aber wird nicht sozusagen durch äußere Weisungen höheren Orts festgelegt, sondern ist als die Entfaltung seiner besonderen Natur, die eine von vielen Individuationen der Natur des Ganzen ist, der Inbegriff seiner besseren Möglichkeiten. Laßt uns also wollen, wofür wir gut sind, damit eine Welt mit Menschen schließlich doch schöner und besser wird, als sie es ohne Menschen wäre!

Mit freundlicher Genehmigung des Verlages einem neuen Buch des Verfassers entnommen, das unter dem Titel »Praktische Naturphilosophie« im Frühjahr 1997 im Verlag C.H. Beck erscheint. In erweiterter Fassung findet sich der Artikel auch im »Öko-Jahrbuch 97« (ebenfalls Verlag C.H. Beck).

3. Hans-Dieter Mutschler über den Gegensatz von Physik und Religion

Vor kurzem schrieb der berühmte Physiker Stephen W. Hawking ein Buch über die Entstehung des Kosmos. In diesem Buch versucht er zu zeigen, daß das Weltall keinen Anfang und kein Ende hat, Gott also zu seiner Erklärung nicht nötig ist. Vor Hawking hatte man allgemein angenommen, das Weltall sei aus einem »Urknall« entstanden, einer Zusammenballung unendlicher Materie- und Energiedichte. In diesem singulären Punkt unendlicher Dichte würden die physikalischen Gesetze nicht mehr gelten, so daß man keine Möglichkeit hätte, hinter den Uranfang zurückzurechnen. Es bliebe dann nur noch der Ausweg, einen Gott als Schöpfer des ersten Anfangs vorauszusetzen. Indem Hawking statt des Urknalls ein in sich zurücklaufendes Universum annahm, schien er zugleich Gott widerlegt zu haben.
Solche »Widerlegungen« sind nicht neu; sie werden immer wieder unternommen, seit es die Naturwissenschaften gibt. Newton zum Beispiel konnte mit seiner Gravitationstheorie die Planetenbewe-

gungen ableiten, aber er konnte nicht erklären, warum alle Planeten im selben Umlaufsinn die Sonne umrunden und warum ihre Bahnen in ein und derselben Ebene liegen. Um auch dies noch zu erklären, nahm er seine Zuflucht zu einem Gott, der das Planetensystem eben so wunderbar und symmetrisch eingerichtet habe.

Kurze Zeit später entwickelte Laplace eine Weltentstehungstheorie, nach der auch diese speziellen Eigenschaften der Planetenbewegungen mechanistisch abgeleitet werden konnten. Als ihn Napoleon angesichts des sternenübersäten Nachthimmels fragte, ob er nicht an einen Schöpfer all dieser göttlichen Pracht glaube, antwortete er lakonisch: »Ich habe diese Hypothese nicht nötig.« Hängt die Existenz Gottes vom Fortschritt der Wissenschaft ab, kann sie mit den Mitteln der Wissenschaft erwiesen oder widerlegt werden? Glaubte das Mittelalter an die Bibel, so die Neuzeit an die Physik. Glaubte das Mittelalter aufgrund der heiligen Schriften, über physikalische Wahrheiten wie das heliozentrische oder geozentrische Weltbild entscheiden zu können, so bildet sich die Neuzeit umgekehrt ein, aufgrund physikalischer Konstruktionen Gott beweisen oder widerlegen zu können.

So sagt etwa der Physiker Paul Davies: »Es mag seltsam erscheinen, aber meiner Auffassung nach bietet die Naturwissenschaft einen sichereren Weg zu Gott als die Religion. Ob unsere Antworten richtig oder falsch sind, die Naturwissenschaft hat mittlerweile den Punkt erreicht, von dem aus ehedem religiöse Fragen auf wissenschaftlich haltbare Weise untersucht werden können.« Davies untersucht dann die »ehedem religiösen Fragen« und kommt zu dem Schluß, daß Gott nicht existieren könne.

Zum gegenteiligen Schluß (aufgrund derselben physikalischen Theorien) kommt Fritjof Capra, einer der »Kirchenväter« der »New Age«-Bewegung. Er ist überzeugt, daß die Physik unseres Jahrhunderts die Einsicht alter Mystik beweise, wonach diese Welt nur das Oberflächenphänomen eines Allgeistes sei, der die eigentliche Substanz des Wirklichen ausmacht.

Was wird heute nicht alles aus der Physik abgeleitet: Hermann Haken, der in der Laserphysik bahnbrechende Entdeckungen gemacht hat, deduziert aus dieser Physik eine Rechtfertigung libe-

raler Wirtschaftspolitik, gibt Ratschläge, wie man sich in partner-
schaftlichen Problemen zu verhalten habe, oder stellt Formeln in
Aussicht, nach denen soziale Revolutionen gesteuert (oder verhin-
dert) werden können. Überhaupt ist ihm – wie den alten Stoikern –
die Natur eine Quelle von Weisheit.
Ganz ähnlich verhält es sich mit Ilya Prigogine, dem Begründer der
»Synergetik«. Prigogine entwickelt aus seiner »Nichtgleichge-
wichtsthermodynamik« einen neuen Zeitbegriff, der so allgemein
sein soll, daß er die Brücke zu den Geisteswissenschaften schlägt.
Während bisher die physikalische Zeit lediglich ein Parameter
innerhalb eines mechanischen Kalküls gewesen sei, sei – so
Prigogine – die Zeit jetzt geschichtlich, anthropomorph, mit Inhalt
gefüllt, eine Zeit der wirkenden Kraft, der inneren Spontaneität.
Natur sei nicht mehr jenes mechanische Uhrwerk, das, einmal auf-
gezogen, nach unabänderlichen Gesetzen ablaufe, Natur sei vielmehr schöpferisch, dem menschlichen Geist durchaus ähnlich. Sie
sei ein dynamisches Ganzes, nicht mehr die atomistische Zu-
sammenstückelung starrer, isolierter Seinsklötzchen. All dies folge
rein aus den Formeln der Physik, ohne jede metaphysische
Spekulation. Kein Wunder, wenn die »New Age«-Anhänger sich auf
Prigogine berufen und ihr spiritualistisches Weltbild mit der
Dynamik seiner Selbstorganisationsphänomene rechtfertigen.
Der Glaube an die Leistungsfähigkeit der Physik scheint unbe-
grenzt. Ich gestehe jedoch, daß es mir leichter fällt, an die heilige
Dreifaltigkeit, die Jungfrauengeburt, die Unfehlbarkeit des Papstes
oder an die Stigmatisation des heiligen Franz zu glauben als daran,
daß die Physik religiöse oder weltanschauliche Probleme lösen
kann. Indes gilt, wer heute noch an die Wunder Jesu glaubt, als
Phantast, wer aber der Meinung ist, daß die Physik dem Leben Sinn
verleihen könne, gilt als aufgeklärt und auf dem neuesten Stand der
Erkenntnis. Dazu wieder der Physiker Davies, der befriedigt feststellt: »Eine wachsende Zahl von Menschen glaubt, daß neuere
Fortschritte in der Grundlagenforschung mit größerer Wahrscheinlichkeit den tieferen Sinn des Daseins ergründen werden, als
die traditionelle Religion das könnte.« Die Werke »philosophieren-
der Physiker« haben Konjunktur. Hat ein Physiker erst einmal den

Nobelpreis oder ist er auch nur nobelpreisverdächtig, so erwartet die Öffentlichkeit, daß er sich zu allem äußere. Sozialethische, religiöse, ästhetische oder philosophische Fragen: auf alles erwartet man eine Antwort von ihm. Albert Einstein war mit Sicherheit einer der größten Physiker, die jemals gelebt haben. Beschäftigt man sich allerdings mit seinen Schriften zu religiösen oder historischen Fragen, so wird man rasch bemerken, daß er in dieser Hinsicht nicht nur keinen besonderen Scharfsinn aufwies, sondern sich durch allzu große Schlichtheit auszeichnete. Was Wunder! Einstein war der Meinung, daß der Kosmos durch die physikalischen Gesetze vollständig determiniert sei. In einem solchen Kosmos wäre die menschliche Geschichte oder die geschichtliche Religion nur ein Oberflächenphänomen, von Interesse nur für diejenigen, die die Illusion geschichtlicher Veränderungen noch nicht zugunsten physikalischer Gesetzmäßigkeiten durchdrungen haben. Hat sich Einstein durch seinen rein physikalistischen Ansatz den Zugang zu geschichtlichen Formen des Verstehens verbaut, so schmälerte dies nicht im geringsten den *Glauben* der Zeitgenossen, der Schöpfer der Relativitätstheorie müsse sich auch kompetent zu Fragen von allgemeinem philosophischen Interesse äußern können. So entstand der »Mythos Einstein«, an den Einstein schließlich selber glaubte. Auf diese Weise wird der Physiker rasch zum Hohenpriester einer wissenschaftsgläubigen Gesellschaft. Carl-Friedrich von Weizsäcker nannte einmal »das Vertrauen auf die Naturwissenschaft … die einzige universale Religion unserer Zeit.« Aufgrund dieses Vertrauens »rückt der Wissenschaftler ungewollt in die Rolle eines Priesters dieser säkularen Religion ein. Er verwaltet ihre Geheimnisse, ihre Prophetie, ihre Wunder.«
Stand im Mittelalter eine Nonne im Rufe der Heiligkeit, so pilgerten die Menschen in Scharen herbei, um sie um Rat zu fragen oder um Hilfe für ihre Gebrechen zu erbitten. Was wir heute durch psychologische oder medizinische Techniken selbst erledigen würden, erwartete man damals durch die Fürsprache der Heiligen bei ihrem Gott. Steht heute ein Physiker auch nur im Ruche des Nobelpreises, so bedrängen ihn die Massen mit Fragen, für die er nicht die geringste Kompetenz hat. Manche Physiker geben diesem Erwartungs-

druck nach. Welche psychologischen Mechanismen sich dabei ab-spielen, hat in unnachahmlicher Naivität der Physiker J. E. Charon geschildert: Charon sollte vor 20 Jahren im Fernsehen über seine neuesten Forschungen berichten. Zu seinem Erstaunen befragte ihn der Interviewer fast nur nach »metaphysischen Problemen«. Charon wandte sich daraufhin diesen »metaphysischen Problemen« zu und versuchte, sie mit rein physikalischen Mitteln zu lösen. Die Schrif-ten mit diesen »Lösungen« fanden reißenden Absatz, so daß Charon zu einem der wesentlichen Vertreter der sogenannten »neognosti-schen Physik« wurde. Diese Denkrichtung (man sollte eher »Ge-fühlsrichtung« sagen) geht davon aus, daß der Geist bereits in den Elementarteilchen sitzt und daß dies physikalisch bewiesen werden könne. Die Physik, sagt Charon, sei »die für die Klärung metaphy-sischer Fragen geeignetste Wissenschaft.« Selbst ein philosophisch so gebildeter Physiker wie Carl-Friedrich von Weizsäcker hegt Er-wartungen in die Quantenphysik, von denen man schwerlich glau-ben kann, daß sie sich jemals erfüllen sollten: Frühere Zeiten hatten ein anderes Verhältnis zur Natur als wir. Natur war etwa den Men-schen des Mittelalters oder der Antike nicht primär ein gesetzlicher, mathematischer Zusammenhang oder eine Rohstoffquelle für tech-nische Manipulationen, Natur war diesen Menschen in erster Linie Form, Gestalt, Aussage. Natur war damals keine wertfreie, neutrale Folie, sondern sie war das sprechende Symbol göttlicher oder menschlicher Eigenschaften, der Fuchs ein verkörpertes Laster, der Adler ein Sinnbild hehrer Erkenntnis.

In der Alchimie war diese Symbolik der Natur noch nicht vom Experiment getrennt. Der Alchimist suchte nicht nur Gold als jenes begehrte Metall, das die Weltgeschichte umgetrieben hat; der Alchimist suchte zugleich jenes »Gold« der menschlichen Identität, die endlich ihr wahres Selbst gefunden hat. Der äußere, alchimisti-sche und der innere, seelische Prozeß waren eine untrennbare Einheit, wie es uns Carl-Gustav Jung wieder in Erinnerung gerufen hat. Nun ist sich Carl-Friedrich von Weizsäcker als Wissenschaftler natürlich im klaren darüber, daß die Physik ihre Exaktheit nur dadurch erreichen konnte, daß sie die Symbolik der Natur vom Tisch fegte, um vom alchimistischen Experiment nur noch die quantitative Seite zurückzulassen. Seitdem ist die Natur entgöttert, jedoch erwartet von Weizsäcker von einer umfassenden Formulierung der Quantentheorie, daß sie jenes Moment von Natursymbolik wiedereinbringen könnte, das in der bisherigen Physik ausgegrenzt werden mußte. Nach ihm werden wir durch konsequentes Fortschreiten auf dem Weg wissenschaftlicher Aufklärung wieder mit jenen geisterfüllten Naturkonzeptionen zusammentreffen, die es einmal vor der Entwicklung der Naturwissenschaft gegeben hat. Die Welt wird wieder voll von Gott sein.

Was soll man von diesen Grenzüberschreitungen von der Physik zur Theologie halten? Im Prinzip könnte man das Problem sehr schnell lösen und hätte mit dieser »Lösung« vielleicht gar nicht so unrecht: Man könnte von der plausiblen Annahme ausgehen, daß Gott überhaupt nicht Objekt physikalischer Theorien werden kann, eben weil er kein Objekt ist, sondern Subjekt, das absolute Subjekt, also Person. Man müßte von ihm annehmen, daß er die »omnitudo realitatis«, der Inbegriff aller Realität ist, während alle physikalischen Begriffe immer nur Ausschnitte von Realität darstellen können. Gott physikalisch erklären oder widerlegen zu wollen, wäre demnach so, als versuchte man, die Luft in einem Sieb zu fangen. Würde einer behaupten, »die Luft existiert« (denn es gibt ja Luft im Sieb), so könnte ein anderer mit demselben Recht die Existenz von Luft mit dem Argument bestreiten »die Luft existiert nicht, denn sie bleibt nicht im Sieb, wenn man das Sieb hin und her bewegt«. Siebe sind keine geeigneten Auffanggeräte für Luft, die Frage nach der Existenz von Luft kann mit ihrer Hilfe nicht beantwortet werden. In der Bibel wird Gott zuweilen als »pneuma«, das heißt als Lufthauch bezeichnet. Dieses »pneuma« wäre also gleichsam zu fein, um in den groben Filtern physikalischer Begriffe hängenzubleiben. In diesem Sinn hat zum Beispiel der Experimentalphysiker Edgar Lüscher die Frage nach dem Verhältnis von Physik und Theologie behandelt. Er weist in einem Artikel zwingend nach, daß physikalische Theorien keine Objekte enthalten können, wie sie die »New Age«-Physiker voraussetzen. Damit ist die Sache für ihn erledigt.

Mit einer gewissen Erleichterung pflegen sich Theologen solchen Grenzziehungen anzuschließen, denn Abgrenzungen von dieser Art haben für sie den Vorteil, daß keine Streitigkeiten mehr aufkommen können: Die Welt ist eingeteilt in zwei heterogene Bereiche, jeder hat sein Terrain, keiner kommt dem andern ins Gehege.

Wir könnten also hier auf Lüschers Schrift verweisen und die Akten schließen, wäre da nicht ein kleiner Haken, der es nicht gestattet, sich mit dieser simplen »Lösung« zufriedenzugeben. Denn gesetzt, wir würden Gott auf die eine Seite, sagen wir auf die »religiöse Seite«, die Physik aber auf die andere Seite, sagen wir die »Seite der Natur« stellen, so hätten wir die Realität mitten durchgeschnitten (und damit uns selbst). Wir könnten dann zum Beispiel nicht mehr behaupten, Gott sei der Schöpfer der Natur, denn die Natur hätten wir der Physik überlassen, und die redet ex definitione nicht von Gott. Wir könnten dann auch nicht mehr behaupten, Gott sei in Christus Mensch geworden, denn als Mensch ist Christus ein Stück Natur und genau in diese Natur könnte er nicht mehr eingehen, wenn die Natur ausschließlich Objekt der Physik wäre. Nicht nur das: Auch uns selbst würden wir in vollständig heterogene Bereiche zerteilen; wir hätten eine »Innerlichkeit«, ganz jenseits aller physischen Welt, eine »Seelenspitze«, die in ihrer spirituellen Einsamkeit mit Gott kommuniziert (ein recht einsames Gebet), und wir hätten andererseits eine seelenlose, manipulierbare und berechenbare Natur, in der zwar Atomkraftwerke und Motorräder, aber keine Spatzen und Lilien vorkommen könnten, die Jesus als das Symbol des Gottvertrauens pries. Aber es ist eigentlich noch viel schlimmer: Würde die einsame Seele in ihrem Innersten mit Gott kommunizieren, so würde sie mit ihm über irgend etwas reden müssen, zum Beispiel über den Nächsten, den es ja auch noch gibt.

Doch der Mitmensch ist Teil der physischen Welt, er wäre somit durch die Gesetze dieser physischen Welt bestimmt, und wenn Gott dem Gläubigen durch den Mitmenschen begegnen wollte, müßte er jedesmal die physikalischen Gesetze durchbrechen. Wir hätten dann einen Gott, der zuerst die Spielregeln des Universums festlegt, um sie anschließend je nach Bedarf zu suspendieren. Iwan der Schreckliche pflegte Gesetze zu erlassen, deren Befolgung er von seinen Untertanen mit drakonischen Maßnahmen einforderte, die er aber beliebig durchbrach, wenn eine Angelegenheit Anstalten machte, zu seinem Nachteil auszugehen. Wollte man eine solch unwürdige Vorstellung von Gott zurückweisen, so würde man zu der Schlußfolgerung gedrängt, daß Gott in der Welt nichts verändern kann. Aber dann würde das Gebet des frömmsten Menschen versiegen, denn dieses Gebet könnte nur noch die Wiederholung von Leerformeln sein, wie »Gott ist Gott« oder ähnliches, es dürfte sich in keiner Weise mehr auf Realität beziehen. Solche Extrempositionen sind im Ernst vertreten worden. Einstein zum Beispiel glaubte an die Determination aller Ereignisse durch physikalische Gesetze (»Gott würfelt nicht.«). Dementsprechend schien ihm ein »persönliches« Verhältnis zu Gott undenkbar. Er setzte im Sinne Spinozas ein absolutes Weltprinzip, um die Gültigkeit von Naturgesetzen in einem intelligiblen Grunde zu verankern, aber sein Gott war so unlebendig und untätig wie Spinozas »Substanz«. Wenn Physiker von »Gott« reden, meinen sie meistens nicht den geschichtlich-handelnden Gott der jüdisch-christlichen Offenbarung, sondern ein solches pantheistisches Weltprinzip. Max Planck zum Beispiel identifiziert schlechterdings »die Weltordnung der Naturwissenschaft und den Gott der Religion«.

Will man diese pantheistischen Konsequenzen vermeiden, so muß man die scharfe Unterscheidung einer gottlosen Welt und eines wertlosen Gottes relativieren, um Überschneidungsphänomene in den Griff zu bekommen, Fälle, bei denen Gott in seinem Weltbezug oder weltliche Angelegenheiten in ihrer Beziehung zu Gott betrachtet werden *müssen*.

Mit diesen »Überschneidungsphänomenen« ist es so ähnlich wie mit der »psychophysischen Ganzheit« des Menschen: Analysiert man den Menschen rein naturwissenschaftlich, so kommen Begriffe wie »Vernunft«, »Wille«, »Gefühl« usw. nicht mehr vor. Man hat sich, im Gefolge von Descartes, angewöhnt, diese Begriffe in einer eigenen, »höheren« Region anzusiedeln, eine Art »freischwebender Geistsubstanz«. Aber diese Verteilung menschlicher Erfahrung auf zwei distinkte Welten und Erklärungsmuster bringt die Schwierigkeit mit sich, daß ihr die simpelsten Körpererfahrungen widersprechen. Was ist zum Beispiel ein Händedruck bei der Begrüßung? Ein physikalischer Vorgang, bei dem Energie und Impuls übertragen werden, oder ein »geistiger« Akt der Kommunikation, bei dem sich Gefühle und Stimmungen übertragen? Auf eine schwer durchschaubare Art ist dieser Akt sowohl geistig als auch sinnlich, und das säuberliche Aufteilen in eine »geistige« und eine »physische« Sphäre ist offenbar nur ein Notbehelf, um etwas zu erfassen, was uns ständig entgleitet.

Also sollten wir, so würde man vielleicht schließen, diese dualistischen Unterscheidungen erst gar nicht vornehmen. Wir sollten von unserer personalen Identität ausgehen und die entsetzliche Trennung von Subjekt und Objekt von vornherein erst gar nicht zulassen. In bezug auf die religiöse Frage hieße dies, daß wir Physik und Theologie erst gar nicht auseinanderreißen dürften. Aber was würde das wiederum heißen? Können wir die Quantenphysik in die Gleichnisse Jesu oder die klassische Elektrodynamik in die Reden Buddhas umrechnen?

Es gab eine Zeit, da waren Physik und Theologie noch nicht getrennt, zum Beispiel in den griechischen Schöpfungsmythen. Wenn dort das Chaos sich in die Urgötter Gaia und Uranos differenzierte und aus der Verbindung dieser Götter die Titanen, Zeus und Demeter entsprangen, nicht zu vergessen Poseidon, der Gott des Meeres, so waren diese recht menschlichen Akte der Schöpfung zugleich religiös, personal *und* physikalisch; denn diese Mythen hatten nicht nur sozialethische Funktionen, sondern sie dienten zugleich dazu, die physische Welt zu »erklären«.

Diejenigen, die heute dauernd von »Ganzheit« und Überwindung der Trennung zwischen Naturwissenschaft und Religion sprechen, sollten achtgeben, daß sie nicht auf diese undifferenzierte Stufe der Kultur zurückfallen. In der »New Age«-Bewegung gibt es einen Trend, die alten Naturgötter wiederzubeleben. In der englischen Landkommune in Findhorn werden Nymphen, Elfen und Nereiden angebetet. Aber durch eine solche »Einheit des Menschen mit der Natur« verliert nicht nur die Wissenschaft ihren ernsten Charakter, zugleich wird die Religion auf ein Primitivstadium zurückgeworfen, aus dem sich das Christentum einstmals mühsam erheben mußte. Man sieht: Die Trennung einer religiösen von einer wissenschaftlichen Sphäre ist unumgänglich, und dennoch muß es uns, nachdem wir diese Trennung vorgenommen haben, wieder möglich sein, die beiden Welten aufeinander zu beziehen, sonst geraten wir überall dort in Schwierigkeiten, wo sich die Sphären überlappen.

Man hat keinen Grund, sich über das Wiedererstehen der Naturgötter lustig zu machen. Phänomene wie Findhorn signalisieren eine Entfremdung des Menschen von der Natur, die solche Verirrungen überhaupt erst möglich macht. Es stimmt etwas nicht an unserem Naturverhältnis. Unser rein wissenschaftlich-technischer Naturbezug hat offenbar Erfahrungen ausgeblendet, die konstitutiv zum Menschen gehören. Das Wiedererstarken der Götter ist nur der hilflose Gestus einer irre gewordenen Kultur. Man sollte also nicht über diejenigen lachen, die die Sinndefizite der verwissenschaftlichten Existenz mit magisch-esoterischen Mitteln auszugleichen versuchen, sondern angesichts jener trauern, die das Sinndefizit noch gar nicht wahrgenommen haben und die durch ihr unreflektiertes Verhalten den Graben verbreitern, den die Esoteriker mit wenig tauglichen Mitteln zu überbrücken versuchen.

Es ist also nötig, Wissenschaft und Religion erst einmal sauber zu trennen, jedoch nicht ohne sie hinterher wieder aufeinander zu beziehen. (...)

Ich kenne viele Menschen, die ein Unbehagen angesichts der verwirrenden Behauptungen von Wissenschaftlern auf theologischem Gebiet nicht unterdrücken können. Da sie aber keine Mittel haben, den Knoten zu entwirren, so ziehen sie sich auf einen »Glauben« zurück, der sich gegen neuere Entwicklungen immunisiert. Ein solcher »Glaube« ist jedoch kleinlich, er lebt mit einem schlechten Gewissen gegenüber der Wissenschaft oder in jener abstrakten, wertlosen Gotteinsamkeit, die der Preis für ein Sich-Abkoppeln von der Natur ist.

Mit freundlicher Genehmigung des Verlages entnommen aus:
Hans-Dieter Mutschler, Physik, Religion, New Age, 2. Aufl., Echter Verlag,
Würzburg 1990

4. Wolfhart Pannenberg über die Theologie der Schöpfung und die Naturwissenschaft

Konsonanz von Schöpfungstheologie und Naturwissenschaft

Christliche Theologie darf sich ... trotz aller damit verbundenen Schwierigkeiten nicht der Aufgabe entziehen, dieselbe Welt, die Gegenstand naturwissenschaftlicher Beschreibungen ist, als Schöpfung Gottes nicht nur zu behaupten, sondern auch verständlich zu machen. Das heißt nicht, daß die Theologie unmittelbar auf der Ebene naturwissenschaftlicher Beschreibungen und naturwissenschaftlicher Theoriebildung in die Diskussionen der Naturwissenschaftler eingreifen sollte oder dürfte. Theologische Interpretation der Naturwelt als Schöpfung kann sich nicht als Konkurrenz zur Physik oder irgendeiner anderen Naturwissenschaft verstehen wollen. Das ist schon dadurch ausgeschlossen, daß theologische Argumentationen sich auf einer anderen methodischen Ebene bewegen als die Gesetzeshypothesen der Naturwissenschaften und ihre experimentelle Überprüfung. In theologischer Perspektive stellt sich das Weltgeschehen als eine einmalige und unumkehrbare Geschichte dar, die als solche Ausdruck göttlichen Handelns ist. Im Ablauf dieser Geschichte treten zwar Gleichförmigkeiten und Ordnungen des Geschehens auf, die dem naturwissenschaftlichen Gesetzesbegriff korrespondieren. So heißt es im Buch Genesis nach der Sintflutgeschichte: »Solange die Erde steht, soll nicht aufhören Saat und Ernte, Frost und Hitze, Sommer und Winter, Tag und Nacht« (Gen 8,22). Aber solche Regelmäßigkeiten des Geschehens werden selber als Produkt einer einmaligen göttlichen Entscheidung betrachtet, nicht als Ausdruck einer zeitlos gültigen Ordnung des Naturgeschehens. Mit der theologischen Orientierung am geschichtlich Einmaligen und am einmaligen und unumkehrbaren Verlauf der Geschichte hängt auch zusammen, daß die Theologie Raum und Zeit nicht im Sinne gleichförmiger Reihung von räumlichen und zeitlichen Einheiten auffaßt, die als solche geometrisch darstellbar, zählbar und meßbar sind. Die mathematische Form der Darstellung von Naturprozessen und der naturwissenschaftliche Gesetzesbegriff gehören zusammen. Der Verzicht auf mathematische Darstellung in der Theologie hingegen ist nicht nur Ausdruck der Unfähigkeit der Theologen, sondern auch der Andersartigkeit der hier angemessenen Betrachtungsweise.

Handelt es sich dabei um ein Beispiel qualitativer Betrachtungsweise, wie sie in der Geschichte der neuzeitlichen Naturwissenschaft immer wieder auf quantitative (und also auch mathematische) Beschreibungen zurückgeführt worden ist? Die Vorstellungen des biblischen Schöpfungsberichts von der Abfolge im Auftreten der natürlichen Daseinsformen sind in der Tat von der modernen Naturwissenschaft abgelöst worden durch Auffassungen, die auf eine quantitative Beschreibung von gesetzlich geregelten Naturprozessen begründet sind. Sollte dieser Vorgang grundsätzliche Bedeutung haben für das Verhältnis von Theologie und Naturwissenschaft überhaupt? Daß die Theologie insgesamt schließlich in Physik aufgehen müsse, ist soeben wieder von einem amerikanischen Physiker, Prof. Frank Tipler von New Orleans, behauptet worden. In seinem Buch *The Physics of Immortality* versucht er zu zeigen, daß die Geschichte des Kosmos einem Omegapunkt zustrebe, der durch zentrale Eigenschaften des traditionellen Gottesgedankens gekennzeichnet und nicht nur als Endpunkt, sondern auch als schöpferischer Ausgangspunkt der Bewegung des Universums und als Ort einer identischen Wiederholung aller Gestalten intelligenten Lebens in der Dimension der Ewigkeit zu verstehen sei. Professor Tipler begründet diese Behauptungen durch eine mathematische Theorie physikalischer Kosmologie. Für den gebildeten Laien ist allerdings die Vielfalt und Unterschiedlichkeit von Modellen der naturwissenschaftlichen Kosmologie aus den letzten Jahrzehnten beeindruckend. Es scheint sich hier um eine hochspekulative Disziplin zu handeln. Doch wie soll die Theologie sich zur Möglichkeit derartiger Argumentationen verhalten?

Ich meine, daß Versuche zur Transformation der Theologie in Physik einerseits mit Interesse, andererseits aber auch mit einer gewissen Skepsis betrachtet werden sollten. Mit Interesse und

190

Offenheit deshalb, weil solche Versuche auf ihre Weise dem verbreiteten Vorurteil entgegenwirken, daß theologische und physikalische Auffassungen beziehungslos nebeneinander stünden, ein Vorurteil, das meistens darauf hinausläuft, daß Theologie als irrelevant für das Verständnis der Wirklichkeit, in der wir leben, beurteilt wird. Mit Skepsis wird man solchen Versuchen wegen der anscheinenden Inkommensurabilität naturwissenschaftlicher Gesetzeserkenntnis und theologischer Weltauffassung begegnen. Sollte die Auffassung der Welt als einer einmaligen und unumkehrbaren Geschichte immer neuer und unableitbar auftretender Ereignisse einschließlich Gottes als ihres Ursprungs und der eschatologischen Zukunftshoffnung der Christen sich restlos auflösen lassen in eine Beschreibung auf der Basis naturgesetzlicher Annahmen? Theologische Ängste halte ich an dieser Stelle für unbegründet. Immerhin gibt es eine geschichtliche Parallele zu einer solchen Weltauffassung in der aristotelischen Physik, die allerdings nur die Existenz Gottes, nicht auch eine künftige Totenauferstehung zu ihrem Gegenstandsbereich rechnete. Eine angemessene Auffassung von Gott als Urheber des natürlichen Universums müßte allerdings nicht so sehr Gott als Exponenten kosmischer Prozesse begreifen als vielmehr die Schöpfung der Welt von Gott als ihrem Ursprung her zu verstehen suchen. Christliche Theologie wird eine solche Erkenntnis der Schöpfung, die alle Aspekte geschöpflicher Wirklichkeit umfaßt, jedoch allenfalls in Verbindung mit der Gottesschau der Vollendeten am Ende der Zeiten erwarten. Einstweilen wird sich menschliche Welterkenntnis unter den Bedingungen der Endlichkeit unseres Wissens nur in Gestalt von Konjekturen sowie durch deren Überprüfung und Revision vollziehen können. Christliche Theologie versucht umgekehrt, auf der Basis der Offenbarung Gottes in Jesus Christus Gott als Schöpfer der Welt zu denken – aber sie bleibt dabei weit entfernt davon, das Weltgeschehen in seinen Einzelheiten erklären zu können.

So ist das Ziel einer Verständigung zwischen Schöpfungstheologie und naturwissenschaftlicher Welterkenntnis wohl eher im Sinne einer *Konsonanz* beider Betrachtungsweisen zu beschreiben als im Sinne einer Zurückführbarkeit der einen Auffassung auf die andere.

Konsonanz setzt Widerspruchsfreiheit voraus, aber sie erfordert darüber hinaus noch mehr. Widerspruchsfreiheit läßt sich auch von Gedanken behaupten, die beziehungslos nebeneinander stehen. Konsonanz hingegen schließt die Vorstellung einer Harmonie, also einer positiven Beziehung ein. Wie kann eine solche Konsonanz für Behauptungen in Anspruch genommen werden, die auf ganz unterschiedlichen methodischen Ebenen entwickelt werden, besonders in dem Fall, daß diese methodischen Ebenen nicht direkt aufeinander beziehbar sind? In einem solchen Fall ist es nötig, eine dritte Ebene zu suchen, zu der die beiden anderen in Beziehung stehen. Eine solche dritte Ebene für den Dialog zwischen Naturwissenschaft und Theologie ist in der Tat immer schon gegeben, nämlich durch die Philosophie.

Wenn Naturwissenschaftler über die Relevanz ihrer Befunde und theoretischen Formeln für unser Wirklichkeitsverständnis sprechen, so bewegen sie sich immer schon im Medium philosophischer Reflexion auf Verfahren und Ergebnisse ihrer Wissenschaft, nicht mehr auf der Ebene der im strengen Sinne naturwissenschaftlichen Argumentation. Solche Reflexionen auf das Verhältnis von Naturgesetz und Kontingenz des Geschehens, Kausalität und Freiheit, Materie und Energie, die Begriffe der Zeit und des Raumes oder der Entwicklung vollziehen sich unvermeidlich in einem durch philosophische Sprache und deren Geschichte geprägten Medium. Hinzu kommt, daß die naturwissenschaftlichen Grundbegriffe in der Regel selber aus philosophischem Sprachgebrauch hervorgegangen und durch Modifikationen den Erfordernissen des naturwissenschaftlichen Gebrauchs angepaßt worden sind. Untersuchungen der Geschichte von naturwissenschaftlichen Grundbegriffen wie Raum, Zeit, Masse, Kraft, Feld haben Zusammenhänge zwischen der philosophischen Bedeutung dieser Begriffe und ihrem naturwissenschaftlichen Gebrauch deutlich gemacht. Eine Kenntnis der Wissenschaftsgeschichte und insbesondere der Geschichte der naturwissenschaftlichen Terminologie gehört darum – zusammen mit einem Überblick über die philosophische Diskussion der betreffenden Themen – zu den Voraussetzungen eines fruchtbaren Dialogs zwischen Theologie und Naturwissenschaften.

Die Theologie ihrerseits, jedenfalls die christliche Theologie, hat in ihrer ganzen Geschichte zur Philosophie ein enges, wenn auch nicht unkompliziertes und spannungsfreies Verhältnis gehabt. Dabei geht es, anders als bei den Naturwissenschaften, nicht in erster Linie um philosophische Ursprünge theologischer Terminologie, sondern um die in der Theologie zu vollziehende Integration philosophischen Redens von Gott, von der Welt und vom Menschen in die Explikation der Offenbarung Gottes als des Schöpfers und Vollenders der Welt und des Menschen. Solche Integration philosophischer Aussagen und Fragestellungen in die christliche Theologie ist immer mit einer mehr oder weniger einschneidenden Transformation verbunden gewesen, und daraus ergaben sich im Verlauf der Geschichte Spannungen zwischen Theologie und Philosophie. Die Theologie ist für ihre Behauptung der für alle Menschen verbindlichen Wahrheit des biblischen Gottes und seiner Offenbarung jedoch immer auf die Philosophie angewiesen, nämlich auf eine – wenn auch kritische – Aneignung nicht nur der philosophischen Gotteslehren, sondern auch der philosophischen Aussagen über Welt und Mensch. An diesem Punkt wird auch deutlich, wie die Beziehung zur Philosophie – nämlich zur philosophischen Weltauslegung – für die christliche Theologie den Boden des Dialogs mit den Naturwissenschaften bildet: Die Einbeziehung der naturwissenschaftlichen Betrachtungsweisen und Ergebnisse in die Reflexion auf das Gesamtverständnis der Weltwirklichkeit und der Situation des Menschen in der Welt ist nicht nur ein Thema theologischer Schöpfungslehre, sondern daneben immer schon Aufgabe philosophischer Weltorientierung und der Ausarbeitung eines philosophischen Weltbegriffs. Indem die Theologie mit der kritischen Aneignung und Anverwandlung eines philosophischen Weltbildes befaßt ist, bezieht sie sich immer auch schon auf die darin integrierte Naturerkenntnis, und die theologische Transformation philosophischer Weltbegriffe muß ebenso wie diese selbst an der Fähigkeit zu sachgerechter Einbeziehung der naturwissenschaftlichen Betrachtungsweisen und Ergebnisse gemessen werden.
Leider wird heute die Aufgabe einer Naturphilosophie als einer zusammenfassenden Reflexion auf die wissenschaftliche Beschrei-

bung des Naturgeschehens von den meisten Philosophen vernach-
lässigt. In die dadurch entstandene Lücke treten Publikationen von
Naturwissenschaftlern, die aus der Perspektive ihres jeweiligen
Faches eine philosophisch reflektierende Orientierung über die
Weltwirklichkeit zu geben versuchen. Dabei wird allerdings oft der
philosophische Problemhorizont der behandelten Themen samt
ihrer philosophischen Problemgeschichte nicht ausreichend berücksichtigt. Es ist dann eine Aufgabe der Theologie im Dialog mit der
Naturwissenschaft, diesen philosophischen Problemhorizont der
behandelten Themen in Erinnerung zu rufen und in diesem
Rahmen die spezifisch theologischen Akzentsetzungen zur Geltung
zu bringen.

(...)

Naturgesetz und Kontingenz

Zum Thema »Naturgesetz und Kontingenz« habe ich 1970 einen
Aufsatz veröffentlicht, der jahrelang in einem Gesprächskreis von
Physikern und Theologen Gegenstand intensiver Diskussion gewesen war und als Ergebnis dieser Gespräche erhebliche Modifikationen erfahren hatte. Das Interesse an diesem Thema war von theologischer Seite her dadurch begründet, daß die biblischen Berichte
von Gottes Geschichtshandeln das jeweils Neue, Unerwartete des
göttlichen Handelns betonen – eine Charakteristik, die auch für das
Schöpfungshandeln Gottes zutrifft. Die Geschichte göttlichen
Handelns ist eine einmalige und unumkehrbare Abfolge solcher kontingent eintretenden Akte. Der zur Charakteristik des göttlichen
Geschichtshandelns gebrauchte Begriff der Kontingenz ist seinerseits
philosophischen Ursprungs als Bezeichnung des Zufälligen oder
Möglichen gegenüber dem Notwendigen. Während jedoch bei
Aristoteles der Kontingenzbegriff dem der Materie verbunden war,
hat der mittelalterliche christliche Aristotelismus ihn, besonders seit
Duns Scotus, mit der Freiheit Gottes in seinem Wollen und Handeln
verbunden. Der Begriff des Naturgesetzes ist zunächst logisch auf im

Verhältnis zu ihm kontingente Bedingungen seiner Anwendung, auf Anfangs- und Randbedingungen der durch das Gesetz beschriebenen Prozesse bezogen. Die Anfangs- und Randbedingungen der Anwendbarkeit einer Gesetzesformel können Ergebnis von wiederum naturgesetzlich beschreibbaren Konstellationen sein. Das ändert jedoch nichts daran, daß jede solche Beschreibung wiederum kontingente Bedingungen ihrer Anwendung voraussetzt, so daß es sich nahelegt, Naturgesetze als Beschreibungen der am kontingent Gegebenen auftretenden gleichförmigen Verlaufsstrukturen aufzufassen. Die darin implizierte Annahme, daß alles Geschehen primär kontingent ist, auch wenn in der Abfolge der Ereignisse Gleichförmigkeiten auftreten, erschien den an den Gesprächen der sechziger Jahre beteiligten Naturwissenschaftlern noch als problematisch, obwohl eine solche Annahme sich auch durch die Irreversibilität der Zeit nahelegte. Inzwischen ist die damals erörterte Geschehenskontingenz (im Unterschied zu Kontingenz in bloß logischem Sinne) angesichts der Tatsache vielfach chaotisch verlaufender Naturprozesse wohl allgemein zugestanden und läßt sich angesichts der quantenphysikalischen Unbestimmtheit als Grundcharakter jedes elementaren Ereignisses behaupten, wenn berücksichtigt wird, daß dieselben Ereignisse wegen der an ihrer Abfolge auftretenden Gleichförmigkeiten auch Gegenstand naturgesetzlicher Beschreibung werden können. Durch die naturgesetzliche Beschreibbarkeit wiederum wird die fundamentale Kontingenz der Einzelereignisse nicht aufgehoben; vielmehr erscheinen die an den Ereignisfolgen auftretenden und durch Gesetzeshypothesen beschreibbaren Gleichförmigkeiten des Geschehens ihrerseits noch einmal als kontingente Gegebenheiten. Während nun theologische Aussagen über geschöpfliche Wirklichkeit und über das Handeln Gottes in der Schöpfung sich primär auf diesen Kontingenzaspekt des Geschehens beziehen, ist die naturwissenschaftliche Beschreibung am Aufweis der Gesetzlichkeit der Abläufe interessiert, wobei jedoch die Beziehung auf kontingent Gegebenes für die Anwendbarkeit des Gesetzesbegriffs selbst konstitutiv ist. Den an den Gesprächen der sechziger Jahre in Heidelberg Beteiligten schien damit eine gemeinsame Basis für das Gespräch zwischen Theologie und Naturwissenschaft gefunden zu sein, jenseits vager Analogien und metaphorischer Begriffsübertragungen von der einen auf die andere Disziplin. Jedoch war mit der Verständigung über Naturgesetz und Kontingenz noch kein Weg zu einem inhaltlich bestimmten Verständnis der Naturwirklichkeit in theologischer Perspektive eröffnet. Dazu ist es nötig, einen theologischen Zugang zu den physikalischen Grundbegriffen von Kraft und Bewegung sowie zu den darin vorausgesetzten Begriffen von Raum und Zeit zu gewinnen.

(...)

Gottes Wirken im Wirken der Natur

Viel schwerer als die Frage nach dem Verhältnis von Raum und Zeit zur göttlichen Unermeßlichkeit und Ewigkeit läßt sich die Frage nach dem Verhältnis Gottes zu den im Naturgeschehen wirkenden Kräften klären. Und doch ist das für eine biblisch begründete Schöpfungstheologie eine entscheidende Frage, weil es dabei um die Möglichkeit eines Handelns Gottes in seiner Schöpfung geht, nicht nur am Anfang, sondern im ganzen Verlauf ihrer Geschichte. An diesem Punkt entstand im 17. und 18. Jahrhundert die Entfremdung zwischen christlicher Theologie und naturwissenschaftlicher Weltbeschreibung. Maßgeblich dafür war, daß die mechanistische Deutung der Naturprozesse, wie sie schon von Descartes begründet worden war und wie sie sich gegen Newtons Intentionen im 18. Jahrhundert durchsetzte, alle Kraftäußerungen auf Körper und auf deren Einwirkungen aufeinander zurückführte. Mit dieser Vorstellung wurde Gott prinzipiell vom Verständnis des Naturgeschehens ausgeschlossen. Wenn es nämlich einen Punkt gab, in welchem die neuzeitliche philosophische Theologie mit den Gotteslehren der Scholastik einig ging, dann darin, daß Gott jedenfalls kein Körper sein kann. Also war der Gedanke an von Gott ausgehende Kraftwirkungen und also an ein göttliches Handeln im Naturgeschehen von vornherein ausgeschlossen. Gott war damit aus der Naturwelt hinauskomplimentiert.

Erst wenn man die weitreichenden Folgen der Bindung der bewegenden Kräfte an Körper und Massen für ein atheistisches Bild des Naturgeschehens bedenkt, vermag man auch die potentielle Tragweite der Einführung von Feldbegriffen in die Beschreibung von Naturprozessen seit Faraday für eine theologische Deutung der Naturprozesse zu ermessen. Das heißt nicht, daß der Nachweis von elektrischen und magnetischen Feldern unmittelbar als Modell für die Vorstellung von Gottes Wirken in der Natur brauchbar gewesen wäre. Aber obwohl auch Feldwirkungen weithin ihr Korrelat in Massen haben, schwebte doch schon Faraday das Ziel vor, alle körperhaften Erscheinungen als Manifestationen von Feldern zu deuten. Solche Vorstellungen berührten sich mit der Intention Newtons, daß die bewegenden Kräfte letztlich nicht materieller Art seien, nicht von Körpern ausgehen. So dachte er auch Gottes Wirken im Universum nach Analogie der Art, wie unser Geist die Glieder unseres Körpers bewegt.

Eine Verwendung des Feldbegriffs in der Theologie wird jedoch gar nicht in erster Linie durch die Frage nach dem Wirken Gottes in der Natur nahegelegt, sondern von den inneren Problemen der Gotteslehre selbst. Die Bezeichnung des göttlichen Wesens als »Geist« im Johannesevangelium (Joh 4,24) ist zwar seit Origenes so gedeutet worden, daß Gott *Nus*, also ein körperlos existierendes Vernunftwesen sei, aber diese platonisierende Deutung entspricht nicht dem biblischen Wort *pneuma* und auch nicht dem dahinterstehenden hebräischen Wort *ruach*. Bei beiden ist die Grundbedeutung: bewegte Luft, Atem, auch Wind. Im griechischen Denken ist das Wort *pneuma*, das wir mit »Geist« übersetzen, sowohl in der vorsokratischen Philosophie, bei Anaximenes, als auch bei den Stoikern im Sinne des Lufthauchs verwendet worden. Nach stoischer Lehre hält die als feinster Stoff alles durchdringende Luft durch die ihr eigene »Spannung« *(tónos)* den ganzen Kosmos zusammen. Auch die frühchristlichen Theologen vor Origenes haben die neutestamentliche Bezeichnung Gottes als Pneuma noch in diesem Sinne verstanden. Nun hat einer der bekanntesten Wissenschaftshistoriker unserer Zeit, Max Jammer, der die Geschichte einer Reihe von Grundbegriffen der Physik untersucht hat, die Pneumalehren der Antike als Vorläufer der physikalischen Feldbegriffe der Neuzeit aufgefaßt. In der Tat ist ein Kraftfeld in anschaulicher Bedeutung zunächst die mit Spannungszuständen erfüllte Luft. Nun unterscheiden sich aber die modernen Feldbegriffe in einem wichtigen Punkt von den Pneumavorstellungen der Antike: Feldwirkungen bedürfen nicht – wie auch im 19. Jahrhundert zunächst noch angenommen wurde – eines materiellen Mediums wie der Luft oder eines »Äthers«. Sie können sich ohne ein solches Medium im Raum ausbreiten. Der Materialismus der stoischen Lehre vom Pneuma als Luft, also im Sinne eines feinsten, alles durchdringenden Stoffes, bildete aber bei Origenes den Grund für die Ablehnung dieser Vorstellung zur Interpretation der johanneischen Bezeichnung Gottes als Geist. Die Absurditäten einer Auffassung Gottes als Körper – also als teilbar und aus Teilen zusammengesetzt – bildeten den Grund für die Deutung von *pneuma als Nus,* also für die Vorstellung von Gott als leibloses Vernunftwesen. Nun ist aber deutlich, daß diese Vorstellung dem Sinn des Wortes *pneuma* nicht entspricht. An dieser Stelle ist der die antiken Pneumalehren ersetzende Feldbegriff für die Theologie hilfreich, weil er es erlaubt, den Wortsinn von *pneuma* abzulösen von der Vorstellung eines materiellen Substrats oder Mediums. Wird die Gottheit als Feld aufgefaßt, das sich in den drei »Personen« des Vaters, des Sohnes und des Heiligen Geistes manifestiert, dann ist den Einwänden des Origenes gegen eine Vorstellung von Gott als Körper Rechnung getragen und doch am Wortsinn von *pneuma* festgehalten.

Handelt es sich bei solchem theologischen Gebrauch des Feldbegriffs nun um eine bloße Metapher? Auf den ersten Blick mag es so aussehen. Doch immerhin ist ein grundlegendes Erfordernis für die Anwendbarkeit der Feldvorstellung auch in der Theologie erfüllt, nämlich die Beziehung zu Raum und Zeit, allerdings im Sinne der Ausführungen über den ungeteilten, unendlichen Raum der göttlichen Unermeßlichkeit, den alle geometrische Raumbeschreibung schon voraussetzt, und im Sinne der ungeteilten Einheit der Zeit in der göttlichen Ewigkeit als Möglichkeitsbedingung jeder zeitlichen Folge. Auf die aller geometrischen

Beschreibung vorausgehende ungeteilte Ganzheit von Raum und Zeit läßt sich die Deutung des pneumatischen Wesens der Gottheit Gottes als Feld beziehen. Sie ist dadurch zugleich von den Feldbegriffen der Physik unterschieden, wäre aber als deren Bedingung aufzufassen, analog dem Sachverhalt beim Raum und bei der Zeit. Das Feld der göttlichen Allmacht tritt daher nicht in Konkurrenz zu den Feldgrößen der Physik, sondern es wirkt durch die Naturkräfte hindurch, ohne durch sie erschöpfend ausgedrückt zu sein. Wie die göttliche Allgegenwart allen Dingen gleichzeitig ist, ohne den relativistischen Paradoxien der Gleichzeitigkeit zu unterliegen, weil Gottes Allgegenwart nicht an die Lichtgeschwindigkeit gebunden ist, so bedürfen die Feldwirkungen der göttlichen Allmacht keiner Übermittlung durch Wellen. Die für die quantitative Beschreibung von Feldwirkungen in der Physik, jedenfalls bei den klassischen Feldbegriffen der Physik, so wichtige Vorstellung der wellenförmigen Ausbreitung ist für den Begriff des Feldes als solchen nicht konstitutiv, während die Vorstellung eines Feldes ohne Beziehung auf Raum und Zeit inhaltlos würde. Wenn man den Begriff des Feldes auch ohne wellenförmige Fortpflanzung von Feldwirkungen denken kann, dann läßt sich auch die nichtlokale, instantane Kommunikation zwischen Erscheinungen als Feldwirkung auffassen.

Schöpfung und Evolution

Es ist im Rahmen dieses Artikels nicht mehr möglich, das bisher Gesagte anzuwenden auf eine theologische Interpretation der Welt der Geschöpfe, wie sie in der Geschichte des Universums hervortreten. Einen Entwurf einer solchen Interpretation habe ich in der Behandlung der Schöpfungslehre im Rahmen meiner Systematischen Theologie vorgelegt. Für das Gespräch zwischen Theologie und Naturwissenschaft ist es heute aber immer noch wichtiger, sich über die Grundlagen solcher Interpretationen zu verständigen. Nur soviel mag hier noch gesagt sein: Der Schlüssel für den Zusammenhang von Ewigkeit und Zeit liegt, wie ich erwähnte, bei der

Bedeutung der Zukunft für das Verständnis des zeitlich Existierenden. Durch die Zukunft tritt die Ewigkeit in die Zeit ein. Aus der Zukunft gehen immer wieder neue, kontingente Ereignisse hervor, und andererseits kann alles Existierende nur aus der Zukunft die mögliche Ganzheit seines Daseins erwarten und empfangen. Alle Dinge gehen dem Reiche Gottes entgegen, aber Gottes Herrschaft wirkt auch immer schon aus seiner Zukunft in die Gegenwart seiner Geschöpfe hinein. Aus der Sicht der Geschöpfe kehrt sich dieses Verhältnis um. Die Zukunft wird zum Feld der Extrapolation des Gegenwärtigen und aus der Vergangenheit Bekannten. Das gilt für die Geschichte des Universums. Mythische Weltsicht sieht die Ordnung des Universums begründet in seinem Anfang. Das zeigt auch noch der biblische Schöpfungsbericht, obwohl er seiner literarischen Form nach kein Mythos mehr ist. Das Bild von der Entstehung alles Geschaffenen in einer ersten 7-Tage-Woche steht aber in einer Spannung zu der sonst für das biblische Denken charakteristischen Perspektive eines immer neuen Handelns Gottes in der Geschichte auf eine künftige Vollendung seiner Schöpfung hin. Die Vorstellung einer am Anfang fertigen und in der Folgezeit nicht mehr veränderten Ordnung der Schöpfung hat lange die Verständigung zwischen Theologen und Naturwissenschaftlern belastet, besonders in der Zeit des Kampfes um die Evolutionslehre.

Doch viel wichtiger für die Konsonanz zwischen Schöpfungstheologie und Naturwissenschaft ist, daß die Evolution des Lebens einen unumkehrbaren Prozeß darstellt, in welchem immer wieder kontingent Neues geschieht. Ähnliches gilt für die Geschichte des Universums. Sowohl im Hinblick auf die Entstehung und Evolution des Lebens als auch im Bereich der Kosmologie sind heute die weltanschaulich bestimmten Barrieren zwischen naturwissenschaftlichem und christlich theologischem Weltverständnis gefallen. Es wäre zu viel verlangt, von der naturwissenschaftlichen Kosmologie geradezu einen Gottesbeweis zu erwarten, wie ihn Papst Pius XII. im ersten Enthusiasmus über das heutige Standardmodell des expandierenden Universums darin zu erkennen meinte. Es genügt, daß die theologische Interpretation des Weltgeschehens als Schöpfung sich in Konsonanz mit den naturwissenschaftlichen Gegebenheiten vollziehen kann. Dazu ist es nötig, daß die theologische Schöpfungslehre lernfähig bleibt, nicht im Sinne einer äußerlich apologetischen Anpassung an Veränderungen des wissenschaftlichen Weltbildes, aber in dem Sinne, daß die Theologie aus ihren eigenen Ressourcen immer wieder Interpretationen entwickelt, die dem sich verändernden Erfahrungswissen von der Welt gerecht zu werden suchen, um es in das christliche Verständnis der Welt als Schöpfung des Gottes der Bibel zu integrieren.

Mit freundlicher Genehmigung des Verlages entnommen aus:
Wolfhart Pannenberg, Mensch und Universum – Naturwissenschaft und
Schöpfungsglaube im Dialog, Verlag Friedrich Pustet, Regensburg 1995

5. Franz M. Wuketits zu den evolutionären Ursprüngen der Metaphysik

Das menschliche Grunddilemma

Der Mensch, jene Kreatur, die im späten Tertiär affenartigen Lebewesen, die von den Bäumen herabgestiegen waren, entsprungen ist, steht seit jeher vor Problemen grundsätzlicher Art. Es sind dies Probleme, die über die Bewältigung des Lebens in einem strikt biologischen Sinne weit hinausgehen; Probleme, die jeden »tierischen Realismus« übersteigen, denn für kein anderes Lebewesen ist die eigene Vergangenheit, ist die eigene Zukunft ein Problem, ebenso wie kein anderes Lebewesen über das Gute und das Böse, über den Zweck der Welt und seinen eigenen Zweck in dieser reflektiert. Es ist die Erkenntnis des eigenen Ichs und eben das Vermögen, dieses Ich bewußt zu hinterfragen, woraus zwar neue Daseinsformen, aber mit diesen auch neue Probleme entstanden.

»Die Entdeckung des eigenen Ichs«, schreibt K. Lorenz 1973, »der Beginn der Reflexion, muß ein einschneidendes historisches Ereignis ... gewesen sein. Nicht zu Unrecht hat man den Menschen als das reflektierende Wesen definiert.« Aber diese Entdeckung des Ichs war auch, wie R. Riedl vermutet, die »erschütterndste Entdeckung, die der Mensch in seiner Geistesgeschichte gemacht hat; ein Auftauchen aus einem ›tierischen‹ Realismus; zu begreifen, selbst Spiegel dieser Welt, die Ursache vieler Dinge, selbst der Träger von Zielen und Zwecken zu sein.« In der Tat, mit dem Beginn der *Selbstreflexion*, die der Anfang war einer neuartigen Evolution – der kulturellen, geistigen Evolution –, wurde das grundsätzliche Dilemma des Menschen geboren. Fragen nach der eigenen Herkunft und Zukunft, nach der eigenen Position in der Welt, nach einem möglichen Weltenzweck drängten sich auf; und aus der Ratlosigkeit angesichts der vielfältigen Naturereignisse entstanden Ängste und Hoffnungen, aus diesen wieder Weltbilder, die Sicherheit vermitteln, ja Geborgenheit schaffen sollten; doch diese Bilder, die der Mensch von seiner Welt und der Welt um ihn herum sich schuf, stifteten freilich stets auch neue Verwirrungen.

Unter den vielen Bezeichnungen, die den Menschen charakterisieren sollen, ist in diesem Zusammenhang homo metaphysicus die treffendste: Der Mensch, das »metaphysikbedürftige« Lebewesen. A. Schopenhauer schrieb: »Der Mensch ist ein animal metaphysicum …; d. h. er hat ein überwiegend starkes metaphysisches Bedürfnis: Demnach faßt er das Leben vor allem in seiner metaphysischen Bedeutung und will aus dieser alles abgeleitet wissen.« Im Übersteigen des angedeuteten »tierischen Realismus« entstand beim Menschen das Bedürfnis, die Phänomene zu deuten, diesen bestimmte Zwecke zuzuordnen und die Zwecke in der sinnlichen Erfahrung unzugängliche Sphären zu verlagern. Offenbar ist es ein Grundbedürfnis des Menschen, »hinter« den Phänomenen noch Welten zu postulieren, verbunden freilich mit der irrationalen Hoffnung, daß das Getriebe in seiner kleinen Narrenwelt und daß all die belebten und unbelebten Objekte innerhalb seines Gesichtsfeldes einen »letzten Zweck« haben mögen, daß das eigene Dilemma nur vorübergehend sei, indes aber schon im konkreten Leben mittels jener Hoffnung erträglich gemacht werden könne.

Ausgehend also von dem mit der Selbstreflexion begründeten menschlichen Grunddilemma können wir, indem wir diese Selbstreflexion historisch, evolutionär rekonstruieren, die Metaphysik als ein geradezu naturbedingtes Resultat menschlicher Hoffnungen und Ängste begreifen ... Mein Beitrag versteht sich somit als Skizze anthropologischer Perspektiven der Evolutionären Erkenntnistheorie, und es soll deutlich gemacht werden, daß diese Theorie eine Innovation des Menschenbildes signalisiert, indem sie fundamentale Wesenszüge des Menschen – wie dessen »Metaphysikbedürfnis« – historisch, evolutionär relativiert.

Ältere (evolutionäre) Ansätze zur Erklärung der Metaphysik

Eine im weitesten Sinne entwicklungsgeschichtliche Erklärung der Metaphysik, des menschlichen »Metaphysikbedürfnisses« ist allerdings nicht grundsätzlich neu. Schon D. Hume erklärte in seinen 1779 (posthum) erschienenen »Dialogues Concerning Natural Religion« die Entstehung religiöser »Wahrheiten« psychologisch aus den Bedürfnissen des Gemüts im Spannungsfeld menschlicher Furcht und Hoffnung.

Als dann im 19. Jahrhundert die biologische Evolutionslehre auf breiter Basis dargelegt und begründet wurde, war es nur konsequent, daß auch die »geistigen Eigenschaften« des Menschen als Resultat von Evolutionsprozessen aufgefaßt wurden. C. Darwin bemerkte 1871: »Sobald die bedeutungsvollen Fähigkeiten der Phantasie, Verwunderung und Neugierde, in Verbindung mit einiger Urteilsfähigkeit, teilweise entwickelt waren, wird der Mensch ganz von selbst versucht haben, das, was um ihn her vorgeht, zu verstehen, und er wird auch über seine eigene Existenz zu spekulieren begonnen haben.« Und weiter heißt es: »Dieselben hohen geistigen Fähigkeiten, die den Menschen zuerst zum Glauben an unsichtbare geistige Kräfte brachten, dann zum Fetischismus, Polytheismus und endlich zum Monotheismus führten, müssen ihn, solange sie von den Verstandeskräften nicht kontrolliert werden konnten, unfehlbar

zu dem seltsamsten Aberglauben und zu den sonderbarsten Ge-
bräuchen geführt haben.«

Für Darwin war es klar, daß jeder religiöse Glaube, jeder Glaube
an Überweltliches erst auf der Stufe des menschlichen Intellekts
erreicht wurde, daß dieser aber selbst ein Resultat der (biologischen)
Evolution unter den Bedingungen der natürlichen Auslese ist. Im
Anschluß an Darwin wurde die These von der evolutionären
Bedingtheit aller Metaphysik und Religion von mehreren Autoren
aufgegriffen und weitergeführt.

(...)

Daß, wie hier also zu zeigen versucht wird, metaphysische, religiöse
Empfindungen erst auf einer entsprechenden Entwicklungsstufe
erreicht werden konnten, mag ja trivial sein, doch worum es den evolutionär orientierten Autoren im 19. Jahrhundert – und teils natürlich
auch schon früher – ging, war, daß jede Religiosität des Menschen
spezifischen Lebensbedingungen entsprungen ist und daß der
Mensch von da aus den Glauben an wie immer geartete »höhere
Wesen« und diese Wesen selber erfunden hat.

Der Ansatz der modernen Evolutionären Erkenntnistheorie

Die Evolutionäre Erkenntnistheorie ... ist für die vorliegende
Problemstellung vor allem in folgenden Punkten relevant (s. hierzu
besonders K. Lorenz, 1973; R. Riedl, 1980; K. Lorenz & F. M.
Wuketits, 1983):

– Alles menschliche Erkennen und Denken ist gebunden an materielle Strukturen (Zentralnervensystem, Gehirn, Sinnesorgane),
 die ihrerseits Resultate der biologischen Evolution sind.
– Das spezifisch menschliche Vermögen zur Selbstreflexion ist
 ebenfalls nur auf der Basis dieser materiellen Strukturen erklärbar.
– Eine Biologie der Erkenntnis erhellt daher die stammesgeschichtlichen Bedingungen der Vernunft, gibt uns aber ebenso
 auch die Wurzeln der »Unvernunft« zu verstehen. – Vernunft und
 Unvernunft, Rationales und Irrationales bleiben immer mit jenen

materiellen Strukturen verbunden, so daß sie evolutionär erklärt werden können.
– Die Ergebnisse menschlicher Erkenntnis- und Denkleistungen sind aber nicht streng biologisch determiniert und können eine spezifische Eigendynamik entwickeln.

Mit dem letzten der genannten Punkte soll darauf hingewiesen worden sein, daß die kulturelle Evolution, als Resultat von Erkenntnis- bzw. Denkfunktionen, eine gewisse Eigendynamik hat und nicht auf die biologische Evolution reduziert werden kann. Ausgehend von der Evolutionären Erkenntnistheorie meinen wir zwar, daß die kulturelle Kapazität des Menschen selbstverständlich zunächst von biologischen Strukturen und deren Kapazität (vor allem vom Gehirn) abhängt, doch wird damit noch nichts über die *Richtung* und die Ausprägung bestimmter kultureller Systeme ausgesagt, sondern nur über die Anfangsbedingungen kulturellen Verhaltens im allgemeinen. Es ist im Grunde genommen jedem evolutionären Erkenntnistheoretiker klar, daß die vielfältigen Erscheinungsformen menschlicher Kultur, basierend auf spezifischen Mustern sozialen Verhaltens, die Mechanismen der Bio-Evolution sozusagen übersteigen und eigene Gesetzlichkeiten bzw. Regelhaftigkeiten zeigen.
Aber die Evolutionäre Erkenntnistheorie beruht ja gerade darauf, daß der Mensch sowohl biologische als auch soziokulturelle Entwicklungs- (Evolutions-)Prozesse durchlaufen hat. So hat D. T. Campbell in seinem beinahe schon klassisch gewordenen Aufsatz »Evolutionary Epistemology« (1974) die evolutionäre Epistemologie als eine Erkenntnistheorie definiert, die der Tatsache Rechnung trägt, daß der Mensch ein Resultat der biologischen und in der Folge der (sozio-)kulturellen Evolution ist. Die Rekonstruktion der Ursprünge der Metaphysik hat demnach sowohl auf die biologische als auch auf die kulturelle Evolution des Menschen Bezug zu nehmen. Daß in der Evolution ein Lebewesen aufgetreten ist, welches der Metaphysik bedarf, ist auf biologische Strukturen und Funktionen und deren Entwicklung zurückzuführen; jedoch war die »Lebenswelt« schon des frühen Menschen auch durch bestimmte

kulturelle Aktivitäten geprägt, so daß metaphysische Hoffnungen und Projektionen von kulturellen Kontexten abhängig waren. (...) Eine Analyse der evolutionären Ursprünge der Metaphysik findet daher ihren Platz im größeren Rahmen einer »evolutionären Psychologie« (G. Medicus), die vor allem als »Paläopsychologie« oder »Paläontologie der Seele« (H. v. Ditfurth) die archaischen Muster im Verhalten des Menschen sichtbar machen kann. Hierzu liegt auch eine Reihe empirischer Befunde vor.

Die Metaphysik der Neandertaler

Eines der stärksten Motive der Metaphysik schon beim frühen Menschen war gewiß die Erkenntnis, sterblich zu sein: das Todesbewußtsein. Daß dieses Bewußtsein den Menschen in tiefste Bedrängnis versetzte, ist ja so unverständlich nicht; und es ist leicht zu begreifen, daß der Mensch seit jeher versucht, die Aussicht auf den eigenen Tod – mehr oder weniger wirksam – zu verdrängen ... »Die Überrwindung der Todesgewißheit«, so bemerkt auch H. K. Erben, »... hat unser urmenschlicher Vorfahre letztlich dadurch erzielt, daß er den tröstlichen Glauben an die Möglichkeit der eigenen Unsterblichkeit entwickelte. Und dieses ebenso zweckoptimistische wie notwendige Dogma hat sich über alle inzwischen erfolgten Veränderungen in seinen Grundzügen seit mindestens 60 000 Jahren bis heute erhalten.« Da der Versuch, das eigene Todesbewußtsein zu überwinden, stets veräußert wurde in Kulthandlungen, Begräbnisriten, symbolischen Darstellungen usw., sind wir über die entsprechenden Vorstellungen auch des frühen Menschen einigermaßen gut unterrichtet. Deutliche Belege haben wir vom Totenkult und den Jenseitsvorstellungen des *Neandertalers* ...; die verfügbaren Funde erreichen ein Alter von maximal 60 000 Jahren.
(...) Interessant ist in diesem Zusammenhang auch der Schädelkult. Beim Neandertaler hat der Schädel sicher schon eine wichtige Rolle in kultischer bzw. religiöser Hinsicht gespielt. So wurde bereits im Jahre 1939 in Italien ein Schädel eines Neandertalers zusammen mit Knochen fossiler Tiere gefunden; der Neandertaler-Schädel war in

eine ovale Steinsetzung eingebettet und zeigte, daß die Schädel-
basis künstlich geöffnet worden war, so daß sich die Vermutung aufdrängt, daß hier schon das Kopfjägertum »gepflegt« wurde ... Ferner muß an dieser Stelle auch der Bärenkult Erwähnung finden; es
ist gesichert, daß – wie etwa auch B. G. Campbell ausführt – der
Neandertaler den Bärenschädel zum Kultgegenstand erhoben hatte,
den Bären darüber hinaus wohl auch als einen Vermittler zwischen
»Diesseits« und »Jenseits«, als einen Boten von Geistern betrach-
tete.
Somit können wir festhalten, daß spätestens auf der Stufe des
Neandertalers – von früheren Repräsentanten unserer Gattung
fehlen hierfür eindeutige Befunde – metaphysische Vorstellungen
verbreitet waren. Diese Vorstellungen legen umgekehrt Zeugnis
davon ab, daß die Neandertaler bereits über ein selbstreflexives
Bewußtsein verfügten; anders ist die Annahme eines »Jenseits«,
der Glaube an ein »Weiterleben« nach dem Tode nicht erklärbar.
Hier zeigt sich also, daß das Bewußtsein das Todesbewußtsein des
Menschen miteinschließt – und daß dieses (Todes-)Bewußtsein
das einleitend bezeichnete menschliche Grunddilemma wesentlich mitgeprägt hat.
Das Erwachen des homo metaphysicus muß untrennbar verbunden
gewesen sein mit einer gewissen Erklärungsnot: In eine Welt gestellt zu werden, die voller Rätsel ist, mußte dem frühen Menschen
– neben der unmittelbaren, biologischen Lebensbewältigung –
Schwierigkeiten besonderer Art bereiten, die ihn angesichts so mancher Naturereignisse wohl zum Entsetzen trieben.

Die Projektion von Zwecken und Absichten

Alles in allem können wir sagen, daß das größte Problem des zum
Bewußtsein gekommenen Menschen darin bestand, eine rätselhafte
Welt und inmitten dieser Welt sich selber (bewußt) zu begreifen ...
Damit kommen wir zum Kern der Sache: Der Mensch – und dies ist
nach wie vor der Angelpunkt seiner Metaphysik – hat nach dem
Sinn der Welt und nach seinem eigenen Sinn gesucht.

R. Riedl hat die »Hypothese vom Zweckvollen« in einer Hierarchie von »Hypothesen« unseres vorbewußten Erkenntnisapparates dargelegt, mit dem für uns quintessentiellen Schluß, daß diese Hypothese der Beginn des Bewußtseins war, daß eine »Anthropologie der Metaphysik« demnach dort anzusetzen hätte, wo Zwecke und Absichten ins Reich jenseits der Erfahrung delegiert worden sind. Und ebenso wichtig ist dabei nun der Umstand, daß wir auf der Grundlage der Evolution plausible Erklärungen für die Sinnsuche des Menschen, für die Projektion von Zwecken und Absichten haben. Denn »es muß immer wieder«, so R. Riedl, »von lebenserhaltender Bedeutung gewesen sein anzuerkennen, mit all seinen Unterfunktionen selbst nur Funktion einer ganzen Serie von Oberfunktionen zu sein.«

Metaphysik also als eine lebenserhaltende Funktion? Durchaus. Denn die Projektion von Ursachen als Absichten in Sphären des Unerfahrbaren hat für den Menschen eine gewisse Befriedigung bedeutet, eine gewisse Beruhigung in einer unsicheren Situation: »Es hat doch alles seinen tieferen Sinn« – und ist dieser »Sinn« nicht unmittelbar einsichtig, dann eben wird er der Absicht eines »höheren Wesens« zugesprochen. Es ist jene Erklärungsnot, die beim frühen Menschen – beim Neandertaler, möglicherweise aber auch bei älteren Formen –, gekoppelt mit Angst und Hoffnung, die Metaphysik ins Leben gerufen hat, als einen psychologisch wirkungsvollen Mechanismus der Lebensbewältigung … Sicherheit zu gewinnen also in einer alles in allem unsicheren Welt – das war (und ist) ein Grundbedürfnis des Menschen, und erfüllt wurde dieses Bedürfnis am ehesten offenbar durch die Projektion von Absichten ins Unerfahrbare.

Mit Unerfahrbarem hat es seine besondere Bewandtnis, eben weil es a priori unerfahrbar ist, so daß der Mensch sich daran klammern konnte, denn gerade die Gewißheit, daß »es« unerfahrbar bleibt, enthebt ihn auch der Gefahr, durch den Beweis des Gegenteils enttäuscht zu werden. Andererseits nimmt er mit seinem Glauben das Risiko auf sich, daß eben dieser Glaube am Ende doch inhaltsleer sein könnte, nämlich dann, wenn das Unerfahrbare selbst sich als Illusion herausstellen sollte. Aber wenn es eine bloße Illusion ist, dann wird das Unerfahrbare als solches auch nie erfahrbar sein. – Man sieht, welcher Gedankenkonstruktionen das menschliche Gehirn fähig ist! Und abermals drängt sich dabei die Vermutung auf, daß dies alles – die Projektion eines Lebenssinns, die Projektion des Weltenzwecks ins Unerfahrbare – eine lebensdienliche Funktion hatte und für uns daher mit den Mitteln der Evolutionstheorie und Evolutionären Erkenntnistheorie begreiflich gemacht werden kann. Das Ursachen-Denken insgesamt und mit ihm das Zweck-Denken erweist sich mithin als ein stammesgeschichtlich altes Erbprogramm ...

Freilich hatte die Projektion von Zwecken und Absichten nicht nur lebensdienliche Funktionen im Sinne der biologischen Evolution, sondern später auch im Rahmen der soziokulturellen Entwicklung. Wenn wir mythische Weltbilder hernehmen, dann ist unschwer zu erkennen, daß die Berufung auf angeblich übergeordnete Zwecke, verkündet durch die »heiligen Personen«, die Autoritäten der »Manakräfte«, das (soziale) Leben der Gruppe normiert, das Leben des einzelnen interpretiert und den einzelnen vom Druck seines Daseins befreit (A. Grabner-Haider); darin liegt die soziokulturelle Funktion des Mythos, der Metaphysik.

Grenzüberschreitungen

Die Metaphysik im allgemeinen bedeutet eine Grenzüberschreitung: Der Mensch gibt sich nicht mit seiner eigenen kleinen Welt zufrieden, sondern projiziert – teils, um seine eigene Lebenswelt zu erklären bzw. zu deuten, teils auch, um jenseits der Erfahrung eine Weltordnung vermuten zu dürfen – Gesetze, Zwecke, Absichten in Bereiche des Unerfahrbaren. Gewissermaßen ist der Mensch dabei das Maß der Dinge; denn es liegt an ihm, jenseits der Erfahrungswelt angenommene Phänomene auf diese oder jene Weise sich zu veranschaulichen, beispielsweise einen gütigen Gott oder böse Dämonen anzunehmen usw.

Nun ist der Mensch aber nicht nur homo metaphysicus, er ist auch *homo faber*; er war durchaus immer bestrebt, sich sein Dasein in dieser Welt zu verschönern, die Welt um ihn herum zu gestalten und umzugestalten ... Indem aber der Mensch sich diese, »seine« Welt gestaltet, wendet er Wissen an, oder das, was er zu wissen glaubt. Die Vermehrung von Wissen, wenn gepaart mit Einsicht, ist allerdings eine Grenzüberschreitung anderer Art. Worauf ich hinaus will, ist eine uralte Frage: Ob nämlich die geistige Kapazität des Menschen, ob seine Erkenntnisfähigkeit grundsätzlich beschränkt ist oder nicht.

Hier komme ich zurück auf die alte These des französischen Geschichtsphilosophen A. Condorcet, der im 18. Jahrhundert die Auffassung vertrat, daß der menschlichen »Vervollkommnungsfähigkeit« keine Grenzen gesetzt sind. Diese Auffassung stand im Zeichen der französischen Aufklärung und ist nicht zuletzt auch daraus verständlich. Wenn wir nun – und dies ist ja der Leitgedanke der Evolutionären Erkenntnistheorie – Erkenntnis, Wissen als Phänomene einer Evolution betrachten, damit also als sich wandelnde Phänomene, dann erscheint die Annahme plausibel, daß sich unsere Erkenntnis- bzw. Wissensfähigkeit nicht für alle Zeiten begrenzen läßt... Ausgehend von der Evolutionären Erkenntnistheorie ist denn auch die Auffassung vertreten worden (P. Levinson), daß in dem Ausmaß, in dem unsere Erkenntnis ein Resultat der Evolution ist, eben diese Erkenntnis beständig verbessert, verfeinert, vergrößert wird, aufgrund von Mechanismen freilich, die nun die biologischen Evolutionsmechanismen übersteigen und – auf kultureller Ebene – zu einer ungeheuren Entwicklungsbeschleunigung führen.

Sodann: Uns ist der Blick sowohl auf Strukturen des Mikrokosmos wie auch auf Dimensionen des Makrokosmos möglich geworden; das ist sozusagen eine Grenzüberschreitung, und zugleich wird jede Form der Metaphysik dadurch in ihre Schranken gewiesen. Wovor sich unsere Vorfahren fürchten mußten, weil es dunkel, geheimnisvoll und gefährlich schien, was sie verehrten, weil es von anderen Welten kommend aussah, begreifen wir heute als Folge physikalischer und biologischer Gesetzlichkeit, wobei die Erkenntnis solcher Gesetzlichkeit natürlich wiederum ein Resultat der Evolution des Erkenntisapparates ist. Evolutionäre Erkenntnistheorie – bedeutet dies also das Ende der Metaphysik?

Vernunft und Unvernunft

Das menschliche Grunddilemma wurzelt in jenem Umstand, daß wir als bewußt reflektierende Wesen uns selber und die Welt um uns herum problematisieren, indem wir die Aufgabe wahrnehmen, unsere Position in diesem Kosmos zu ergründen; aber nicht nur das ist unser Problem, sondern es geht dem Menschen wie gesagt darum, einen Sinn zu finden, einen Sinn seines eigenen Daseins. Daher werden wohl auch unsere Einsichten in die Strukturen des Mikro- und Makrokosmos und daher wird die Erkenntnis, daß alle Metaphysik evolutionären Ursprungs ist, die Metaphysik nicht beenden.

Längst wissen wir, daß unser Planet keinen wie immer ausgezeichneten Punkt in diesem Universum darstellt, längst wissen wir, daß wir nur ein Glied sind in der langen Kette der Evolution des Lebenden auf diesem Planeten; dennoch widerstrebt es so manchem, sich nur als »Zigeuner am Rande des Universums« (J. Monod) zu sehen ...

Eben dies ist es, was metaphysische Ideen weiterhin nährt: die Hoffnung, daß jede Sache »irgendwie« einem höheren Zwecke dient. Wie gefährlich aber unsere metaphysischen Gedankengespinste sein können, zeigt sich dann gerade dort, wo die Berufung auf den vermeintlichen höheren Sinn selbst grauenvolle Menschenvernichtungen mit sich bringt, in »heiligen Kriegen«, im Wettstreit der Ideologien um letzte und ewige Wahrheiten, was immer diese sein mögen. Es ist sicherlich richtig, daß der Mensch, wie K. R. Popper sagt, als einziges Lebewesen auf diesem Planeten seine Ideen an seiner statt sterben lassen kann; aber – wie paradox – der Mensch ist auch das einzige Lebewesen, das gewillt, bereit ist, *für* seine Ideen, für seine Ideologien zu sterben! Im kollektiven Wahnsinn der Kriege hat der *homo demens* (E. Morin) fortgesetzt sich selbst geopfert, irgendeinem ihm von seinen eigenen Propheten vorgegaukelten höheren Zweck, denn wo die Fahne weht, bleibt bekanntlich der Verstand (und nicht nur der Verstand) in der Trompete ... Und abermals scheint es paradox wie ebenso einsichtig: Unvernünftig zu sein ist das Privileg eines vernunftbegabten Lebewesens. Zu sehen, wo unsere eigene Unvernunft sich lebensbedrohend für die ganze

Menschheit auswirkt, wo der postulierte und, wie gesagt, durchaus lebensdienlich angenommene Zweck zweckwidrig, da lebensgefährlich wird, ist daher die vordringliche Aufgabe unserer Reflexion.

Und hier zeigt sich die angedeutete anthropologische Perspektive der Evolutionären Erkenntnistheorie: In der Möglichkeit nämlich, aus der Rekonstruktion der stammesgeschichtlichen Wurzeln der Vernunft auch die Wurzeln der Unvernunft zu begreifen. Da sich die biologische Grundausstattung unseres Erkenntnisapparates seit etwa 40 000 Jahren nicht geändert hat, die Produkte dieses Erkenntnisapparates (wissenschaftliche Theorien, Technologien usw.) sich aber schwindelerregend schnell entwickelt haben, da wir auf der einen Seite noch mit metaphysischen Hoffnungen aus grauer Vorzeit belastet, auf der anderen Seite aber mit ungeahnten technologischen Potentialen ausgerüstet sind, ist der Kollaps unserer ganzen Zivilisation so greifbar nahe …

(…)

In ihrer anthrophologischen Relevanz ist die Evolutionäre Erkenntnistheorie somit nicht zu übersehen. Denn so wie die Theorie die Ursachen und Konsequenzen eines in Materie und Geist, in Natur und Kultur gespaltenen Weltbildes zu ergründen vermag (R. Riedl), so wie sie den Vorgang des Erkennens und die Eigenschaften der zu erkennenden Objekte miteinander verknüpft (K. Lorenz) und mithin das positivistische Erkenntnisideal ad absurdum führt – so können wir durch diese Theorie uns klarmachen, wo die Wurzeln des Unvernünftigen unserer Vernunft liegen und wo die Metaphysik lebensfeindlich Vernünftiges und wo lebensgefährlich Unvernünftiges hervorbringt. Die Rekonstruktion evolutionärer Ursprünge der Metaphysik bedeutet also nicht notwendig das Ende der Metaphysik selbst, sehr wohl aber deren genetisch-historische Relalisierung.

Mit freundlicher Genehmigung des Verlages entnommen aus:
Rupert Riedl / Franz M. Wuketits (Hg.), Die Evolutionäre Erkenntnis-
theorie, Parey Buchverlag im Blackwell Wissenschafts-Verlag, Berlin 1987

Nachwort

Woher kommt das Universum? fragt ein Schüler seinen Zen-Meister. Woher kommt das Leben? Woher kommt der Geist? Der Lehrer antwortet: Woher kommt deine Frage?

Sollten wir aufhören zu fragen? Sollten wir uns einfach in den Fluß des Lebens begeben und unser Nachdenken durch Konzentration auf die Weisheit des Augenblicks ersetzen? Könnten wir das überhaupt, selbst wenn wir es wollten, oder unterliegen wir in unserer westlichen Kultur nicht dem Zwang, alles erfragen, begreifen, zerlegen zu müssen? Diese Zeilen bestätigen die Vermutung eigentlich schon. Zu fragen ist unsere Art zu denken, unsere Art, einen Zugang zur Welt zu finden, aber auch unsere Weise, sich die Welt machtvoll zu eigen zu machen, anzueignen. Die Vor- und Nachteile unserer westlichen Weltauffassung wurden im Laufe der Gespräche thematisiert und kritisiert; es wurden auch alternative Entwürfe angeboten. Die Quantenphysik und die Evolutionäre Erkenntnistheorie könnten zu Wegbereitern werden, hin zu einem neuen Weltverständnis. Eine wichtige Erkenntnis der Gespräche dürfte für alle Beteiligten darin bestehen, daß ein Streit um die endgültige Wahrheit der Welt in eine Sackgasse führt. Unsere Gäste haben gezeigt, daß die Offenheit für verschiedene Blickwinkel befruchtend wirkt und sich so Mosaikstein für Mosaikstein zu einem Bild über die Welt zusammenfügt, das zwar nie endgültig sein kann, wohl aber immer feiner strukturiert wird.

Wir wissen nicht, woher unsere Fragen kommen, und wir wissen nicht, ob wir die richtigen stellen. Aber unsere menschliche Neugier treibt uns zu neuem Nachdenken über die Welt, und jede Antwort regt uns zu weiteren Fragen an.

Inka Kübel / Louis Saul / Hans-Peter Fischer

Buchanzeige

Reinhard Löw
Die Neuen Gottesbeweise
208 Seiten
ISBN 3-629-00651-5

Michael Schneider
Das Zeitalter des Wassermannes
240 Seiten
ISBN 3-629-00672-8

Reinhard Löw
DIE NEUEN
GOTTES
BEWEISE
Pattloch

Esoterik und
New Age
Michael Schneider

Das Zeitalter des Wassermannes

Analyse einer Bewegung

Pattloch

Welche Aussagekraft
haben wissenschaftliche
Nachforschungen über
die Existenz Gottes?
Was ist dran an übersinn-
lichen Phänomenen wie
Hellsehen oder Wahrsagen?
Welchen Einfluß hat der
Esoterik-Trend?
Was bedeutet New-Age?

Bernd Harder
Die übersinnlichen
Phänomene im Test
160 Seiten
ISBN 3-629-00698-1

Bernd Harder

Die übersinnlichen
Phänomene

Okkulte Praktiken-Hellsehen-Ufos-Mondeinfluß
Wünschelruten-Feuerlaufen-Biorhythmus-Tarot

Pattloch